成人(网络)教育系列规划教材
CHENGREN（WANGLUO）JIAOYU XILIE GUIHUA JIAOCAI

销售管理

XIAOSHOU GUANLI

主　编　石江华　副主编　何峻峰　宋剑涛

西南财经大学出版社
Southwestern University of Finance & Economics Press

总序

随着全民终身学习型社会的不断建立和完善，业余成人（网络）学历教育学生对教材的质量要求越来越高。为了进一步提高成人（网络）教育的人才培养质量，帮助学生更好地学习，依据西南财经大学成人（网络）教育人才培养目标、成人学习的特点及规律，西南财经大学成人（网络）教育学院和西南财经大学出版社共同规划，依托学校各专业学院的骨干教师资源，致力于开发适合成人（网络）学历教育学生的高质量优秀系列规划教材。

西南财经大学成人（网络）教育学院和西南财经大学出版社按照成人（网络）教育人才培养方案，编写了专科及专升本公共基础课、专业基础课、专业主干课和部分选修课教材，以完善成人（网络）教育教材体系。

由于本系列教材的读者是在职人员，他们具有一定的社会实践经验和理论知识，个性化学习诉求突出，学习针对性强，学习目的明确，因此，本系列教材的编写突出了基础性、职业性、实践性及综合性。教材体系和内容结构具有新颖、实用、简明、易懂等特点；对重点、难点问题的阐述深入浅出、形象直观，对定理和概念的论述简明扼要。

为了编好本套系列规划教材，在学校领导、出版社和其他学院的大力支持下，首先成立了由学校副校长、博士生导师丁任重教授任主任，成人（网络）教育学院院长唐旭辉研究员和出版社社长、博士生导师冯建教授任副主任，其他部分学院领导参加的编审委员会。在编审委员会的协调、组织下，经过广泛深入的调查研究，制定了我校成人（网络）教育教材建设规划，明确了建设目标，计划用两年时间分期分批建设。其次，为了保证教材的编写质量，在编审委员会的协调下，组织各学院具有丰富成人（网络）教学经验并有教授或副教授职称的教师担任主编，由各书主编组织成立教材编写团队，确定教材编写大纲、实施计划及进行人员分工等，经编审委员会审核每门教材的编写大纲后再编写。

经过多方的努力，本系列规划教材终于与读者见面了。在此之际，我们对各学院领导的大力支持、各位作者的辛勤劳动以及西南财经大学出版社的鼎力相助表示衷心的感谢！在今后教材的使用过程中，我们将听取各方面的意见，不断修订、完善教材，使之发挥更大的作用。

西南财经大学成人（网络）教育学院

2009年6月

前言

走向成功的好参谋，获取利润的借脑工程。

现代经营之本，在商战中立于不败之地，重要的不是资金和口岸，而是创意和管理经验。

“借脑”成为商界成功人士最重要的营销基本课程。如何推销产品、如何看待品牌效应？如何建立完善的营销市场？如何变被动经营为主动经营？如何调整心态？如何从逆境中走出来？如何看待疲软的市场和兴旺的市场？这些都是摆在经营主体面前的课题。

随着我国加入世界贸易组织，我们必须面临国内市场“国际化”的市场竞争格局，许多企业认识到把销售只简单看成买卖的传统销售观念，将会逐渐被人们摒弃。面对销售规模的扩大对企业销售管理能力的要求越来越高，如何使我国企业销售管理走向规模化、科学化，是我国企业面临的重大课题。

销售管理是通过计划、人员配备、培训、领导以及对组织资源的控制，以达到企业的销售目标、利润目标和顾客满意目标的一种管理活动。它是一门研究销售管理的基本规律、基本业务技术的课程。通过本课程的学习，应使学生掌握销售业务管理、销售人员管理的基本概念、基本理论与实务。本课程简述了销售管理的概念、销售程序过程中的活动及其影响因素，系统介绍销售计划制订、销售区域与销售组织设计、销售网络管理、销售人员招聘和培训、报酬和激励方案设计以及销售评价与控制等方面的内容。

销售管理是高等学校市场营销专业开设的一门新兴专业学科。它是一门建立在市场营销管理理论基础之上的应用型学科，有较强的实践性。其主要介绍销售管理的含义、模式、原理和销售管理中的道德等销售管理基础知识和销售规划、销售对象、销售人员和销售过程管理等内容。该课程教学既要重视销售管理理论，又要突出它的应用性和实践性，注重学生专业技能的培养。本课程是市场营销专业本科生的专业特色课。销售管理是一门建立在管理学、市场营销学理论基础之上的一门应用型学科。通过本课程的学习，使学生能系统地了解作为销售主管面临的问题和挑战，全面掌握企业销售管理和销售主管应具备的理念、知识和基本技能。

销售作为企业直接经济效益的创造者，销售管理是企业营销战略和策略的具体化。因此，本教材从系统性工程角度论述了销售管理工作：

第一部分：论述了销售管理的基础性工作，主要分析了销售组织的建立，销售人员应具备的素质；销售计划的可行性和改善性建立；市场形势分析，存在潜力的可能性分析；销售信息的搜集整理、分析、评估、应用等基础性管理活动。

第二部分：论述了销售实务中的管理技巧，主要分析了销售过程管理，包括销售准备如何寻找潜在顾客和约见顾客，如何处理顾客异议及如何促成交易客户管理，销售通路管理，应收账款管理等。

第三部分：论述了销售中人力资源开发和培育，分别围绕选择、招聘、培训、绩效考评和劳动组织人事管理，销售人员管理技巧和销售经理形象塑造两方面内容。

本教材侧重于销售中的策略、措施、技巧、方案及所可能遇到的问题对此作了一定评述，具有一定的指引导读及实用性。

销售管理是市场营销专业的主要课程之一。本课程的教学目的是让学生了解市场规律。要求学生在面授后，进行系统的自学。在掌握基本理论、基本方法之后，更重要的是要有解决实际问题的能力和应变能力。

教学目的：

（1）了解销售管理在企业经营中的重要作用；

（2）掌握销售管理的内容和销售程序的形成、执行及销售过程的评估和控制。学会运用销售管理的理论和方法分析和解决实际问题。

本教材较好地把握了现代销售管理的现状以及发展趋势和脉络，使得读者能够全面审视和思考销售管理的各项职能。全书紧扣现代信息技术对销售管理的作用和影响这一主线，对各种销售理论和管理技术进行了深入探讨和阐释。

编　者

2011 年 9 月于光华园

目录

第一章 绪论

第一节 市场营销与销售

市场营销被理解为与市场有关的活动，即以满足人类各种需要和欲望为目的，通过市场变潜在交换为现实交换的活动。因此，对市场营销的理解离不开对市场含义的把握。

一、市场营销的定义

菲利普·科·奥特（Philop K Otler）于1984年在其著作《市场营销管理》中定义：市场营销是指企业认识目前未满足的需要和欲望，估量和确定需求量大小，选择和决定企业能最好地为其服务的目标市场，并决定适当的产品、劳务和计划（或方案），以便为目标市场服务。

美国市场营销协会（AMA）于1985年对市场营销下了更完整和全面的定义：市场营销是对思想、产品及劳务进行设计、定价、促销及分销的计划和实施的过程，从而产生满足个人和组织目标的交换。这一定义比前面的诸多定义更为全面和完善。主要表现在：

（1）产品概念扩大了，它不仅包括产品或劳务，还包括思想；

（2）市场营销概念扩大了，市场营销活动不仅包括营利性的经营活动，还包括非营利组织的活动；

（3）强调了交换过程；

（4）突出了市场营销计划的制订与实施。

二、市场营销的核心概念

市场营销涉及其出发点，既满足顾客需求，还涉及以何种产品来满足顾客需求，如何才能满足消费者需求，即通过交换方式，产品在何时、何处交换，怎样实现产品与消费者的连接 。可见，市场营销的核心概念应当包含需求及相关的欲求、需要，产品及相关的效用、价值和满足，交换及相关的交易和关系，市场、市场营销及市场营销者。因此，市场营销涉及如下核心概念：需要、欲望和需求，产品，效用、价值和满足，交换、交易和关系，市场、市场营销与市场营销者。

（一）需要、欲望和需求

需求指消费者生理及心理的需求，如人们为了生存，需要食物、衣服、房屋等生理需求及安全、归属感、尊重和自我实现等心理需求。市场营销者不能创造这种需求，而只能适应它。欲求指消费者深层次的需求。不同背景下的消费者欲求不同，比如中国人需求食物则欲求大米饭，法国人需求食物则欲求面包，美国人需求食物则欲求汉堡包。人的欲求受社会因素及机构因素，诸如职业、团体、家庭、教会等影响。因而，欲求会随着社会条件的变化而变化。市场营销者能够影响消费者的欲求，如建议消费者购买某种产品。需要指有支付能力和愿意购买某种物品的欲求。可见，消费者的欲求在有购买力作后盾时就变成为需要。许多人想购买奥迪牌轿车，但只有具有支付能力的人才能购买。因此，市场营销者不仅要了解有多少消费者欲求其产品，还要了解他们是否有能力购买。

人类的需要和欲望是市场营销活动的出发点。需要是没有得到某些基本满足的感受状态。欲望是想得到基本需要的具体满足物的愿望。而需求是对于有能力购买并且愿意购买的某个具体产品的欲望。人类为了生存，需要食品、衣服、住所、安全、归属、受人尊重等。这些需要可用不同方式来满足。人类的需要有限，但其欲望却很多。当具有购买能力时，欲望便转化成需求。将需要、欲望和需求加以区分，其重要意义就在于阐明这样一个事实，即：市场营销者并不创造需要；需要早就存在于市场营销活动出现之前；市场营销者，连同社会上的其他因素，只是影响了人们的欲望，并试图向人们指出何种特定产品可以满足其特定需要，进而通过使产品富有吸引力，适应消费者的支付能力且使之容易得到，以此来影响需求。

（二）产品

人类靠产品来满足自己的各种需要和欲望。因此，可将产品表述为能够用以满足人类某种需要或欲望的任何东西。

产品包括有形与无形的、可触摸与不可触摸的。有形产品是为顾客提供服务的载体。无形产品或服务是通过其他载体，诸如活动、组织等来提供的。当我们感到疲劳时，可以到音乐厅欣赏歌星唱歌，可以到公园去游玩，可以到室外散步，可以参加俱乐部活动，或者接受一种新的意识。服务也可以通过有形物体和其他载体来传递。实体产品的重要性不仅在于拥有它们，更在于使用它们来满足我们的欲望。人们购买小汽车不是为了观赏，而是因为它可以提供一种叫做交通的服务。所以，实体产品实际上是向我们传送服务的工具。如果生产者关心产品甚于关心产品所提供的服务，那就会陷入困境。过分钟爱自己的产品，往往导致忽略顾客购买产品是为了满足某种需要这样一个事实。人们不是为了产品的实体而买产品，而是因为产品实体是服务的外壳，即通过购买某种产品实体能够获得自己所需要的服务。市场营销者的任务是向市场展示产品实体中所包含的利益或服务，而不能仅限于描述产品的形貌。否则，企业将导致“市场营销近视”，即在市场营销管理中缺乏远见，只看见自己的产品质量好，看不见市场需要在变化，最终使企业经营陷入困境。

（三）效用、价值和满足

在对能够满足某一特定需要的一组产品进行选择时，人们所依据的标准是各种产品的效用和价值。效用是消费者对满足其需要的产品的全部效能的估价，是指产品满足人们欲望的能力。效用实际上是一个人的自我心理感受，它来自于人的主观评价。

例如某消费者到某地去的交通工具，可以是自行车、摩托车、汽车、飞机等。这些可供选择的产品构成了产品的选择组合。又假设某消费者要求满足不同的需求，即速度、安全、舒适及节约成本，这些构成了其需求组合。这样，每种产品有不同能力来满足其不同需要，如自行车省钱，但速度慢，欠安全；汽车速度快，但成本高。消费者要决定一项最能满足其需要的产品。为此，将最能满足其需求与最不能满足其需求的产品进行排列，从中选择出最接近理想产品的产品，它对顾客效用最大。如顾客到某目的地所选择理想产品的标准是安全、速度，他可能会选择汽车。

顾客选择所需的产品除效用因素外，产品价格高低亦是因素之一。如果顾客追求效用最大化，他就不会简单地只看产品表面价格的高低，而会看每一元钱能产生的最大效用。如一部好汽车价格比自行车昂贵，但由于速度快、修理费少、相对于自行车更安全，其效用可能大，从而更能满足顾客需求。这些因素及选择就涉及价值的概念。

价值是一个很复杂的概念，也是一个在经济思想中有着很长历史的概念。马克思认为，价值是人类劳动当做商品共有的社会实体的结晶，商品价值量的多少由社会必要劳动时间来决定，而“社会必要劳动时间是在现有的社会正常的生产条件下，在社会平均的劳动熟练程度和劳动强度下制造某种使用价值所需要的劳动时间”①。而边际效用学派则认为，消费者根据不同产品满足其需要的能力来决定这些产品的价值，并据此选择购买效用最大的产品。他所愿支付的价格（即需求价格）取决于产品的边际效用。这一论点最先由 19 世纪后期奥地利学派代表人物庞巴维克提出。庞巴维克为了反对马克思的劳动价值论，系统地发挥了门格尔和维塞尔提出的边际效用价值论。按照他的理论，所谓边际效用就是指最后增加的那个产品所具有的效用，产品的价值取决于其边际效用。由于消费者收入是有限的，为了从有限的花费中取得最大的效用，消费者必须使其花费在每一种物品上的最后一个单位货币所产生的效用相等。这一理论叫做戈森第二定律。戈森是法国经济学家，边际效用价值论的先驱者之一，他曾对边际效用理论的基本原理进行了数学探讨，从而推动了数理经济学的发展。

（四）交换、交易和关系

交换是一个过程，而不是一种事件。如果双方正在洽谈并逐渐达成协议，称为在交换中。如果双方通过谈判并达成协议，交易便发生。交易是交换的基本组成部分。交易是指买卖双方价值的交换，它是以货币为媒介的，而交换不一定以货币为媒介，它可以是物物交换。交易涉及几个方面，即两件有价值的物品，双方同意的条件、时间、地点，还有来维护和迫使交易双方执行承诺的法律制度。交易营销是关系营销大观念中的一部分。关系营销可以减少交易费用和时间，处理好企业同顾客关系的最终

① 马克思恩格斯全集：第 23 卷［M］. 北京：人民出版社，1975：52.

结果是建立起市场营销网络。市场营销网络是由企业同市场营销中介人建立起的牢固的业务关系。以下我们将详细讨论各个概念。

交换是市场营销的核心概念。当人们决定以交换方式来满足需要或欲望时，就存在市场营销了。一个人可以通过四种方式获得自己所需要的产品，交换是其中之一。第一种方式是自行生产。一个饿汉可以通过打猎、捕鱼或采集野果来充饥。这个人不必与其他任何人发生联系。在这种情况下，既没有市场，更无所谓市场营销。第二种方式是强制取得。一个饿汉可以从另一个人那里夺取或偷得食物。对另一个人而言，除了可能未被伤害之外，毫无益处。第三种方式是乞讨。一个饿汉可以向别人乞讨食物。除了一声“谢谢”之外，乞讨者没有拿出任何有形的东西作回报。第四种方式是交换。一个饿汉可以用自己的钱、其他物品或服务与拥有食物的人进行交换。市场营销活动产生于第四种获得产品的方式。所谓交换是指通过提供某种东西作为回报，从别人那里取得所需物的行为。交换的发生，必须具备五个条件：

（1）至少有两方。

（2）每一方都有被对方认为有价值的东西。

（3）每一方都能沟通信息和传送物品。

（4）每一方都可以自由接受或拒绝对方的产品。

（5）每一方都认为与另一方进行交换是适当的或称心如意的。

具备了上述条件，就有可能发生交换行为。但交换能否真正发生，取决于双方能否找到交换条件，即交换以后双方都比交换以前好（至少不比以前差）。

交换应看做是一个过程而不是一个事件。如果双方正在进行谈判，并趋于达成协议，这就意味着他们正在进行交换。一旦达成协议，我们就说发生了交易行为。交易是交换活动的基本单元，是由双方之间的价值交换所构成的行为。一次交易包括三个可以量度的实质内容：

（1）至少有两个有价值的事物。

（2）买卖双方所同意的条件。

（3）协议时间和地点。

关系市场营销可定义为：企业与其顾客、分销商、经销商、供应商等建立、保持并加强关系，通过互利交换及共同履行诺言，使有关各方实现各自目的。企业与顾客之间的长期关系是关系市场营销的核心概念。交易市场营销能使企业获利，但企业更应着眼于长远利益，因而保持并发展与顾客的长期关系是关系市场营销的重要内容。建立关系是指企业向顾客作出各种许诺。保持关系的前提是企业履行诺言。发展或加强关系是指企业履行从前的诺言后，向顾客作出一系列新的许诺。关系市场营销与交易市场营销存在着一定的区别。例如：在交易市场营销情况下，一般说来，除产品和企业的市场形象之外，企业很难采取其他有效措施与顾客保持持久的关系。如果竞争者用较低的价格向顾客出售产品或服务，用类似的技术解决顾客的问题，则企业与顾客的关系就会终止。而在关系市场营销情况下，企业与顾客保持广泛、密切的联系，价格不再是最主要的竞争手段，竞争者很难破坏企业与顾客的关系。再如：交易市场营销强调市场占有率。在任何时刻，管理人员都必须花费大量费用，吸引潜在顾客购买，取代不再购买本企业产品或服务的老顾客。关系市场营销则强调顾客忠诚度，保持老顾客比吸引新顾客更重要。企业的回头客比率越高，市场营销费用越低。关系市场营销的最终结果，将为企业带来一种独特的资产，即市场营销网络。

所谓市场营销网络是指企业及其与之建立起牢固的互相信赖的商业关系的其他企业所构成的网络。在市场营销网络中，企业可以找到战略伙伴并与之联合，以获得一个更广泛更有效的地理占有。这种网络已经超出了纯粹的“市场营销渠道”的概念范畴。借助该网络，企业可在全球各地市场上同时推出新产品，并减少由于产品进入市场的时间滞后而被富有进攻性的模仿者夺走市场的风险。市场营销管理也正日益由过去追求单项交易的利润最大化，转变为追求与对方互利关系的最佳化。其经营信条是：建立良好关系，有利可图的交易随之即来。

（五）市场

市场由一切有特定需求或欲求并且愿意和可能从事交换来使需求和欲望得到满足的潜在顾客所组成。一般说来，市场是买卖双方进行交换的场所。生产商到资源市场购买资源（包括劳动力、资本及原材料），转换成商品和服务之后卖给中间商，再由中间商出售给消费者。消费者则到资源市场上出售劳动力而获取货币来购买产品和服务。政府从资源市场、生产商及中间商购买产品，支付货币，再向这些市场征税及提供服务。因此，整个国家的经济及世界经济都是由交换过程所联结而形成的复杂的相互影响的各类市场所组成的。

市场营销学主要研究作为销售者的企业的市场营销活动。即研究企业如何通过整体市场营销活动，适应并满足买方的需求，以实现经营目标。因此，在这里，市场是指某种产品的现实购买者与潜在购买者需求的总和。站在销售者市场营销的立场上，同行供给者即其他销售者都是竞争者，而不是市场。销售者构成行业，购买者构成市场。

（六）市场营销者

由上述分析可知，我们可以将市场营销理解为与市场有关的人类活动，即以满足人类各种需要和欲望为目的，通过市场变潜在交换为现实交换的活动。在交换双方中，如果一方比另一方更主动、更积极地寻求交换，则前者称为市场营销者，后者称为潜在顾客。所谓市场营销者，是指希望从别人那里取得资源并愿意以某种有价之物作为交换的人。市场营销者可以是卖主，也可以是买主。假如有几个人同时想买正在市场上出售的某种奇缺产品，每个准备购买的人都尽力使自己被卖主选中，这些购买者就都在进行市场营销活动。在另一种场合，买卖双方都在积极寻求交换，那么，我们就把双方都称为市场营销者，并把这种情况称为相互市场营销。

三、市场营销管理

在现代市场经济条件下，企业必须十分重视市场营销管理，根据市场需求的现状与趋势，制订计划，配置资源。通过有效地满足市场需求来赢得竞争优势，求得生存与发展。

（一）市场营销管理的实质

市场营销管理是指为创造达到个人和机构目标的交换，而规划与实施理念、产品和服务的构思、定价、分销以及促销的过程。市场营销管理是一个过程，包括分析、规划、执行和控制。其管理的对象包含理念、产品和服务。市场营销管理的基础是交换，目的是满足各方需要。

市场营销管理的主要任务是刺激消费者对产品的需求，但不能局限于此。它还帮助公司在实现其营销目标的过程中，影响需求水平、需求时间和需求构成。因此，市场营销管理的任务是刺激、创造、适应及影响消费者的需求。从此意义上说，市场营销管理的本质是需求管理。企业在开展市场营销的过程中，一般要设定一个在目标市场上预期要实现的交易水平，然而，实际需求水平可能低于、等于或高于这个预期的需求水平。换言之，在目标市场上，可能没有需求、需求很小或超量需求。市场营销管理就是要对付这些不同的需求情况。

（二）市场营销的作用

1. 市场营销对企业发展的作用

市场营销虽然不是企业成功的唯一因素，但却是关键因素。美国著名管理学家彼特·达肯（Peter Drucker）曾指出：市场营销是企业的基础，不能把它看作是单独的职能。从营销的最终成果，亦即从顾客的观点来看市场营销就是整个企业……企业经营的成功不是取决于生产者，而是取决于顾客。当今，市场营销已成为企业经营活动中首先要考虑的第一任务，这一点在发达市场经济国家显得尤为突出。

总之，从微观角度看，市场营销是联结社会需求与企业反应的中间环节，是企业用来把消费者需求和市场机会变成有利可图的机会的一种行之有效的方法，亦是企业战胜竞争者、谋求发展的重要方法。

2. 市场营销对社会经济发展的作用

生产是根本，生产决定交换、分配、消费几个环节。没有生产就没有可供交换的东西，市场营销人员只能销售那些由生产厂商已生产出来的东西。可见，生产者创造了形式效用。但是，在市场经济社会中，生产出来的东西如果不通过交换，没有市场营销，产品就不可能自动传递到广大消费者手中。

从宏观角度看，市场营销对于适时、适地、以适当价格把产品从生产者传递到消费者手中，求得生产与消费在时间、地区的平衡，从而促进社会总供需的平衡起着重大的作用 。同时，市场营销对实现我国现代化建设，发展我国各领域的经济发挥了巨大的作用。

那么什么是营销？很多人会回答，营销就是卖东西，或者说营销就是推销和做广告。之所以会这样认为，是因为在当今社会里，人们每天都接触到大量的广告，每天都有人通过各种手段和媒体向我们推销各种各样的商品。然而，推销和广告仅仅是营销的一部分内容，而且不是很重要的内容。

那么，营销到底是什么？几十年以来，人们从不同的角度对营销进行了定义，结果，世界上对营销的定义有两百多条之多。其中普遍接受的定义有两条，第一条是美国市场营销协会（American Marketing Association）的定义：

营销是计划和执行关于商品、服务和创意的构想、定价、促销和分销，以创造符合个人和组织目标的交换的一种过程（Marketing is the process of planning and executing thc conception, promotion, and distribution of ideas, goods, services to create exchange that satisfy individual and organizational goals）。美国营销协会关于营销的定义可以从以下几个角度来理解。首先，营销是一组活动的总和，而不是一项单一的活动，它包括产品、定价、促销和渠道的设计和规划。这就是市场营销学里的一个重要概念——营销组合策略（或4Ps），包括产品策略、定价策略、促销策略和渠道策略。其次，营销活动是指向一定的目标的，这个目标就是顾客。因此，以上营销组合策略的设计必须能够影响经营渠道和顾客的购买行为。

此外，营销是一个过程，并且都是在一定的环境中进行的，因此，企业的营销活动除了考虑顾客的需要和购买决策行为之外，还要考虑环境和竞争对手的影响。道理很简单，不同的经营环境和不同的竞争对手决定了企业应该采用不同的营销战略和策略。现代营销系统所包括的主要要素：经营环境、顾客、竞争对手、供应商、企业自身和中间商。

另一条普遍接受的定义就是营销大师菲利普·科特勒所说的“世界上最短的营销定义”——比竞争对手更加有利润地满足顾客的需要。这条定义虽然短，但却包括了市场营销的所有内容。因此，从这种意义上说，学习市场营销就是学习这一句话。

首先，这句话告诉我们什么是正确的市场营销观念，也即在开展市场营销活动时应该怎么想。很明显，这句话的中心词是“顾客的需要”，它要求企业的市场营销活动要从顾客的需要出发，把满足顾客需要作为企业营销活动的基本点和出发点。这句话另一个关键词是“竞争对手”，因此，它告诉我们，在满足顾客需要的过程中，企业要比竞争对手做得更好。

其次，这句话还告诉我们市场营销应该怎么做，即市场营销活动的内容。如上所述，企业的营销活动要从顾客的需要出发，因此企业首先要研究顾客，以了解顾客的需要。而顾客都生活在一定的社会环境里，顾客的购买行为受各种环境因素、自身特征因素和竞争对手的产品的影响。因此，企业首先要分析宏观环境、顾客购买行为和竞争对手，以确定企业的营销机会之所在。这个过程就叫做分析营销机会。发现了市场机会以后，企业就需要制定有效的营销战略来利用这个市场机会。然而，营销战略还只是方向性的框架，企业要想把市场机会转变成实实在在的利润，还需要把营销战略具体化，把营销战略具体为营销策略。这个过程就叫做制定营销策略。企业制定并实施营销策略后，能不能达到预期的目标还需要对营销活动进行有效的管理，包括营销活动的计划、组织、评价和控制等。

因此，综合上面的两个普遍接受的营销定义，我们知道市场营销学的基本内容包括以下五个部分：

（1）认识市场营销，主要内容包括市场营销的主要概念、市场营销观念及其历史演进；

（2）分析营销机会，主要内容包括宏观环境分析、顾客行为分析、行业分析和竞争分析；

(3) 制定营销战略，主要内容包括企业战略规划、市场细分、选择目标市场、差别化和产品定位；

(4) 制定营销策略，主要内容包括产品策略、定价策略、渠道策略、促销策略的设计；

(5) 营销活动的组织和控制，主要内容包括营销活动的计划、组织、评价和控制。

当然，要想进一步了解市场营销，还需要对营销学里的核心概念有准确的理解。这些核心概念主要包括：需要、欲望、需求、产品和服务、顾客价值、顾客满意、质量、交换、交易、关系和市场。这些概念之间还存在着内在的联系，构成一个闭合而循环的环路。

四、何为市场营销

美国市场营销协会最早于1960年给市场营销下了一个定语：引导货物和劳务从生产流转到消费者或用户所进行的一切企业活动。再后来的市场或营销学家们又从不同角度为市场营销进行了详细界定。如注重需求的定义：市场营销就是发现需求，满足需求。归纳市场营销环节的定义：市场营销是在适当的时机和地点，以适合的价格，利用适当的沟通方式及促销，将适当的商品及劳务交给适当的人。

笔者认为这些定义都有其缺陷与弊端，并不足以准确涵盖市场营销的丰富内涵。美国市场营销协会的定义流于简单，仅局限于产品的流通过程，若企业按其定义行事，充其量就只能费些心机于推销、广告等促销手段。注重需求的定义稍微进步了一些，但也只能作为一种阶段性的定义，市场营销的发展已经超越了他们的理解。营销环节的定义虽然勾勒出市场营销的一个轮廓，但并未能揭示出市场营销作为一种理念的内涵。

这里我们将遵从营销名家菲利浦·科特勒的定义，详细阐释营销的多层次内涵。

科特勒将市场营销定义为：市场营销是个人和集体通过创造提供出售，并同别人交换产品和价值，以获得其所需所欲之物的一种社会和管理过程。

这一定义包含了以下几个层次：

（一）人类的需要、欲望和需求是市场营销产生的基础

人们需要食品、空气、水、衣服和住所来维持生存；对服务也有着强烈的欲望；对产品的具体形式也存在着爱好。科特勒同时对需要、欲望、需求进行了区别，指出人类的需要是指没有得到某些基本满足的感受状态。这种感受状态是人生而有之的，并不是社会或营销者所能创造的，它们存在于人自身的生理结构和人类的条件之中。

欲望是指想得到这些基本需要的具体满足物的愿望。人的需要并不多，但欲望却是很多的，各种社会力量和各种机构会不断地激发人类形成和再形成种种欲望。需求是指对有能力购买并且愿意购买的某个具体产品的欲望。只有在具有购买力时，欲望才会转化成需求。

（二）消费者对产品的价值判断，是市场营运影响需求的前提条件

人们的需求和欲望得靠产品来满足，这里应该着重指出的是，产品在市场营销的视野里，已不仅仅是一个实体的概念。人们消费的时候已经不仅仅在于拥有它们，而更在意它们所提供的服务。这一点对于我国企业家来讲更具有现实意义，消费者在购买产品时，制造商部门能将其视为在购买某种事实物，而应将其视为在购买一种服务，在于满足自己的需求，如果制造商忘了这一点，就是患了“营销近视症”。

消费者靠产品来满足自己的各种欲望、需求。在可能满足其某一特定需要的一组产品中，消费者就要依靠价值判断来进行选择。这些判断可以基于形形色色的消费者选择理论。但重要的一点——消费者倾向于选择每一分钱能给他带来最大实惠的产品。由于这一原因，企业营销影响需求的途径产生了，企业通过市场营销应该能够创造出与顾客理想产品最为接近的产品，影响消费者的价值判断，从而影响消费者对本产品的需求。

（三）促成在市场上的交换是营销目的的最终实现

人们存在的需求和欲望以及人们在购买产品时进行的价值判断是市场营销的必要条件，他们提供了市场营销者变潜在交换的可能性。这种可能性的实现必须通过在市场上的交换进行。营销者必须通过各种手段实现这一终级跳跃。

五、关于销售

销售是创造、沟通与传送价值给顾客以及经营顾客关系以便让组织与其利益关系人（Stakeholder）受益的一种组织功能与程序。销售就是介绍商品提供的利益，以满足客户特定需求的过程。商品当然包括有形的商品及其附带的无形的服务，满足客户特定的需求是指客户特定的欲望被满足，或者客户特定的问题被解决。能够满足客户这种特定需求的，唯有靠商品提供的特别利益。

一种帮助有需要的人们得到他们所需要东西的过程，而从事此销售工作的人，则从这个交换的过程中得到适度的报酬。

因此，如何让双方各取所需，彼此感到满意，形成一种双赢的局面，就是一种艺术了。所以，“销售”可以说是一种“双赢的艺术”。

销售，最简单的理解就是从商品或服务到货币的惊险一跃。例如，客户的目标是买太阳镜，有的是为了要酷；有的是怕阳光过强，怕眯着眼睛容易增加眼角的皱纹；有的也许是昨天跟男朋友吵了架哭肿了双眼，没有东西遮住红肿的眼睛，不方便出门，因此要买一副太阳镜。每个人的特殊需求不一样，不管是造型多酷的太阳镜，如果是镜片的颜色比较透光的话，那么这幅太阳镜提供的要酷的用途则无法满足担心皱纹以及希望遮住红肿眼睛的两位客户的特殊需求。

因此，销售的定义对我们而言是非常简单的。也就是说，您能够找出商品所能提供的特殊利益，满足客户的特殊需求。

（一）销售特征

销售是一种点对点的营销方式。点与点之间不是一条直线，而是绕过所有障碍的

一条曲线。

销售是一项报酬率非常高的艰难工作，也是一项报酬率最低的轻松工作。销售，说大不大，说小不小。小可做一针一线，大可做跨国集团。但究其本质，都是相似的。

销售绝无一般人心中的艰难、低下，更无一般人心中的玄妙。它只是一种人生考验和生存方式，只是它以一种自由的、不稳定的状态存在着。它既可以让你一分钱也赚不到，又可以让你发财兴业。

（二）销售的实质内涵

站在顾客的立场来说，最简单的五句话就能概括其实质内涵："买得明白"、"买得放心"、"买得满意"、"买得舒服"、"买得有价值"。

销售是一项报酬率非常高的艰难工作，也是一项报酬率最低的轻松工作。你的行动决定了你的报酬。你可以成为一个高收入的辛勤工作者，也可以成为一个收入最低的轻松工作者。这一切完全取决于你对销售工作是怎么看怎么想怎么做的。

为什么要做销售？这是很多不够专业的销售人员所回答不出来的问题，但又有很多销售人员急于想知道的答案。作为一个热爱销售工作的人来说，是行动者不难，是等待者不会。对于积极的行动者来说是一种感觉，一种经验的积累，一种综合素质的体现，一种性格潜能的释放。

销售，它是一种时间的积累，专业知识的积累，实战经验的积累，行业人脉的积累。它打破了传统的生存手段，它打破了固有的工作模式，以一种完全崭新的面貌，记入经济发展的史册中。在它的身上，体现着自尊与自卑，骄傲与低微。它绝对因人而异，不同的销售人员代表着产品不同的价值。在人们心目当中，既佩服顶尖销售人员侃侃而谈的演讲、潇洒不凡的性格魅力，又无时无刻不在鄙视低微的销售人员。它既是鸿毛，又是泰山；既是企业的命脉，又是所谓"流浪汉"的家。每个人都在感叹：它具有如此悬殊的差别，它具有如此不可攀登的顶峰。

销售，它是改善生活品质的一面镜子。无论是高是矮，是胖是瘦，尽显其中。销售可以剖析每一个人，深可见骨；它还可以重组每一个人，让他重生！销售不可理喻，又不可言表。智者自强不息，愚者障碍重重。

当遇到困难的时候，我们一定要思考"做普通销售员还是当销售精英"。

不可忽视自身潜力和学习新知识。电影《天下无贼》中的黎叔有句名言："你知道21世纪最贵的是什么吗？——人才！"一个真正的人才，他应具备全方位的东西，不仅是学历的标准，更应该懂得总结实战经验和工作中的感想。企业没有杰出的人才还谈什么企业的未来。因此，21世纪是人才的世纪。如果你是一位顶尖的销售人才，你就能左右自己的未来。

如果你是一个具有挑战个性的人，最终一定能成为顶尖的销售精英。

每个人都有自己选择的权力，你可以选择其他的业务做，更可以选择你自己想做的事情。但是，成功的销售精英85%来源于坚持不懈的努力和工作态度。

当销售精英，较为复杂；你的力量主要源于性格潜能和平时努力塑造出来的影响力。要做一名成功的销售精英，工作态度与能力非常重要。销售精英能影响众人，促动别人自觉甘心行动。普通的销售人员只是一个被人支配者，让别人感到其渺小。你是销售精英吗？要想成为一名销售精英，首要问题是你要知道自我优势如何发挥。在人才流动与变化万千的竞争中，发现自己是谁，真实的认识你自己。你想成为一个什么样的人？是建立自尊的基础。

儒家之“修身”、“反求诸已”、“不欺暗室”的原则，到书店、在网上，自我优势增值的书和成功销售秘诀数不胜数。而自我优势塑造是一种理性的选择：是培养理性力量的基本功，是人们把知识和经验转变为能力的催化剂。

这“化学反应”由一系列的问题开始，人生在不同的阶段中，要经常反思自问：我想成为一个什么样的人？我有伟大的理想和目标吗？我有打拼命运的决心，但我有没有面对恐惧的勇气？我有信息和发展机会，但我有没有实用智能的心思？

我自信、有能力、天赋过人，但有没有面对顺流或逆流时恰如其分处理问题的本事？你的答案可能因时、因事、因处境，审时度势而有所不同，但思索是上天恩赐人类捍卫命运的盾牌。很多人总是不愿把自我优势与交好运混为一谈，这是一种消极无奈，在某种程度上是不负责任的人生态度。

世界华人首富李嘉诚先生，他年轻时也是一名推销员。在他 14 岁，还是穷小子一个的时候，他对自己有一很简单的成功方法——我必须赚取足够一家勉强存活的费用。我知道没有知识我改变不了命运，我知道今天的我没有本钱好高骛远。我也想飞得更高，在脑袋中常常记起他祖母的感叹：“阿诚，我们什么时候能像潮州城中的某某人那么富有？”我可不要像希腊神话中伊卡洛斯（Icarus）一样，凭仗蜡做的翅膀翱翔而堕下。一方面我坚守角色，虽然我当时只是小工，但坚持凡交托给我的事，都做得妥当出色；另一方面绝不浪费时间，把任何剩下来的一分一毫都用来购买实用的旧书籍。因为如果欠缺学问知识，其学识会与人相距甚远，那么运气来临的时候也不能把握。

还有一个重要的小点，讲究仪容整齐清洁是自律的表现，但能选择自律心灵态度的人更容易备受欣赏。李嘉城先生在 22 岁时成立了公司以后，进取奋斗的品德和性格对他而言层次又有所不同。这时“能忍”和“任劳任怨”的意志力需要被赋予新的内涵。意志力需要和知识相结合，静态管理自我的方法要伸延至动态管理，问题的核心在如何避免组织干愚蠢的事。成功也许没有既定的方程式，失败的因子却显而易见，建立减低失败的架构，是步向成功的快捷方式。“如果”一词对我有新的意义，多层思量和多方能力皆有极大的价值，要知道“后见之明”在商业社会中只有很狭隘的贡献。

（三）现代销售——网络销售

现代销售理念认为：销售是一种顾问式销售，只有以客户顾问的方式进行销售才能获得销售成功。

1. 网络销售

随着互联网的发展，人们获取信息的渠道已经不再局限于传统渠道，企业的新型销售渠道正一步步地建立起来。网络销售是企业整体营销战略的一个重要组成部分，是建立在互联网基础之上、借助于互联网特性来实现一定营销目标的一种营销手段。目前主要的网络营销平台有：百度营销、谷歌营销、雅虎营销、淘宝营销、阿里巴巴营销、其他各行业网站营销。

2. 网络营销的定义

网络营销是以互联网络为媒体，以新的方式、方法和理念实施营销活动，更有效地促成个人和组织交易活动的实现。

3. 网络营销的特点

市场营销中最重要也最本质的是组织和个人之间进行信息传播和交换，如果没有信息交换，交易也就是无本之源。

（1）跨时空。营销的最终目的是占有市场份额。互联网具有超越时间约束和空间限制进行信息交换的特点，使得脱离时空限制达成交易成为可能。企业能有更多的时间和更多的空间进行营销，可每周7天，每天24小时随时随地提供全球的营销服务。

（2）多媒体。互联网络被设计成可以传输多种媒体的信息，如文字、声音、图像等信息，使得为达成交易而进行的信息交换可以多种形式进行，可以充分发挥营销人员的创造性和能动性。

（3）交互式。互联网络可以展示商品目录，联结资料库，提供有关商品信息的查询，可以和顾客做互动双向沟通，可以搜集市场情报，可以进行产品测试与消费者满意调查等，是产品、设计、商品信息提供以及服务的最佳工具。

（4）拟人化。互联网络上的促销是一对一的、理性的、消费者主导的、非强迫性的、循序渐进式的，而且是一种低成本与人性化的促销，避免推销员强使推销的干扰，并通过信息提供与交互式交谈，与消费者建立长期良好的关系。

（5）成长性。互联网络使用数量快速增长并遍及全球，使用者多数年轻，属于中产阶级，具有高教育水平。由于这部分群体购买力强而且具有很强的市场影响力，因此是一个极具开发潜力的市场。

（6）整合性。互联网络上的营销可由商品信息以及收款、售后服务一气呵成，因此也是一种全程的营销渠道。另外，企业可以借助互联网络将不同的营销活动进行统一规划和协调实施，以统一的传播资讯向消费者传达信息，避免不同的传播渠道中的不一致性产生的消极影响。

（7）超前性。互联网络是一种功能强大的营销工具，它同时兼渠道，促销，电子交易，互动顾客服务以及市场信息分析与提供等多种功能。它所具备的一对一营销能力，恰好符合定制营销与直复营销的未来趋势。

（8）高效性。电脑可存储大量的信息供消费者查询，可传送的信息数量与精确度远远超过其他媒体，并能顺应市场需要，及时更新产品或调整价格，因此能及时有效地了解并满足顾客的需求。

（9）经济性。通过互联网络进行信息交换，代替以前的实物交换，一方面可以减少印刷与邮递的成本，可以无店销售，免交租金，节约水电与人工成本；另一方面可以减少由迂回多次交换带来的损耗。

（10）技术性。网络营销是建立在以高技术作为支撑的互联网络的基础上，企业实施网络营销必须有一定的技术投入和技术支持，改变传统的组织形态，提升信息管理部分的功能，引进懂营销与电脑技术的复合型人才，在未来能具备市场竞争优势。

4. 网络消费者的注意力

在信息爆炸和产品丰富的信息社会中，酒好也怕巷子深，如何抓住网络消费者的注意力这种稀缺的商业资源，便成为企业网络营销成败的关键。在目标市场确定之后，网络营销管理者首当其冲的应当是考虑以何种方式和手段尽快抓住目标顾客的注意力。

网络经济是一种典型的注意力经济。“注意力经济”这一概念是迈克尔·戈德海伯在1997年发表的一篇题为《注意力购买者》的文章中提出来的。戈德海伯指出，在以计算机网络为基础的信息社会中，各种信息浩如烟海，对人来说，信息已经不再是一种稀缺的资源，而是相对过剩，稀缺的资源是人的注意力。因此，目前以网络为基础的新经济，其实质就是注意力经济。在这种社会形态中，最重要的资源不是传统意义上货币资本，也不是信息本身，而是注意力，注意力是“虚拟经济的硬通货”。

5. 信息

要管理好一个企业，必须管理好它的未来；而管理未来就是管理信息。在网络化信息时代，消费者需求的多样化、个性化趋势有增无减，卖者之间的竞争将空前激烈，只有那些以闪电般的速度掌握营销环境信息，了解消费者需求和竞争发展趋势，找出对手弱点，并以最快的速度投入或占领市场的企业，才能实现网络营销的竞争优势。因此，网络营销策划要以进一步完善并充分利用企业营销信息系统为基础，利用快速高效的电子信息处理技术，对顾客、竞争者以及其他环境因素进行快速、准确、全面的分析，为网络营销方案的制订提供科学的依据。

6. 软营销

由于互联网具有信息共享、交流成本低廉、传递速度快等特点，因此网络是一柄“双刃剑”：一方面形成了网上信息自由，另一方面又为信息的泛滥提供了便利。这就决定了企业在网络上向顾客提供信息时，必须遵循一定的规则——网络礼仪，即绝不能向顾客进行强制性的信息灌输，绝不在未经顾客允许的情况下让企业的任何信息闯进顾客的私人生活，或将消费者的个人资讯向第三方透露。所以，真正的网络营销是一种软营销。“软营销”是相对于工业化大规模生产时代的“强势营销”而言的。强势营销往往用不断的“广告轰炸”和“死磨硬缠”的人员推销向顾客强行灌输信息。因此，软营销与强势营销的一个根本区别就在于：软营销的主动方是消费者，而强势营销的主动方是企业。网络时代个性化消费需求的回归，使消费者在心理上自己成为主动方，而网络的互动性又为他们成为主动方提供了条件。他们不欢迎不请自到的广告，但他们会在某种个性化需求的驱动下，主动到网上寻找相关的信息、广告。网络营销策划应考虑如何适应这种新的环境和要求，使企业的网络营销成为真正的软营销。

7. 顾客让渡价值

企业要在竞争中战胜对手，吸引更多的潜在顾客，就必须向顾客提供比竞争对手具有更多“顾客让渡价值”的产品。网络信息化时代为顾客比较和评估不同企业的产品（服务）的价值或效用提供了十分便利的条件。1994年，菲利普·科特勒提出了“顾客让渡价值”的概念。“顾客让渡价值”是指顾客总价值与顾客总成本之间的差额。顾客总价值是指顾客购买某一产品与服务所期望获得的一组利益，它包括产品价值、服务价值、人员价值和形象价值等。顾客总成本是指顾客购买某一产品所耗费的各种成本的总和，包括货币成本、时间成本、精神成本和体力成本等。顾客在选购产品时，往往从价值与成本两个方面进行比较分析，从中选择出价值最高、成本最低，即“顾客让渡价值”最大化的产品作为优先选购的对象。因此，网络营销策划必须贯彻顾客价值：一是考虑如何通过改进产品、服务、人员与形象，提高产品的总价值；二是考虑如何通过降低生产与销售成本，减少顾客购买产品的时间、精神与体力的耗费，从而降低货币成本与非货币成本。

8. 快速反应

速度是网络营销竞争的利器之一。网络的神奇在于迅速和互动，由于网络虚拟世界与现实世界在速度上存在着巨大反差，速度对网上顾客满意度和忠诚度的影响十分明显。因此，网络营销企业的商业模式不再是传统营销环境下的推测性商业模式，而是一种高度回应需求的商业模式，即企业应站在顾客的角度及时地倾听顾客的希望、渴望和需求，并及时答复和迅速做出反应，以满足顾客的需求。在策划网络营销方案时，必须把网络作为快速反应的重要工具和手段，并在协调质量与服务的基础上建立快速反应机制，提高服务水平，能够对问题做出快速反应并迅速解决，以实现企业与顾客双赢的目的。

9. 创新

网络为顾客对不同企业的产品和服务所能带来的效用和价值进行比较带来了极大的便利。在个性化消费需求日益彰显的网络营销环境中，通过创新，创造与顾客的个性化需求相适应的产品特色和服务特色，是提高效用和价值的关键。特别的奉献才能换来特别的回报。创新带来特色，特色不仅意味着与众不同，而且意味着额外的价值。在网络营销方案的策划过程中，必须在深入了解网络营销环境尤其是顾客需求和竞争者动向的基础上，努力营造旨在增加顾客价值和效用，形成受顾客欢迎的产品特色和服务特色。

10. 关系营销

在网络化信息时代，新的市场环境导致企业与客户的关系发生本质性的变化，抢占市场的关键已从管理营销组合变成管理企业与顾客的互动关系。现代市场营销的发展趋势表现为从交易营销转向关系营销：不仅强调赢得用户，而且强调长期地拥有客户；从着眼于短期利益转向重视长期利益；从单一销售转向建立友好合作关系；从以产品性能为核心转向以产品或服务给客户带来的利益为核心；从不重视客户服务转向高度承诺。这就要求网络营销方案的策划，必须围绕处理好与顾客的关系这个核心来展开，把服务、质量和营销有机结合起来，通过与顾客建立长期稳定的关系，实现长期拥有客户的目标。

11. 品牌营销

现代市场营销竞争，不仅是质量、价格和服务的竞争，更是品牌的竞争。品牌不仅是企业、产品和服务的标识，而且是一种反映企业综合实力和经营水平的无形资产，在企业商战中具有举足轻重的地位和作用。网络品牌不仅为网上顾客辨识企业产品和服务提供了便利，而且为网上顾客购买和消费企业产品提供了信誉保证。对网络品牌的营销，既有利于扩大新顾客，又有利于留住老顾客。虽然品牌形象的传播要借助传媒来进行，但品牌形象不是炒作出来的，而是在不断提高产品和服务的质量的同时辅以恰当的形象推广而形成的。因此，网络营销方案的策划，不仅要注重提高品牌的知名度，更要注重通过提高产品和服务的质量来提高品牌的美誉度，通过整合和优化品牌形象的构成要素，最终树立起值得大众信赖的网络品牌。

12. 回报

网络营销的真正价值，在于其为企业带来短期或长期的收入和利润的能力。追求回报既是网络营销发展的动力，又是维持网上市场关系的必要条件。在网络营销中，企业要满足网上客户的需求，为客户提供价值，但不能做“仆人”。因此，网络营销方案的策划，必须重视企业在网络营销中的回报，使网络营销活动达到为顾客及股东创造价值的目的。在管理客户关系的过程中，企业必须优先与创造企业的75% ~80%利润的20% ~30%的那部分重要顾客建立牢固的关系。否则，大部分的网络营销预算花在那些只创造20%利润的80%的顾客身上，不但效率低，而且是一种浪费。

13. 资源整合

网络营销是以网络为工具的系统性的企业经营活动，它是在网络环境下对市场营销的信息流、商流、制造流、物流、资金流和服务流进行管理的。虽然因特网可使企业克服进入全球市场的信息障碍，但在经济结构加速调整、全球化市场竞争日趋激烈的环境下，企业的竞争已不再局限于研究和开发某一产品、某一技术或某一特定资本运营的价值，而是要善于研究和比较某一资源的机会成本和边际收益，从而使企业资本增值最大化。而要实现这种目标，企业必须以网络的商业化应用为契机，在全球范围内寻找商业合作伙伴，建立营销战略联盟，从商品经营和自身资产的经营转向对社会资源的经营。据专家统计，同样的项目，美国的企业平均用28%的资本运作160%的生意，东南亚国家的企业平均用50%资本运作100%的生意。导致这种差距的原因在于，一方面我国企业管理内部资源的水平和效率还有待于进一步提高，另一方面我国企业不善于吸纳整合外部资源。所以在网络时代的营销竞争中，只有那些善于对资源进行有效配置和重组，即靠知识、智慧和少量资本进行经营的资源整合市场组装的企业，才能“笑在最后，笑得最美”。当然，用知识与智慧整合社会资源，必须具备两个基本前提：其一，必须根据市场需求进行资源整合；其二，必须具有广泛真诚的合作精神。因为，市场需求是利润之源，而合作则是对付激烈竞争的最佳手段。

所谓销售，就是出售所生产的产品或所购入的产品。由于买卖双方存在隔阂，如二者无法求得某种同意，则销售不可能发生。从这个角度讲，销售可称之为“依据买卖方二者的同意而完成的交易行为”。这种交易行为正是所有权的转移，买房可得到预定的经济价值，收回货币，以“销售收入”账户来表示。故销售也可以说是“为了实现销售收入而进行的经营活动与过程”。

销售机能与制造机能、财务机能共同构成企业经营活动的主要机能，但是三者的性质有所不同，后二者机能的主要经营活动属内部活动；销售机能则是直接打入市场的外部活动。

因此，销售的概念及销售阻碍经营活动中的地位，会随着市场环境的变迁有所变化。而市场的环境变迁的主要反映就是市场的供求关系。众所周知，供求关系对交易起着关键性影响，故供求关系的变化对销售的方式及其重要性有很大影响。

市场的供给与需求的关系大致可以分为两大类，即买方市场与卖方市场。销售在两种市场状态中分别有不同的地位与方式。

（1）卖方市场状态的销售。卖方市场是指需求大于供给，在交易中卖方占主动地位的市场状态。在这种情况下，出现“只要制造即可销售”、“或只要购入即可销售”的情况，于是企业以制造（或购货）为首要经营活动，而销售却成为次要的附属活动。此时的销售任务只是将新生产或购入的物品投放市场。假若货物还销售不出去，则厂商会把责任归结于推销员的能力低下；如有顾客对产品质量有抱怨，也会认定是顾客使用不当的缘故。这显然是卖方市场条件下的错误观念。

（2）买方市场状态的销售。买方市场是指需求小于供给，在交易中买方占主动地位的市场状态。在这种情况下，企业的经营活动不得不演变为以消费中为中心，传统的单靠提高推销员的推销机能的办法已很难奏效，而更需要一个企业的整体行为方可满足消费者的需要。

为了更明确起见，现将卖方市场与买方市场的不同特征及其对销售活动的影响列于表 1.1。

表 1.1　卖方市场与买方市场的区别及对销售的影响表

卖方市场	买方市场
供不应求	供过于求
卖方占主要地位	买方占主要地位
抬高售价	降低售价
严格付款条件	放松付款条件
销售方式苛刻	简化销售手续
限制交货条件	交货方式随机应变
不负责售后服务	交货后负责到底
不担心买方的困惑	担心买方的困惑

第二节　销售观念的发展

“既然做销售这一行，别抱怨产品，别抱怨市场，也别抱怨公司，因为客观环境是你无法改变的，你只能改变自己。多为销售找方法，别为失败找理由。”

作为一个销售人员，一定要有正确的销售观念。销售也是一场无硝烟的战争，销售人员首先要在观念上领先，才能打赢销售之仗。

通过接触上千名的销售员，有的是刚入行的新手，有的是做销售五六年的老手，当问到：你认为销售工作什么最难时？有的说是无法面对被拒绝，有的说是产品不好，有的说是产品没有广告，知名度太低。有的说是公司没有实力，还有的说是产品包装太差等。很少有销售员告诉我是自己的能力不够。当然这也是能够理解的，当工作遇到困难时，把责任推给客观原因应该是大多数人的做法，可这个观念严重影响了销售业绩和阻碍了自己成为一名优秀的销售员。作为一名销售员是销售策略的最终执行者，所面对的现实情况就是你的战场情况，你不能说由于敌人太强大了，你就放弃抵抗向敌人投降。

所以，我们觉得销售员必须树立有条件要上，没有条件创造条件也要上的信念。因为如果什么条件都具备了，又怎么能显出你的销售能力呢？代理产品只选择没有名气企业的产品，只有这样，才能显示你的销售能力，才能使你的聪明才智得到发挥，也才能做出成绩。

没有卖不出去的产品，只有错误的销售方法。这是观念改变的第二点。销售员往往通过和市场短期接触后，就会出现抱怨和怀疑，抱怨产品不适销对路，价格太高，怀疑产品的质量，怀疑自己的能力，有的销售员在第一个月业绩不佳的情况下马上就辞职，有的坚持了更长一段时间但仍然是越做越没有信心。这些销售人员把过多的问题集中在了产品和客户上，而忘记了销售的方法。

销售对于营销策划是一个过程，而对于销售员来说就是结果。这是观念改变的第三点。我看到许多销售员在做着本该是营销策划的事情，当接到产品后，研究产品的许多数据，研究各种各样的销售方案，实际上他连市场是一个什么样的情况都不了解，就在建空中楼阁。我认为直截了当的向客户销售，直接取得效果更重要。当然你要熟悉和了解自己的产品。

一、建立和谐销售关系——打破传统的销售观念的束缚

传统的销售观念往往喜欢塑造一种我强你弱、我上你下、我专业你不懂的销售关系。销售人员往往喜欢扮演/保持一种强势姿态：我专业，客户不专业；我对，客户错；你不听我的你就会吃亏。这种姿态的出现，往往基于在传统的信息发布平台上，销售人员对信息的掌握速度及信息量更优先。可是，随着信息平台的开放，只要愿意，任何一名客户都有可能成为该行业的专家。而且，在竞争越来越激烈的市场上，如果销售人员不能向客户提供愉悦的购物体验，客户会立即毫不犹豫地转向竞争对手。

在现在的博弈格局中，客户不再单纯地需要被指导、被教训、被要求。客户更需要被关怀、被喜欢、被重视——或者我们也可以称之为人类对爱的需求。销售人员向客户提供的愉悦且独一无二的购买体验才是销售工作的真正价值核心所在。所以，销售人员必须学会与客户建立和谐关系。

和谐的销售关系意味着销售人员和客户之间的关系就像配合得当的舞伴一样，他们之间不再有谁主谁次的问题，而是踩着同一节拍共舞。销售人员越有和客户建立和谐关系的能力，他就越有能力去影响客户最后的购买决策。我们也可以把和谐看成讲好故事的基调。而作为工具，好故事更加能促进这种和谐的关系。

和谐可以让客户放下对销售人员的防御心，可以让销售人员进入到客户的心里去——你知道，那个位置最贴近客户的钱包。同时，它还可以举重若轻地处理客户异议，让客户焦虑紧张的情绪得到舒缓。

销售人员如何与客户建立和谐关系呢？

在此，我们借用了心理学的一些工具。从理论上来讲，行为上的趋同，造成了我们心理上进一步的趋同，心理和身体属于同一系统，系统的某一部分发生的情况会影响到相关部分。或者，我们也可以从继续借用前文的观点来说明：人们喜欢像他们自己的人。

销售人员在讲故事之前对自己的状态的调整，将会让客户进入到更容易接受建议的开放的状态中。它将有利于销售人员和客户建立和谐关系。而这种调整，既包括了销售人员行为层面的准备，也包括了销售人员意识层面的准备、更包括了潜意识层面准备的对客户的影响力。以下介绍六个工具建立和谐销售关系：

工具一：呼吸

在国外很多心理工作室中，呼吸被作为专门的课题来进行研究、学习与练习。销售中，呼吸的状况，往往代表了销售中双方（销售人员、客户）和双方关系的真实状态。

首先，让我们从理性的角度来学习呼吸究竟是什么。瑜伽术语中，呼吸的原文是Pranayama。Prana 意即“空气”。有趣的是，这个字在梵语中也有另外一个意思——“生命的力量”。所以我们每次所呼吸的空气中，除了含有维持生命的氧气之外，它还有另外一股生命的活力。它由心跳压缩以及肺部及横膈膜的相互作用不停推动我们体内的循环，源源不断供给我们生存、发展的能源。同时，人体内由内脏产生的各种情绪会继续在肢体心灵里流通，试图寻找出路和表达方法。

很多人在紧张沮丧时的呼吸就变得浅而急促。同时，呼吸的方式也反作用于我们的情绪。当你读到这里时，不妨尝试一下浅而急促的呼吸方式，你会发现自己变得焦虑而不舒服。这个例子正是说明了我们的感觉能够以某种方式影响身体。反过来说，身体的结构与运作也可以塑造出某种感觉。

例如：如果一个人会习惯以浅而急促的呼吸方式作为抵挡某种感觉的措施，那么肺叶周围的肌肉紧张，不但会进一步减少肺活量，更会激起轻度的焦虑与压力。因为这种情绪层面的反应通常会和我们浅而急促的呼吸方式同时出现。所以，呼吸既可以作为一个人抗拒感觉的防御武器，因为呼吸就是感觉；反过来说，限制呼吸就是限制感觉。

而深而完全的呼吸创造空间，让我们从容地去感受更多的感觉。通过大口呼吸所带来的氧气将让我们更具有生机和活力，并在内在为我们营造空间让感觉进来、驻留。

销售人员在开始讲故事前，要检查、调整自己的状态。让自己进入到最好的工作状态中。想要通过讲故事调动客户的情绪，销售人员要让自己的情绪感染力更强，要让自己的感觉先到位。那么，他首先可以对自己做的事，也是最简单的，就是有意识地调整自己的呼吸。屏息凝神，通过呼吸长度、深度的调整，振作精神，打破原来的状态，让自己进入到成功销售所需要的状态。这个状态，必须是全力以赴地，以面前的客户为第一要素的状态。

值得一提的是，前几年市面上很流行的激励课程。这种课程也被大量地采用到销售培训中——尤其是保险、直销等容易被客户拒绝的行业的销售培训中。企业和销售人员希望通过这种方式来提升业绩，争取更好的成果。

可是令人烦恼的是：激励培训效果往往是短时间有用的。销售人员可能在激励结束后很短的时间里觉得很有激情、自己很棒。可是一旦在工作、生活中反复碰壁几次之后，他们的激情就消失了。因为激励只是单方面的改变我们外在的声音，而不是我们内心里的对话。

这样的改变费力而且不持久。在潜意识里面，过往的经验、经历让我们对自己有着根深蒂固的认知，我们有着固定的心智模式。而心智模式潜移默化地影响着我们撰写着自己的“人生剧本”。所以，想要影响客户的感受、调动客户的情绪，我们销售人员必须调动自己的情绪，让自己拥有某种特殊的感受。我们必须让自己的内在有所不同，才会发现外在的不同。呼吸作为一种新的销售人员自我调整的工具非常有用。销售人员在每天开始工作前，或是在工作中感到精神不振的时候、遇到向客户作方案简报时，我们都可以大口呼吸，来改变自己的状态。尤其我们的销售人员常常需要在人声鼎沸的商场中工作。进行深呼吸，可以让我们有更好的工作状态，开始讲自己的故事。

销售人员在观察客户的状态时，也可以仔细观察一下客户呼吸的状态。呼吸的状态在某种程度上反映了客户这一刻真实的状态——甚至包括客户的健康状态。长而深的呼吸说明客户现在非常放松，他的健康状态十分好，而急浅的呼吸则说明客户紧张、倦怠，身体状况不佳。针对不同的客户状态，销售人员可以将商品、服务更好地进行打包，向客户提出有的放矢的解决方案，并配合客户的情绪，加强自己对客户情绪的感染力。另一种针对销售人员的解决方案则是：在面对面的销售过程中，销售人员有意识地调整自己的呼吸，跟客户的呼吸频率、呼吸的位置（在胸部、腹部或胃部下方）深浅保持一致。神经语言学称之为模仿。通过模仿，我们可以在潜意识中更快地被客户所接纳，对客户产生正面积极的购买影响。让客户更容易接受销售人员的建议解决方案。

工具二：姿势

身体的位置是前倾还是保持腰部的直立，你的手腕是朝向客户还是朝向自己，这些姿势都从细节显示了你对客户的影响力。当你前倾时，往往表示你对对方十分关心，急于成交。而手腕的朝向则暗示了我们是否开放。因为手腕的内侧是相对柔弱的地方。当我们把自己身体相对柔弱的地方向对方敞开时，往往暗示着：我对你是不设防的，我对你是开放的。同样的情形，我们在动物界也可以看到。当一只小猫或者小狗在你面前露出它的肚皮时，往往说明了这只小动物十分信赖你，甚至不介意把自己最柔弱的地方暴露给你。另一个泄密的细节是：腿和脚的位置。我们脚尖所指向的东西往往是我们潜意识中真正关心的东西。所以小心调整你脚尖的指向，同时，留意你客户的脚尖是指向哪里的，你就知道他真正是被你的故事吸引了，还是已经准备好溜走。除此之外，身体的重量分布也从暗处影响着我们故事的效果。如果你身体的整个重量是压在后面的，重心朝后，说明你潜意识中想要离开客户，你潜意识地在告诉客户：我觉得累、我觉得你威胁到了我，我需要和你保持距离。当客户的潜意识接收到你的信息时，他会根据自己惯常的反应模式，下意识地表现出和你匹配的行为。那么在这种情形下，我们很难取得好的故事效果。也许同样的故事，我们用另外一种身体重量分布来进行描述，将会取得不同的效果。例如将身体的重心前移，在客户可接受的范围内，离他近一点，让客户感觉到亲近而不被威胁，这些小技巧都将加强故事的感染效果。

由于市面上大量的肢体语言类书籍已提供相关资讯，此章节不再详述。

工具三：动作和手势

我们将动作和手势称之为信号节奏。建立和谐销售关系，让故事取得更好效果的重点在于：尽量让我们的身体动作和手势和客户保持一致，包括动作的快/慢、稳定/灵活。如果你发现潜在客户的动作幅度较大，而且喜欢夸张的手势的话，那么，在你的行动上和客户保持一致。如果你发现这位客户也许更偏好小幅度的动作，那么试着配合他。同时需要注意的几个小动作是：向上的手势让人感觉被接纳，包容，觉得很舒服。即使双方在争议一个彼此对立的观点时，这个动作都会让我们感觉到：对方只是在观点上和我有分歧，但是我这个人是被接受的。而下压的手势则让对方有被排斥、压抑的感觉。所以，当你在通过故事陈述自己的观点，处理客户异议时，千万要注意你手势的应用。

练习：

找一个搭档，和他坐在一起，找一个虚构对立的议题，例如：中餐好吃还是西餐好吃。

开始就这个议题展开争议。注意讲述的一方有意识的加入手势。

第一轮中加入向上的手势对话题加以强调。

第二轮中加入向下的手势对话题加以强调。

双方分别进行两轮争论，讨论各自的感受。

工具四：音调和音质

调整你的音速快慢、音量大小、音质（厚重轻快）等。如果你发现客户的音调很快，那么，让你的音调也调快些，可以抓得住对方。同时，聆听一下客户的音量的大小。客户是喜欢大嗓门的吗？那就让你的声音比平时的声音更响亮一些。客户的声音很低沉而富有磁性吗？那你的声音也不要太尖。保持和客户音调、音质类似，你将会发现自己将取得更大的影响力。同样的测试，你也可以用在平时的生活里。

两人练习：

甲、乙双方面对面坐在一起，甲开始叙述一件事情，乙故意用与甲完全不同的语调、音质来和甲自由对话。三分钟后，活动暂停，甲、乙双方分享感受。

乙完全按照甲的语调、音质来进行对话。三分钟后，活动暂停，甲、乙双方分享感受。轮换角色。

工具五：我们讲故事的内容

在销售过程中——注意，不仅仅是你讲故事的过程中——尽量和潜在客户保持一致的语言风格。这样可以保证你的客户能听得懂你究竟讲了些什么。

使用同样类型的词语，可以加强你对客户的亲和力。注意对方喜欢用一些什么样的口语，这些口语是跟视觉有关、还是跟听觉有关，或者跟感觉有关？客户喜欢用一些长句子，还是用一些很短的句子。客户是喜欢用陈述句还是喜欢用疑问句？然后尽量自然地在你讲述故事的过程中应用相类似的语言，这将会增加最直观的语言感染力。

如果一开始，我们发现自己无暇照顾到方方面面，那么，一个简易的技巧可以帮到你。在每句话的开始，简单重复对方的话。一开始你可以只是重复对方最后的几个关键性词语，然后慢慢调整到可以重复整段的句子，再慢慢加入语速、语调、情绪、动作……你也许会惊异地发现：仅仅是这样简单的重复，就可以让双方的关系快速进入到更融洽的境界。当我们关系更好的时候，故事才能取得更好的效果。

故事内容是讲销售、做销售的重点之一，我们将在后面进行探讨。

工具六：信念观、价值观

汽车销售大王乔吉拉德曾表示过：他对所有来找他买汽车的客户都满怀感激之情。可由于找他买车的客户实在太多了，所以他们不得不排队轮候。排在队尾的客户要等上两三个月。乔吉拉德对此十分歉意。为此，他愿意为他们的辛苦等待打一个折扣。

其实不仅仅在销售活动中，在人类的任何活动中，它们都折射了内在的信念观、价值观。乔吉拉德在他的销售行为中表现出了“尊敬”、“平等”、“互利”的主流价值观。而我们很多的销售人员在其不同的职业生涯周期里面，所接触到的客户的层面和需求都是不同的。其中，表面上看来一些以利益、立场不同而造成的争执的背后，其实是价值观、信念的冲撞。这时，多元化包容的态度就显得格外重要：“我不认同你的观点，但我坚决捍卫你发言的权力。”

在销售的过程中，即使你并不认同或对客户所持的价值观、宗教信仰、生活习惯完全没有体验，但一定要尊重客户所表现出来的价值观与信念。例如客户可能特别不喜欢某种颜色，而那种颜色恰好就是你最喜欢的。那么，不要对客户这种爱好表示大惊小怪。聆听客户的需求，即使不能满足，也要给予充分的关注、理解。因为如果我们做不到这一点的话，也许我们的竞争对手做得到。那么，我们就将失去为这位客户提供服务的机会。有区别地对待、服务客户，将会给我们的销售造成不可弥补的损失。

不过值得一提的是，以上工具的使用都是以自然为前提，切忌让客户觉得太过于做作而不自然。如果你担心效果不太好，可以先在自己的销售团队或身边的家人、朋友身上进行练习。你也许可以向他们销售你的某个理念，也可以向他们销售晚餐去哪里吃的方案。这样，你将会取得更大的进步。

二、传统销售观念

这类观念以刺激回应理论支配销售策略，其基本前提是顾客在获取若干正确说明之后，才采取购买行动，其关系如图 1.1 所示。

刺激（正确的销售方式） ——→ 回应（完成交易行为）

图 1.1　刺激回应理论图

（一）AIDE 观念

这种观念是 1902 年薛尔敦（Artier Fredrick Sheldon）提出来的，他认为有效推销的程序包括准客户决定采购时的 4 个心理阶段，即注意（Attention）、兴趣（Interest）、欲望（Desire）、决心（Resolve）。

（二）AIDA 观念

1898 年，学者 E. S. 路易斯提出了 AIDA 法则。他认为：一次销售要引起人们的关注并取得预期的效果，必然要经历注意（Attention），产生兴趣（Interest），培养欲望（Desire）和促成行动（Action）这样一个过程才能达到目的。路易斯的提法主要是从心理学的角度，也就是从销售受众的心理活动过程这个视角，来探讨如何提高销售在营销过程中的效果问题，因而引起了人们的高度重视。后来在此基础上加以补充，增添了信任（Conviction）、记忆（Memory）和满意（Satisfaction）等内容，取其每个英文单词的字头，称之为 AIDA 法则。此法则从表面看只是高度概括了销售受众的社会心理过程，但实质上强调的是“销售的最终目的是引起购买行动”。近代学者认为准顾客在最后阶段仅有决心还不够，必须采取购买行为后才算完成购买，达到企业销售的目的。

（三）艺术观念

销售技巧是销售能力的体现，也是一种工作的技能，做销售是人与人之间沟通的过程，宗旨是动之以情，晓之以理，诱之以利。1924 年，一些销售主管专家又将薛尔敦理论加以推广，认为销售技巧是推销员所表现的一种艺术，以诱发准顾客的购买意识及乐意缔约，结果可使买卖双方均获其利。

（四）配合观念

此观念是 1970 年克士格（Barry J. Hersker）提出来的，认为有效推销技巧的表现，需使推销员能将其独特的商品配合准顾客的需求，将产品品质与观察到的顾客需要作为有效推销表现的要素。配合观念可用图 1.2 表示。

图 1.2　配合观念图

三、现代观念

买卖双方互动观念

互动观念是克格士先生与 1970 年将传统观念加以修正而形成的。他认为传统观念没有估计到各种生态环境或周围情况的影响。所谓买卖双方互动，是指在适当的情形下交往。克格士在原有产品品质以顾客需求的关系上，加以生态环境的影响，认为该关系及其相关的推销技巧是受各种环境因素影响的。买卖双方互动观念是指销售的完成是在一定的环境下买卖双方互动的结果。顾客是否购买所推销的产品，一方面取决于推销人员的推销技巧，另一方面取决于推销环境的影响，取决于双方是否有相应的信息和心理互动。克士格认为，销售工作应有一种回应机能，由推销人员与准顾客之间的信息交流、回应及交往构成。

这里的生态环境就是指宏观环境。主要包括如下内容：

（1）经济环境，如供应、需求、竞争、成本、销售、政策；

（2）市场环境，如消费者的购买动机、时间、地点、方式等；

（3）政治法律环境，如各国政局、经济管理体制、法令、法规、消费者团体组织等；

（4）社会文化环境，如价值观念、信仰、兴趣、行为方式、社会群体、人际关系、科技、艺术等。

产品品质、顾客需求及生态环境三者之间的关系可用图 1.3 来表示。

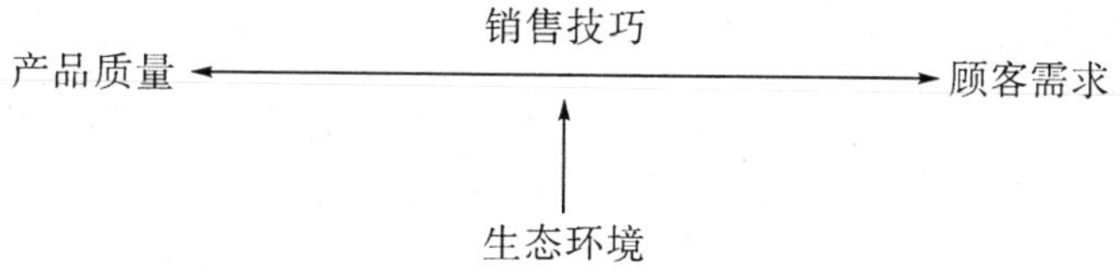

图 1.3　影响销售技巧的 3 种决定因素图

克格士的另一点补充为：销售工作应有一种回应机能，由推销员与顾客之间的信息交流、回应及交往构成。即是说，现代的准顾客形象，已不同于传统的被动形象，而成为销售过程中的主要角色，向推销员表达感官意愿，对推销员提供的信息作出反应，并因推销员的行为作出行动，因而形成相互之间的交往行动。故此，图 1.3 中的产品质量与顾客需要的影响是双向的，产品质量可以影响顾客需要，顾客需要也可影响产品品质。

销售工作的回应机能可用图 1.4 来表示。

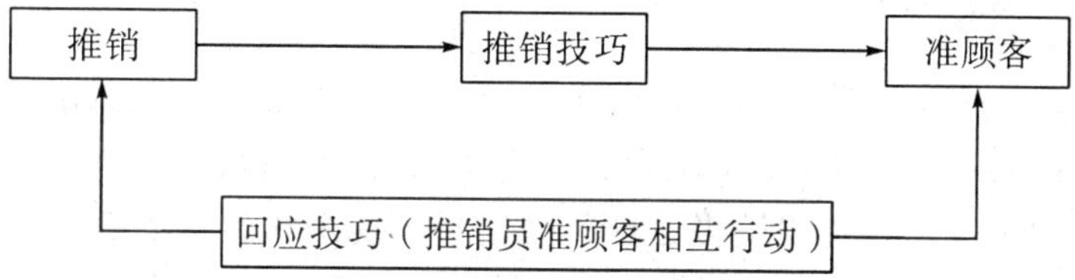

图 1.4　销售工作回应机能图

（二）买卖双反组织联系观念。

市场上的买主除了个别消费者之外，还有企业团体及政府机构等组织，这类购买者称为产业购买者或组织购买者。其购买行为较为复杂，而且与个体消费者有很大区别。推销人员可借助这个买卖双方组织联系观念来了解此类购买者。

这种观念认为，销售人员是买卖双方组织之间的连接环，提出卖方组织与买方组织内部联系的重要性，推销员如能完成买卖双方组织间的联系工作，即可建立与保持该两组织的采购功能互相配合，则双方组织既可满足对方的需求，而且能维持这种互相满足的交换关系。此外根据推销行为的组织理论，双方组织的能力、权利及地位关系可通过侧面途径之买卖双方组织中的销售与采购部门交流，而推销员则应从中引导这些交流，为保持双方组织这种良好的交换关系提供条件。

买卖双方组织联系、观念可用图 1.5 来概括说明。

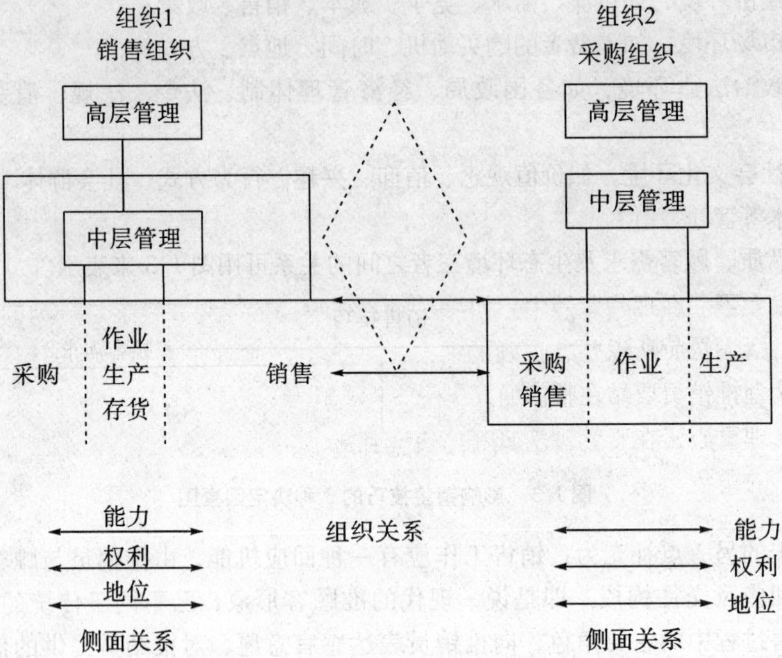

图 1.5　买卖双方组织联系观念图

第三节　销售管理体系的构成

销售管理是为了实现各种销售目标而创造、建立和保持与目标市场之间的有益交换与联系而设计的方案、计划、执行和控制。通过计划、执行及控制企业的销售活动，以达到企业的销售目标。所谓销售管理，就是指实现销售目标，完成销售任务而进行的计划、组织、指挥、协调和控制的综合性活动（见图 1.6）。

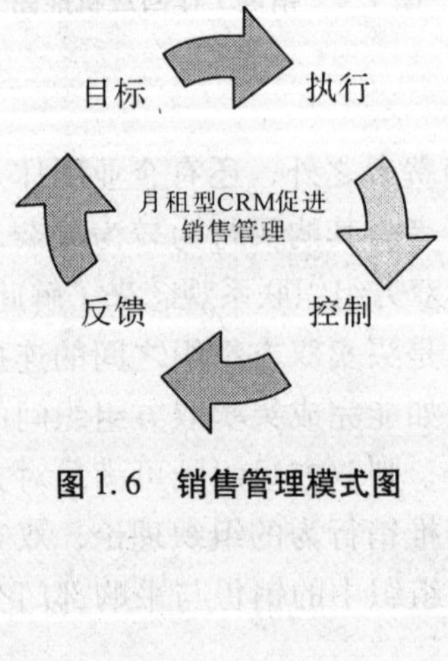

图 1.6　销售管理模式图

一、销售管理概述

在谈销售管理的过程之前必须要知道什么是销售管理，而谈到销售管理又必须先知道什么是营销管理，并将其与销售管理作出明晰的区分。

所谓销售管理，就是指实现销售目标，完成销售任务而进行的计划、组织、指挥、协调和控制的综合性活动。

关于销售管理的定义，不胜枚举，但有两种比较有代表性的定义。一种是广义的解释，即销售管理是所有销售活动的综合管理；另外一种是狭义的解释，专指以推销员为中心的管理。如前所述，销售活动已基本专注于直接买卖活动，所以广义的解释显然范围太大了。在现代营销中，如果其概念被狭义的局限在销售员活动的管理方面，则会被社会所淘汰。所以要有正确的观念，认为销售管理是直接实现销售收入的一连串过程，管理推销员要站在整体的立场来进行。

销售管理重心，在于管理实现销售收入的过程。因此，销售管理也应在市场经营中担任中枢的角色，一方面以销货收入计划为中心，一方面和整个市场经营保持联系，而加以展开。即是说，先设定销售计划，再开展销售活动，以实现企业目标。

根据以上的销售管理的定义，我们可以看出销售管理是企业管理中非常重要的一个工作环节。市场营销工作必须与企业的产品开发、生产、销售、财务等工作环节相协调。只有这样，企业的整体经营目标才能够得以达成，企业的总体经营策略才能够得以有效地贯彻落实。而且营销管理工作是在企业的经营目标、战略经营计划的总体战略之下，根据对经营环境的分析结果，对市场进行细分，选定希望进入的目标市场，然后据此而制订市场营销计划和营销组合，并且推动计划的落实执行和对执行计划的过程进行监督控制、评估、检讨和修订。

而什么是销售管理呢？销售管理在市场营销管理中又处于什么位置呢？由此可见，销售管理是从市场营销计划的制订开始，销售管理工作是市场营销战略计划中的一个组成部分，其目的是执行企业的市场营销战略计划，其工作的重点是制定和执行企业的销售策略，对销售活动进行管理。

而在这个市场竞争激烈的时代，企业为了提升自己的销售竞争力，常常选择与提供销售管理软件的服务商进行合作，来助力企业的整体竞争力的提升。关于销售管理的含义，中外专家和学者的理解有所不同。西方国家学者一般认为，销售管理就是对销售人员的管理（Sales Force Management）。营销学权威菲利普·科特勒认为，销售管理就是对销售队伍的目标、战略、结构、规模和报酬等进行设计和控制。美国学者约瑟夫·P. 瓦卡罗（Joseph P. Vaccaro）认为，销售管理就是解决销售过程中出现的问题，销售经理应该是一个知识渊博、经验丰富的管理者。拉尔夫·W. 杰克逊和罗伯特·D. 西里奇在《销售管理》中认为，销售管理是对人员推销活动的计划、指挥和监督。我国学者李先国等人认为，所谓销售管理，就是管理直接实现销售收入的过程。由此可见，销售管理有狭义和广义之分。狭义的销售管理专指以销售人员（Sales Force）为中心的管理。广义的销售管理是对所有销售活动的综合管理。

二、销售管理的过程

在明确了什么是销售管理之后，对销售管理的过程大致划分如下：

（一）销售策略和计划

企业在制订了营销策略计划之后，销售部门便需要据此制订具体细致的销售计划，以便开展、执行企业的销售任务，以达到企业的销售目标。销售部必须清楚地了解企业的经营目标、产品的目标市场和目标客户，对这些问题有了清晰的了解之后，才能够制订出切实而有效的销售策略和计划。

在制定营销策略的时候，必须考虑市场的经营环境、行业的竞争状况、企业本身的实力和可分配的资源状况、产品所处的生命周期等各项因素。在企业制定的市场营销策略的基础上，销售部制定相应的销售策略和战术。

根据预测的销售目标及销售费用，销售部必须决定销售组织的规模。销售人员的工作安排、培训安排、销售区域的划分、销售人员的工作评估及薪酬都是销售部在制订销售计划时所必须考虑的问题。

销售计划必须包括销售人员的工作任务安排。每一个地区的销售工作都必须安排具体的人员负责。销售计划必须要做到具体和量化，要能够明确定出每一个地区或者每一个销售人员需要完成的销售指标。

（二）建立销售组织

销售部需要研究并确定如何组建销售组织架构，确定销售部门的人员数量，销售经费的预算，销售人员的招聘办法和岗位人员的资历要求。

在销售计划的制订和执行的过程中，如何组织销售部门，如何划分销售地区，如何组建销售队伍和安排销售人员的工作任务是一项非常重要的工作。销售部需要根据目标销售量、销售区域的大小、销售代理及销售分支机构的设置情况、销售人员的素质水平等因素进行评估，以便确定销售组织的规模和销售分支机构的设置。

（三）销售业绩管理

销售工作，或者说销售人员与目标客户进行接触的最终目的，是为了出售产品及维持与客户的关系，从而为企业带来销售业务及利润。

销售人员的销售业绩，一般以销售人员所销售出的产品数量或销售金额来衡量。此外，销售人员所销售出的产品的利润贡献，是衡量销售人员销售业绩的另一个标准。而对于一些需要重复购买产品的客户，销售人员要维持与这类客户的关系。维持与客户的业务关系的能力及对客户的售后服务质量也是一个重要的考核因素。

销售部需要按照销售计划去执行各项销售工作，要紧密跟进和监督各个销售地区的销售工作进展情况，要经常检查每一个地区，每一个销售人员的销售任务完成情况。发现问题立即进行了解及处理，指导、协助销售人员处理在工作中可能遇到的困难，帮助销售人员完成销售任务。销售部需要为销售人员的工作提供各种资源，支持和激励每一个销售人员去完成他们的销售指标。

（四）工作绩效考核及评估

销售人员的工作表现考核和评估是一项重要的工作，销售部必须确保既定的工作计划及销售目标能够完成，需要有系统地监督和评估计划及目标的完成情况。销售人员的工作表现评估一般包括检查每一个销售人员的销售业绩，这当中包括产品的销售数量、完成销售指标的情况和进度、对客户的拜访次数等各项工作。对销售人员的销售业绩的考核及评估必须定期地进行，对考核评估的事项必须制定明确的准则，使销售人员能够有规可循。而评估的结果，必须对销售人员进行反馈，使他们知道自己哪些地方做得不够好，从而对工作中的缺点作出改善。

考核评估最重要的不仅在于检查销售人员工作指标的完成情况和销售业绩，更重要的是要检讨销售策略和计划的成效，从中总结出成功或失败的经验。成功的经验和事例应该向其他销售人员进行推广，其经验教训也应该让其他人作为借鉴。对销售业绩好的销售人员应当给予奖励，以促使他们更加努力地做好工作，对销售业绩差的销售人员，应当向他们指出应该改善的地方，并限时予以改进。

根据销售人员的工作表现情况和业绩评估的结果，销售部需要对公司的市场营销策略及销售策略进行检讨，发现需要进行改善的地方，应该对原制定的策略和计划进行修订。与此同时，也应该对公司的销售组织机构和销售人员的培训及督导安排进行检讨并加以改善，以提高销售人员的工作水平和销售工作的效率。

三、销售管理的“四化”

（一）制度化

没有规矩就不成方圆。一个企业或组织要想进步，就必须有相应的制度来约束员工，管理企业，销售管理也如此。销售管理需要一定的规章制度，而这些制度必须依靠销售管理者去实施。

销售管理制度化是销售管理的基础。销售管理制度化，企业或组织就要制定一套高效、系统、完善的制度，使销售管理者与业务员有“法”可依，才能做到有“法”必依，违“法”必究，执“法”必严。销售管理制度化才能保证企业适应市场环境，做到高效运转。

（二）简单化

管理制度并不是越多越好，也不是越复杂越好，而应该是越精简越好。现代企业管理追求的是简单化，只有简单的才是易于执行的。销售管理简单化是必要的，因为简单化可以节约资源，提高效率。复杂的销售管理在组织上重叠，在程序上往复循环，在时间上大量浪费，在成本上居高不下。管理制度不能简单化就谈不上科学管理，就不会出效益。

销售管理简单化是可行的。由于人性的复杂性，造成销售管理工作的复杂性。但销售管理工作的复杂，并不代表管理操作一定要复杂。销售管理工作可以简单而且有效。销售管理简单化是销售管理的至高境界。这就要求销售管理者树立把管理工作简单化的思想，通过思想观念的创新、技术手段的创新，把复杂的流程、标准、制度、运作变为简单方便，组织扁平化就是管理层次简单化的一个例子。

（三）人性化

要明白什么是人性化管理，就必须知道人性是什么。人是复合体，是一种复杂的变化的不同于物质资料特殊资源，并非简单的“经济人”或“社会人”，所以人性也不能简单地以性“善”、性“恶”来概括。人性中的东西有善的、有恶的，在不同环境中又是变化不定的，由此导致人的需求并非是固定不变的。不同时空中会有不同的需求；“欲壑难填”在一定程度上是其真实的写照。销售管理人性化中的人性指的就是人的天性，即“善”、“恶”并存的天性。在不同的环境中人性化会有不同的表现。

所以销售管理人性化应该是在充分认识人性的各个方面的基础上，按照人性的原则去管理，利用和发扬人性中有利的东西为管理和发展服务；同时对于人性中不利的一面进行抑制，弱化其反面作用。在销售管理人性化的实施和手段上采取“人性”的方式、方法，尊重个人、个性，而不是主观的以组织意志或管理者意志来约束和限制业务员。在实现共同目标的前提下，给业务员更多的“个人空间”，而不仅仅是靠理性的约束和制度的规定来进行管理。

（四）合理化

合理化的定义，合理化即是不断地将不合理调适为合理的努力过程，亦即进行更好地改善，以确保企业拥有竞争优势，永续经营发展。企业管理合理化要素包括：①抓住异常，重点管理；②追根究底，止于至善；③自我回馈，自动自发。

销售管理者要培养一个公开、公平、公正的企业环境，对任何业务员要“一碗水端平”，不能因为个人的好恶而有失公允、有所偏颇。什么事情都要对事不对人，合法、合理、合情的对待每一位下属。在现代社会中，国家不是实行愚民政策而是开发民智，人类的价值得到普遍尊重，销售管理者采取不合理的管理策略收到的效果肯定是事与愿违。销售管理工作要合理化，企业上下要达成全员共识、形成共同的经营理念、打造优秀的企业体制及文化。

四、销售管理的内容

销售管理的内容，宜从目标市场的确定着手，依照销售计划开展活动，然后再根据收入的评估与获得的情报，做下一步行动参考。

销售管理基本上以市场管理、销售计划、销售活动管理、销售成果管理四大支柱为中心内容，并由达成目标的过程管理加以综合统一（如图 1.7 所示）。

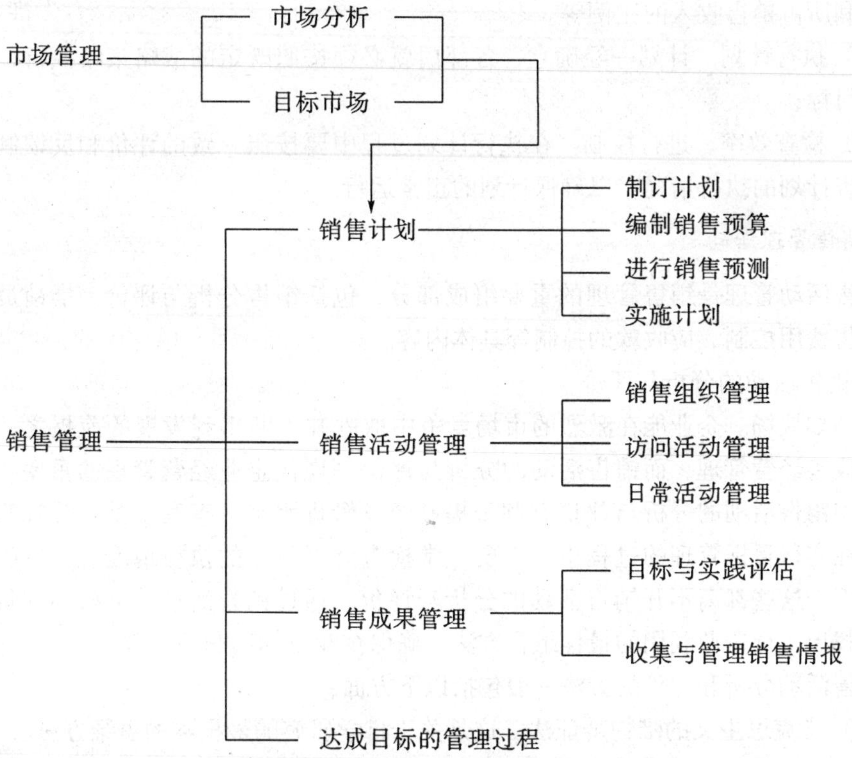

图 1.7　销售管理体系图

（一）销售计划

销售管理的核心内容是企业对销售活动全面而有效地规划与控制，即从满足市场需求出发，建立一整套系统的管理程序与方法。

制订销售计划的基本过程如下：

（1）分析现状。详细分析当前市场状况、竞争对手的产品及销售状况。

（2）确定目标。销售部门应结合前一计划期的执行情况、现状分析及预测结果，提出下一计划期切实可行的目标。

（3）制定销售策略。确立目标以后，企业要制定几套销售方案，以供评价和选择。

（4）评价和选定销售策略。权衡前一阶段所提出的销售策略方案的利弊，从中选择最佳议案。

（5）综合编制销售计划。由原负责销售的负责人及时汇集各部门制订的计划，经过统一的协调，编制每一产品（包括销售量、定价、广告、渠道等策略）的计划，然后综合每一产品的推销计划，形成公司的全面推销计划。

（6）具体说明计划。说明要有利于执行人员心领神会，使之在贯彻执行计划时有力有效。说明应阐述清楚实现目标的行动及步骤；每一步骤需要的资源；每一步骤的完成期限。

凡是与计划有关的情况，都应尽量说明，如以金额表示销售量、企业目前市场占有率、预期的销售金额、广告费、总市场活动成本、销售成本占销售收入的比例、毛利、毛利所占销售收入的比例等。

（7）执行计划。计划一经确立，各部门就必须按照既定的战略策略执行，以求达到预期目标；

（8）检查效率，进行控制。在执行计划过程中要按照一致的评价和反馈制度，了解和检查计划的执行情况，以确保计划的正常运行。

（二）销售管理活动

销售活动管理是销售管理的重要组成部分，包括销售分析与评价、推销员时间控制、销售费用控制、应收款的控制等具体内容。

1. 销售活动的分析与评价

商场如战场。企业能在激烈的市场竞争中取胜并不断得到发展的前提之一是必须加强和改善经营管理，而销售活动的分析与评价是现代企业经营管理的重要一环。其作用在于销售活动的分析与评价有利于提高经营管理水平；有利于推行目标管理。因为企业在实行目标管理的过程中，需要经常检查计划目标的执行情况，分析影响计划完成因素，这些都离不开销售活动的分析与评价。通过销售活动的分析与评价，有利于企业找出实现资源利用的最佳组合方法，确保企业目标利润的实现。

销售活动分析和评价的方法一般包括以下方面：

（1）马克思主义的唯物辩证法。这是关于科学研究的最根本的思维方法。

（2）数量分析法。常见的有：

①绝对数分析法，即通过销售指标绝对数值的对比确定数量差异。

②相对分析法，即通过计算，对比销售指标的比率，确定相对数差异。

③因素替代法，即通过逐个替代因素，计算几个相互联系的因素对经济指标变动的影响程度。

④量、本、利分析法，即依据销售量、销售成本和利润之间的相互关系，测量三者之间的变量关系。

销售活动分析和评价的程序一般经过以下步骤：

第一步，确定分析计划；

第二步，搜集分析资料；

第三步，研究分析资料；

第四步，作出分析结论；

第五步，编写分析报告。

2. 推销员时间控制

妥善运用时间对推销员十分重要。销售经理对到处奔走的推销员的活动难以掌控。就推销员而言，为了提高成绩，就必须妥善安排时间，适当控制其他活动。

与业绩有直接关系的洽谈时间对推销员来说是黄金时间。详细分析一天的活动，可以知道其时间运用的情况，如果洽谈时间比其他时间更多（当然与推销技巧有关），则获得较好的业绩的可能性越大。因此为了提高销售效率，应加强对销售员活动时间的管理。管理的一般方法是让推销员填写活动时间表，以便让销售经理了解情况，调整和指导推销员活动时间安排。

3. 应收账款管理

长期以来，赊款拖欠问题始终是困扰我国企业发展的一大顽症。大量的应收账款不能收回，不仅使企业流动资金紧张，而且其中一些长期的拖欠（有些事实上已变成死账）直接导致企业经营亏损，或者潜亏。企业被拖欠可以分为两类。一是由于历史性原因或政策性原因导致的拖欠，我们称之为“体制性拖欠”或“三角债”；另一类则是由于经营中面临的信用风险而导致的拖欠，我们称之为经营性拖欠。近年来随着我国市场经济体制的逐步建立以及政府的各项政策措施的到位，使体制拖欠的问题得到了一定的抑制。然而经营性拖欠则逐步上升，并占据了主导地位，成为当前企业走出困境和健康发展的巨大障碍。

在企业经营过程中，除了“三角债”问题，其他形式的付款违约和拖欠每天都在侵蚀着企业的利润。企业间信用关系的恶化导致了正常的贸易无法顺利进行。一些企业由于拖欠问题而陷入经营困境；一些企业成为惊弓之鸟，没有现金或预付款干脆不交易。这种交易手段的落后或倒退，与现代市场经济规律不相符。因此，加强应收账款的管理，对企业加速资金周转，增强企业竞争能力具有十分重要的意义。

此外，销售费用的管理也是销售活动管理中不可缺少的组成部分，对其严格管理，对于企业降低成本费用，增加盈利也是极为重要的。

（三）推销成果管理

推销成果管理是达成企业预定销售目标的重要一环，推销成果管理重点在于达成目标与实现实绩的管理。

1. 拟定销售目标

推销效果直接表现为销售业绩，而销售业绩取决于销售目标达成意识，如果企业销售目标意识淡薄，那么销售可能因为没有目标压力而实绩较差。可见，拟定销售目标已成为销售主管相当重要的管理项目。企业可以利用销售目标达成度作为推销人员奖惩的依据，通过达成度来评估其贡献度，而分别给予奖惩。然而销售主管要拟定销售目标，势必要先进行市场分析，同时也要从过去的资料中整理出一些数据作为拟定销售目标的预测值资料。销售主管拟定销售目标之后，应根据其销售潜力，编制各业务员的月、季或年度销售目标，以此作为推销员努力之方向，这是获得预期推销成功极为关键的一环。

2. 销售目标达成率的分析

销售主管应经常进行进度追踪，以便掌握销售状况。同时需掌握各个推销员每日销售状况，并了解比较目标达成之差异以及各推销员本月达成率与上月达成率的增减状况。通过对有关数据的比较分析后，对实绩落后的推销员帮助分析其原因，提出改善对策。

此外，当情况发生变化时也应适当修正销售目标。

五、销售管理的一般模式

销售管理的一般模式是指设计一种概略模式，以显示其所包括的主要活动，并标明这些活动间的重要关系。模式系统中各有关活动完成以后，应达成一致的目标，取得一致的效果。

销售管理模式可由4个主要部分组成（见图1.8所示）。

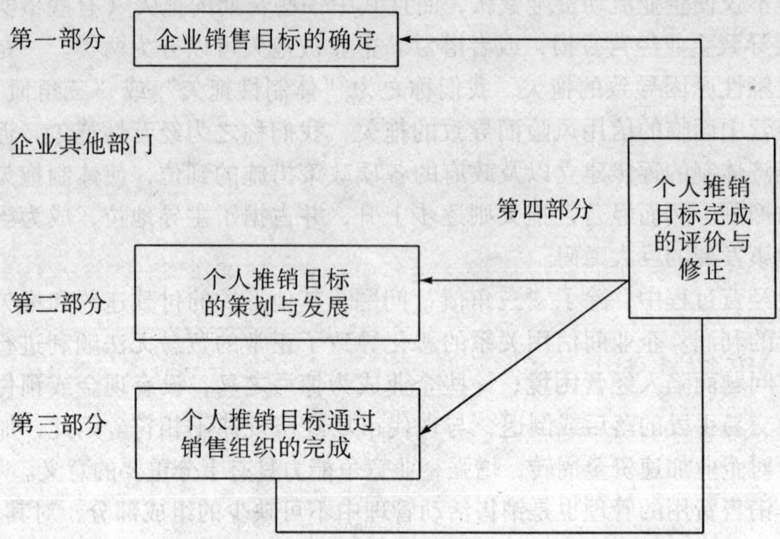

图1.8　销售管理模式主要活动的组合图

该销售管理模式可进一步分解为如下具体过程：

(1) 企业销售目标（见图1.9）；

(2) 个人销售目标的策划（见图1.10）；

(3) 个人销售目标通过组织来完成（见图1.11）；

(4) 个人销售目标完成评价与修正。这项活动是分析销售完成的各项成果，一评价其达成目标的程度，具体内容见图1.12。

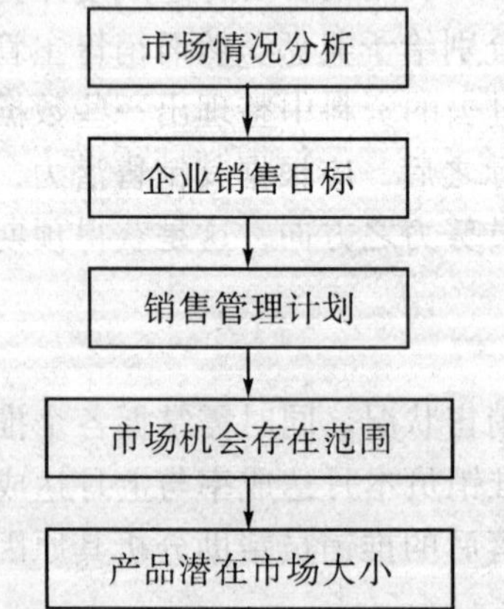

图1.9　企业销售目标确定图

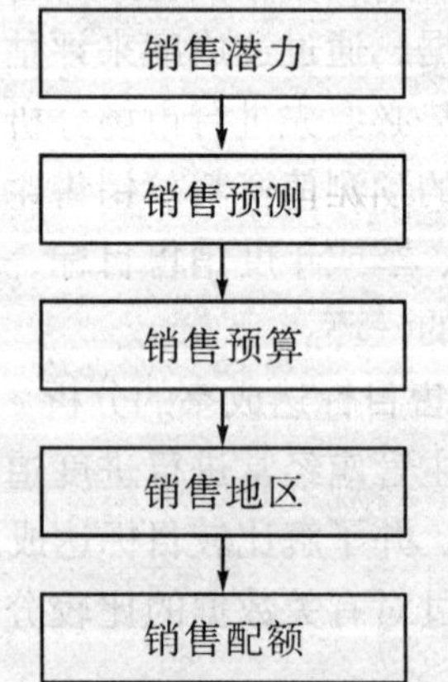

图1.10　个人销售目标的策划与发展图

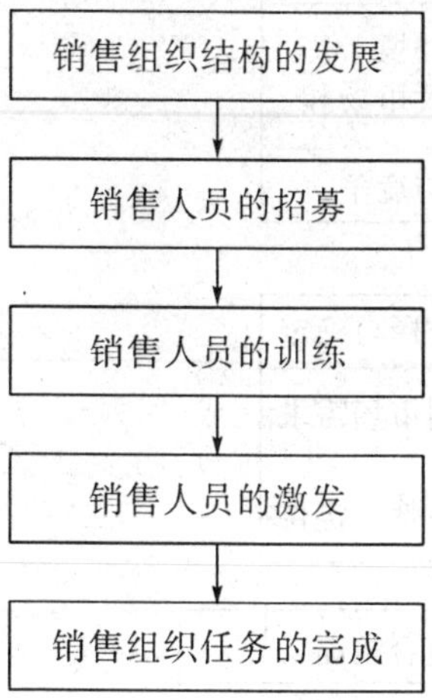

图 1.11 个人销售的目标完成图

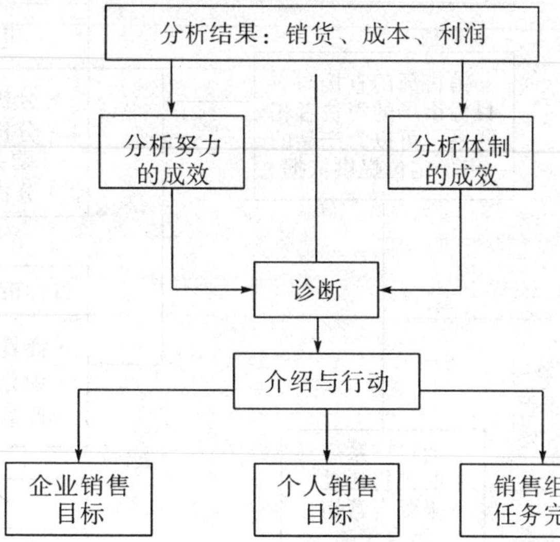

图 1.12 个人销售目标完成的评价与修正图

第四节 加强销售管理对企业营销的意义

近几年来，随着我国市场经济的不断发展，竞争日趋激烈，人们的市场营销意识也在逐渐增强。但是，在对市场营销的理解和运用方面，企业更多地侧重于产品促销方面的工作，大部分营销预算花费在广告推广和各种促销活动上，而忽略了最为基础的销售管理工作。这样做，表面上看企业是红红火火异常繁荣，短期内也可能有一定的收效，但随着企业的不断发展，由于销售管理工作跟不上，必然会出现经营混乱，效率低下，后劲不足的现象。因此企业经营管理者，既要考虑企业的短期效率，又要兼顾企业的长远发展，销售管理工作不能忽视。实践证明，销售工作既是企业各项经营工作的“龙头”，也是创造企业直接经济效益的主要环节，在企业经营管理过程中具有举足轻重的作用。

一、销售管理是企业成功营销不可缺少的重要环节

销售管理是营销管理的重要组成部分，离开了销售工作的配合与支持，企业的经营方针、战略规划是很难实施的。销售部门在企业整体营销管理中承担的职能可用图 1.13 来表示。

企业经营者坚持不懈地去研究及了解顾客的需求和欲望，生产出符合消费者需求的产品，建立起自己的分销渠道和设计全套的物流系统。但如果没有销售部门的科学管理工作，产品就销售不出去，就会前功尽弃。营销是企业运营中的最后一个环节，也是决定企业营运成败的关键。销售部门在这个环节中发挥着极其重要的作用。

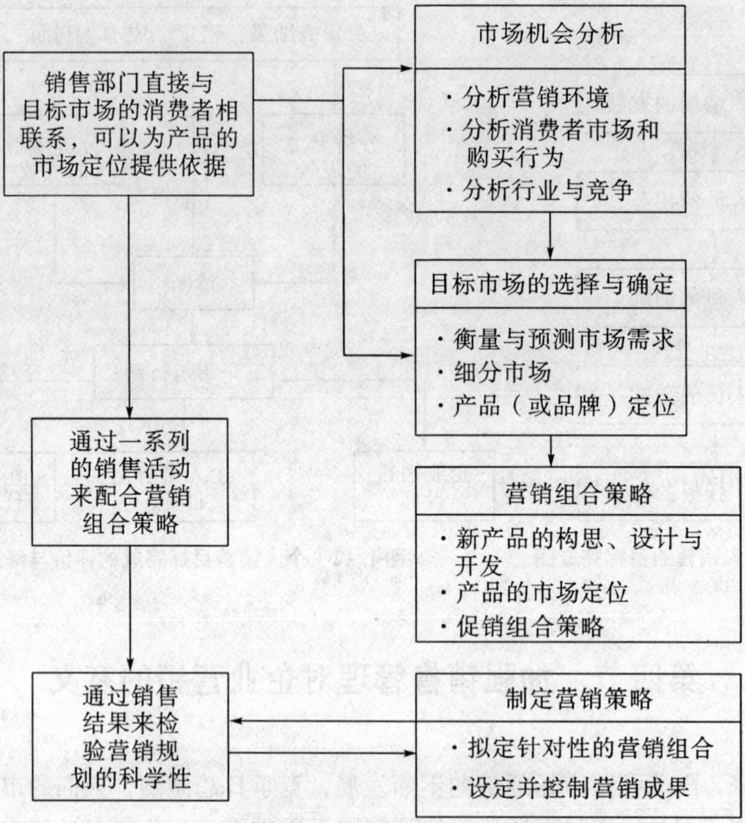

图 1.12　企业销售管理在营销管理过程中的职能图

二、良好的销售管理有助于实现企业收益目标

企业内很多支出，如工资、器具和原料等货币或投资的收回都有赖于收益的支撑。销售管理过程通过组织销售人员将产品送达到客户手中，从而获取足够的收益，实现企业利润目标。

三、良好的销售管理可以使企业与客户建立良好的关系

销售部门的销售人员在对外销售产品、洽谈业务时，往往是作为企业的代表。这些人对企业的成败负有重大的责任。销售部门如果能使下属人员执行企业的基本策略和方案，使顾客感到满意，对本企业更具有信心，便是真正地代表了企业本身的利益。成功的销售部门能够真正了解和解决客户的疑惑，建立与客户之间的良好的关系。

四、加强销售管理，可以促进产品的研制与开发

要保持企业不断的成功，产品的创新是必不可少的环节。几乎每一种新产品的问世都需要激励一批有朝气、有创新能力的营销人员对新产品进行研究和开发；另一方面，身处一线的销售人员，可为研究与开发工作带来有关消费者对产品使用大量的反馈信息，对研究与开发本身具有很大的促进作用。

五、良好的销售管理能帮助企业选择正确的目标市场，扩大市场规模，提高竞争能力

现代市场范围广阔，消费需求复杂多样，任何企业都不可能独占市场、满足所有消费者的各种需求，只能选择部分市场作为目标市场，在目标市场领域中求得发展。企业销售部门协助营销部门，通过运用市场细分理论，可以帮助企业正确选择目标市场，把市场机会转变为企业机会，集中人、财、物力从事生产和营销，提高产品竞争能力，使自己由整体市场上的劣势变为局部市场的优势；销售部门通过运用市场发展理论，帮助企业确立适宜的市场发展战略，通过密集化、一体化、多元化和扩展、收缩等战略选择，扩大企业的市场规模，提高市场占有率；销售部门通过运用市场竞争理论，可以帮助企业掌握制定市场竞争战略的原则和对竞争战略的组合运用，根据企业与市场的相对位置选择和采用进攻型、防守型、渗透型、低成本、产品差异、优势经营等战略。从而大大提高企业的竞争能力。

六、良好的销售管理有助于企业控制市场

良好的销售管理，能很好地管理企业销售人员的行为，有效地控制销售费用以及对客户进行科学化的管理。企业加强销售管理的目的，就是通过对企业内部员工的管理以及对客户的管理，达到控制客户，最终控制市场的目的。如果企业有一个完整的销售管理体系，它就能有效地控制好企业的销售，控制好市场。

章末案例或相关衔接

企业营销目标制定的有效方法

又是一年的终了，很多的企业在这个时候也开始盘点一年来的工作与成绩，开始回顾一年来的工作成效与年初制订的计划之间的差距。同时也思考着明年的工作计划。所以，有必要就年度营销计划的制订来写一些经验之谈，以供那些正在为制订年度计划的企业人提供一套可行的参考方案。

首先，要与大家探讨一下年度计划中目标的设定问题。因为，在接触到的众多企业中有关营销目标的制定方式可谓是五花八门，在这里，简单地归纳为以下三种形式：

1. 成本/利润驱动型

这种方式在目前很多中小企业中十分普遍，即：根据每年公司运营所需的所有成本加上对利润的要求，直接换算出公司未来一年的营销目标。这样的模式，我们不能说有错误，因为，这是企业得以继续生存下去的必需目标。企业在发展之初尚处于生存阶段，这样制定目标的方式是可以理解的。但是，如果一个企业永远使用这样一种简单的方法来制定每年的营销目标，那么企业的发展必然要受到限制。因为，这样的目标最多只能保证企业的生存，而无法为企业的发展提供有力的支持。

2. 简单类比型

这种方式目前同样被众多国内企业所采用。即：在充分考虑了继续经营所需的资源后，同时根据同行业的平均增长或平均规律进行简单的类比，进而对未来一年的经营目标进行一个简单的设定。这种方式看似是考虑到了市场环境、竞争环境、同业水平、自身以往经营情况等多方面因素，实际上，如果没有完善、科学的对目标的核算方法支持，到头来这样的目标仍然避免不了流于形式。因此，虽然比第一种方式前进了一步，却依然属于主观、“拍脑袋式”的形式范畴。

3. 分析推导法

这种方式是目前被大多数国际公司普遍认为较为科学，并且常采用的方法之一。这种方式通常是通过对过去几年中企业在市场上的表现以及对自身资源的合理评估后，通过有效的调研方法，取得一些相关的参数指标，进而把这些指标参数运用到一个通用模型中进行调整与计算，从而最终得出未来一年营销目标的合理范围。

以上是目前企业中常用的三种目标制定方法。接下来，我们一起分享一下“分析推导”方法的步骤，从而找到为什么国内众多的企业总是在目标的制定与现实情况经常存在一定差距的真正原因。

通常情况下，企业会常常用来年的销售额/量作为企业年度营销目标的重要指标，那么首先必须要讨论一下：销量的产生主要来自哪些参数指标？如果有了一个相对通用且科学的物理或者数学模型，那么，对于销量（额）的计算与预测就会产生极大的帮助。目前，国际营销界普遍认为：销量来自以下三方面因素的共同作用，即：①消费者态度；②渠道的有效性；③产品的性价比。

在这里，引用可口可乐公司对销量的理解，更加形象地为大家总结一下，即：销量的产生是决定于以下三个因素：①消费者愿意买；②消费者买得到；③消费者买得起。那么根据此理论建立的物理模型为：

$S = A \times D \times P \times Su$（销量 = 态度指数 × 渠道指数 × 性价比指数 × 当量）

在确定了销量的产生（计算）模型后，企业未来一年的销售目标就有了一个较为科学的推导计算依据了。具体方法如下：

第一步：对企业产品在目标客户（消费者）心中的位置进行一个测量。通常采用品牌跟踪的方法进行调研，从而得出目前产品的态度指数（A 值），进而再采用渠道研究的方法，通常渠道及终端调研能够得出渠道效力指数（D 值），同时利用性价比调研的方法取得价格指数（P 值）。

第二步：根据对三项调研结果的分析，分别找到在态度指数、渠道效力指数及价值指数三方面明年可能增长的方向，并预测三项指数分别可能增长的幅度。

第三步：企业营销部门及产品部门共同参与讨论三项指数增长幅度的可行性，同时提出修正意见，对未来三项指标指数的增长幅度进行探讨、修正。

第四步：将讨论确定后的三项指标指数带入销量生成模型，进行计算，从而推导出未来一年可能的销量。

通过以上对“分析推导”方法计算销售目标的简要介绍后，不难发现，这种方式与目前常用的营销目标的制定方法有几点根本的不同：

（1）目标不再是一个由企业决策者主观判断的一个数字，从而将目标与现实的差距减小到最少。

（2）明确了企业每年销量究竟主要是哪些产品，即：明确工作重点，从而确定了主要工作的具体方向。

（3）将企业销量的目标进行了科学的分解。

同时，如果对三项基本指标指数再进行有效分解，还可以在分解的过程中基本确定未来一年在这三方面的主要工作，进而把企业明年各部门主要的营销工作——与营销目标建立起清晰的关系，进而对资源的分配与准备起到非常关键的指导作用。而这种将目标进行量化分解，找到目标与具体工作方向之间内在联系与规律的方法，正是企业实行量化管理的开始，也正是您的企业在未来发展道路上与其他企业形成差距，永续经营的开始。

（资料来源：中华企业文化网）

复习思考题

1. 市场营销对企业发展的作用表现在哪些方面？
2. 销售观念经历了哪几个阶段的发展？
3. 销售管理体系的结构构成是什么？
4. 销售管理过程的销售活动分析和评价方法是什么？
5. 加强销售管理对企业营销的意义有哪些？

第二章　销售计划与预测

第一节　销售计划的架构

销售计划是各项计划的基础。销售计划，是指在国家宏观政策的调整下，根据市场需要，确定企业产品的销售目标，以此来组织与协调企业的整个产品的销售活动，从而达到预期的目标与效果的计划。以往在以企业为中心的生产观念和产品观念以及推销观念中，销售计划只是安排产品的运出和推销而已。企业的计划管理，也是最先有财务计划，然后有生产计划，最后才是销售计划。而现代企业制度是以消费者为中心的观念，这种观念要求销售计划立足于四个基本点，即将目标市场、整体营销、顾客满意和获取利润有机地结合起来。它要求企业各职能部门必须采取全方位的协调行动，为争取顾客而发挥各部门应有的作用；同时也要求企业必须依靠各种营销机能（如产品、定价、促销等）的配合，以达到最佳的整体效果。正因为如此，现代企业把销售计划的制订放在了重要的位置。

一、销售计划管理基础

（一）销售计划的架构

1. 销售计划是各项计划的基础

销售计划中必须包括整个详尽的商品销售量及销售金额才算完整。除了公司的经营方针和经营目标需要详细的商品销售计划外，其他如未来发展计划、利益计划、损益计划、资产负债计划等的计划与实行，无一不需要以销售计划为基础。

2. 销售计划的内容

简明的销售计划的内容至少应包含以下几点：

（1）商品计划（制造什么产品）；

（2）渠道计划（通过何种渠道）；

（3）成本计划（用多少钱）；

（4）销售单位组织计划（谁来销售）；

（5）销售总额计划（销售到哪里？比重如何）；

（6）促销计划（如何销售）。

很容易可看出，第5项的销售总额计划是最主要的，销售计划的内容大致可涵盖在其中，销售总额计划经常是销售计划的精华所在，也是销售计划的中心课题。销售计划的内容如图 2.1 所示。

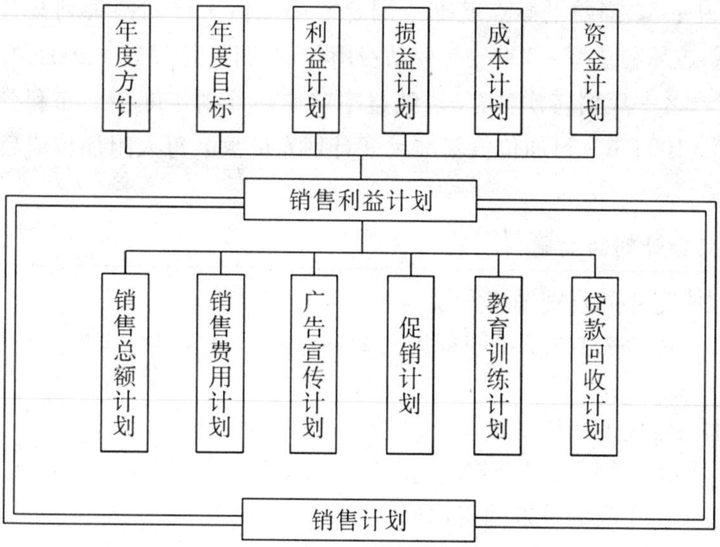

图 2.1 销售计划的内容图

（二）年度销售总额计划的编制

1. 参考过去年度公司自身和竞争对手的销售实绩

如表 2.1 所示，表中第 1 及第 2 栏是本公司过去年度的实绩和竞争对手销售实绩的比照，参考此类资料即可列出销售量及平均单价的计划。

2. 损益平衡点等基准

如表中第 3、4、5、6 栏所示，表的附注部分也将其计算公式列出。

3. 事业发展计划的销售总额

综合许多政治、经济、社会变迁资料拟订出事业发展计划的销售总额。

表 2.1 年度销售总额计划表

项　目	销售量计划	平均售价	销售总额计划
1. 过去年度本公司实绩			
2. 竞争对手实绩			
3. 损益平衡点基准			
4. 资产周转率基准			
5. 纯益率基准			
6. 附加价值基准			
7. 事业发展计划基准			
8. 决定计划			

4. 召开会议做最后的检查改进及最终决定

表的第 1 ~7 栏，必须逐项在会议中做综合性的检查，将会议中确定的销售总额计划记入第 8 栏的决定计划中。这个最终决定额是事业发展的基本销售总额计划，而各个营业部门的销售额目标可酌情予以提高，作为该部门的内部目标计划。

其表2.1中：3. 损益平衡点基准 = 固定费用预估 + 计划销售利益/计划边际利益率×100，计划边际利益率 = 100 - （变动费用预估/销售总额） ×100；4. 资产周转率基准 = 计划资产 × 一年周转次数；5. 纯益率基准 = 计划年度税前净利/计划销售总额对税前纯益率×100；6. 附加价值基准 = （计划人员数 × 每人附加价值目标）/计划附加价值率×100。

（三）月别销售额计划的编制

1. 搜集过去三年间月别销售实绩

如表2.2所示，将过去三年间销售实绩资料取出，且将各年度月别销售额仔细地进行了解。

2. 将过去三年度的销售实绩合计起来

如表2.2所示，将过去三个年度的月别销售实绩总计起来。

3. 得到过去三年间的月别销售比重

最后，如表2.2最右栏所示，以三年间每个月合计的销售总额为100计，将每个月的三年合计实绩除以全部三年合计实绩即可得月别销售比重，将计算所得按月填入表中。视每月销售情况不同，可看出因季节因素的变动而影响该月的销售额。

此后，将过去三年间月别销售比重予以运用在最后决定的全公司销售总额中即可得到每个月的销售额计划了。

表2.2　月别销售比重分析表的范例表　单位：百万元

月别	3年前实绩	2年前实绩	1年前实绩	前3年合计	月别比重（%）
1	1 685	1 540	1 800	5 025	7.5
2	1 575	1 435	1 680	4 690	7.0
3	2 196	1 899	2 136	6 231	9.3
4	1 922	1 857	2 184	5 963	8.9
5	1 422	1 731	1 872	5 025	7.5
6	1 996	1 941	2 160	6 097	9.1
7	2 148	1 899	2 184	6 231	9.3
8	1 489	1 540	1 728	4 757	7.1
9	1 420	1 604	1 800	4 824	7.2
10	2 084	1 772	2 040	5 896	8.8
11	1 859	1 772	2 064	5 695	8.5
12	2 104	2 110	2 352	6 566	9.8
年合计	21 900	21 100	24 000	67 000	100.0

（四）月别商品别销售额计划的编制

1. 取得商品别销售比重

首先，将去年同月的商品别销售比重及过去三年左右同月的商品别销售实绩等找出，计算商品别销售比重（如表2.3所示），了解销售较好的商品群及利益率较高的商品群。

2. 参照商品销售比重政策和调整销售比重

下一步，参照商品销售比重政策、利害关系人的意见及商品需求预测等项目来修正过去三年间及上年同月的商品群别销售比重。

3. 用修正过的商品销售比重来设立商品别计划

使用修正后的月别商品销售比重和月别销售总额计划金额即可得商品别的计划销售金额。

表2.3右栏位列出每月的明细商品别计划销售金额，这是该月销售金额预算的基础。

表2.3　　月别商品别销售额计划表

			上年同月		1月计划		2月计划	
			销售金额	销售比重（%）	销售比重（%）	销售金额	销售比重（%）	销售金额
月总销售金额	1. 销售佳的商品群	小计						
		(1)						
		(2)						
		(3)						
		(4)						
		(5)						
		(6)						
	2. 利益率高的商品群							
		(1)						
		(2)						
		(3)						
		(4)						
		(5)						
	3. 销售不佳且利益率亦不高的商品群							
		(1)						
		(2)						
		(3)						
		(4)						
		(5)						
		(6)						
		(7)						

（五）部门别、客户别销售额计划的编制

1. 取得部门别及客户别的商品销售比重

如表2.4所示，将上年同月的部门别及客户别的销售比重予以分析研究。

2. 部门别及客户别商品销售比重的修正

将实际的部门别及客户别商品销售比重按下列三种观点予以调整：

（1）部门别及客户别的销售方针。

（2）部门主管及客户动向意见的参考。

（3）客户的使用程度、信用状况和竞争对手的竞争关系及新拓展客户目标等。

3. 用修正后的销售比重获得客户别及部门别的销售计划额

表 2.4　部门别及客户别销售额计划表

部门别	客户别		上年同月		1月计划		2月计划	
			销售额	销售比重（%）	销售比重（%）	销售金额	销售比重（%）	销售金额
1. ×××分店	（1）A级客户	①						
		②						
		③						
		④						
		⑤						
	计							
	（2）B级客户	①						
		②						
		③						
		④						
		⑤						
	计							
	合计							
2. ××分店	（1）A级客户	①						
		②						
		③						
	计							
	（2）B级客户	①						
		②						
	计							

（六）销售费用计划的编制

1. 包含在总合损益计划的销售管理费中

在年度计划损益表的第4栏一般销售管理费内，可列出如表2.5销售费用的年度合计额。

第1项销售变动费用的项目如表2.5所示。第2项的销售固定费用是一要参考过去实绩等资料，二要列出计划的适当金额资料。

表 2.5 销售费用的计划表

科目				年度合计		1月	
				金额	销售比重(%)	金额	销售比重(%)
销售费用合计	1. 销售变动费用		(1)销售佣金				
			(2)运费				
			(3)包装费				
			(4)保管费				
			(5)燃料费				
			(6)促销费				
			(7)广告宣传费				
			(8)消耗品费				
			(9)其他费用				
	计						
	2. 销售固定费用	(1)销售人员经费	①工资				
			②奖金				
			③福利费				
			④劳保费				
			⑤其他费用				
		小计					
		(2)销售固定经费	①交通费				
			②交际费				
			③通讯费				
			④折旧费				
			⑤修缮费				
			⑥保险费				
			⑦利息费用				
		小计					
	计						
合计							

2. 各月别销售变动费用计划的拟制

因为已经编制月别销售总额计划，所以为达成月别的销售金额计划，必须设定所需的年度变动费用。

3. 各月别销售固定费用计划的拟制

用年度总合计的计划金额中的各个固定费用金额予以简单地平均，计算出大致的月销售固定费用金额。

月别销售固定费用计划的项目，包含折旧费、工资及利息费用等。

（七）促销计划的编制

1. 与商品相关的促销计划

（1）销售系统化；

（2）商品的质量管理；

（3）商品的新鲜、卫生及安全性；

（4）专利权；
（5）样本促销；
（6）展示会促销；
（7）商品特卖会。
2. 与销售方法相关的促销计划
（1）确定销售点；
（2）销售赠品及奖金的支付；
（3）招待促销会；
（4）掌握节日人口聚集处促销；
（5）代理店及特约店的促销；
（6）建立连锁店；
（7）销售退货制度；
（8）分期付款促销。
3. 与销售人员相关的促销计划
（1）业绩奖赏；
（2）行动管理及教育强化；
（3）销售竞赛；
（4）团队合作的销售。
4. 广告宣传等促销计划着眼点
（1）POP（销售点展示）；
（2）宣传单随报夹入；
（3）模特儿展示；
（4）目录、海报宣传；
（5）报纸、杂志广告。

（八）销售账款回收计划的编制

1. 与销售计划并行的客户赊款回收计划

配合月别销售总额计划（如表 2.6 所示），是此销售月别计划的收款计划。所以，过去的收款实绩等资料可作为分析参考之用，此外，对收款政策亦有影响。

2. 以此表为客户别赊款回收计划的基础

以实际情况而言，不编制此表，客户款项的回收计划即不能谓之为完备。在管理上，此表对于营业人员控制客户款项的回收是相当重要的。

3. 客户账款积欠天数缩短是有必要的

表 2.6 对于提高客户账款回收率是重要的。然而，回收率的提高仅是使票据到期天数延长而已，而不具有任何实质意义。

下面的算式对于账款积欠天数的缩短更具意义。

客户账款积欠天数 =（客户赊款余额 + 本公司收受票据余额）/日平均销售总额

表 2.6　　　　　　　　　　　客户赊款回收计划表的范例表

月别	销售计划金额	回收计划				客户赊款余额	回收率（%）	无法回收率（%）
		现金	90 天内票据	90 天以上票据	计			
1								
2								
3								
4								
5								
6								
7								
8								
9								
10								
11								
12								

注：1. $回收率=\frac{当月回收计划合计}{月初客户赊款余额+当日销售计划}\times 100$

2. $无法回收率=\frac{2个月以上的赊款回收}{月初客户赊款余额+当月销售计划}\times 100$

（九）销售人员行动管理计划的编制

1. 销售人员未来的行动管理

如表 2.7 所示，每位销售人员自己将下一个月的重点行动目标明确写出，根据此行动计划表，主管人员亦可对必要事项加以清楚地指示。

表 2.7　　　　　　　　　　　销售人员行动计划表

第　　月　　　　　　　　　　月别重点行动目标

<table>
<tr><td>总经理</td><td>经理</td><td>科长</td><td>组长</td><td>姓名</td></tr>
<tr><td colspan="5">本月销售方针及计划</td></tr>
</table>

重点销售商品	重点拜访客户名单	新开拓客户名单
1.	1.	1.
2.	2.	2.
3.	3.	3.
4.	4.	
5.	5.	

2. 周别行动管理制度

月别的重点行动目标设定后，即可以周别行动管理制度将每周需努力的方向具体列出。现代的商业社会，许多的企业活动都是以“周”为一循环单位，如果周管理做得不够完美，业绩就好不起来（见表 2.8）。

表 2.8　　周别行动计划表

第　周　　　　姓名：________

重点目标						
重点销售商品						
重点拜访客户名单						
重点行动目标	星期一	星期二	星期三	星期四	星期五	星期六
1. 2. 3.						
1. 2. 3.						
1. 2. 3.						

3. 以实现的营业日报表来检查周别计划的实施成果

每日，销售人员不论是以口头或是书面呈阅的营业日报，都可以周别行动计划为绩效参考基准，因此此表的使用相当方便。只要将行动计划表与每日实绩相对照，营业人员的表现即可一览无遗，便可达到销售管理的目的。

（十）部门别、分店别损益管理计划的编制

1. 部门损益制度的执行

如表 2.9 所示，是月别部门别损益制度管理表的一个例子。此表可清楚地显示出每个部门、分店、科等单位的损益基准和其相对应的实绩及达成率。

2. 尽量以利润中心方式计算

如表所示，将该所属部门或分店别本身的变动费用及固定费用清清楚楚地区分，且从该部门或分店销售总额中扣除计算利益是最简单的方法，然而实例中却很难执行，只能尽量采用最公平且不引起各部门争论的方法。

3. 以达成率的情况作为损益的评价基准

表 2.9　　部门分店损益管理计划表

部门别			1. 销售总额	2. 变动费用	3. 边际利益	4. 销售固定费用	5. 部门直接利益	6. 回收总额
销售部门合计		计　划						
		实　绩						
		达成率						
	本公司	计　划						
		实　绩						
		达成率						
	本公司第一科	计　划						
		实　绩						
		达成率						
	本公司第二科	计　划						
		实　绩						
		达成率						
	东　京分　店	计　划						
		实　绩						
		达成率						
	神　户分　店	计　划						
		实　绩						
		达成率						

注：1. 达成率 = $\frac{实绩}{计划} \times 100$

2. 变动费用是变动制造成本、运费及燃料车辆费等的合计

3. 边际利益 =1（销售总额）－2（变动费用）

4. 销售固定费用是薪资、销售固定费用及利息费用等的合计

5. 部门直接利益 =3（边际利益）－4（销售固定费用）

二、年度销售计划管理

（一）年度销售计划的基本目标

本公司××年度销售目标如下：

1. 年度销售计划的销售额目标

（1）部门全体销售××××元以上；

（2）每一员工/每月销售×××元以上；

（3）每一营业部人员/每月销售××××元以上。

2. 年度销售计划的利益目标（含税）××××元以上

3. 年度销售计划的新产品的销售目标××××元以上

（二）年度销售计划的基本方针

为实现下期目标，本公司确立下列方针并付诸实行：

（1）本公司的业务机构，必须一直到所有人员都能精通其业务、人心安定、能有危机意识、有效地活动时，业务机构才不再做任何变革。

（2）贯彻少数精锐原则，不论精神或体力都须全力投入工作，使工作朝高效率、高收益、高分配（高薪资）的方向发展。

（3）为加强机能的敏捷、迅速化，本公司将大幅度放权，使销售人员得以果断迅速地实现上述目标。

（4）为达到责任的目的及确立责任体制，本公司将贯彻重赏重罚政策。

（5）为了使规定及规则的完备，本公司将加强各种业务管理。

（6）MS 股份有限公司与本公司在交易上订有书面协定，彼此遵守责任与义务。基于此立场，本公司应致力达成预算目标。

（7）为促进零售店的销售，应设立销售方式体制，将原有购买者的市场转移为销售者的市场，使本公司能握有主导代理店、零售店的权利。

（8）将出击目标放在零售店上，并致力培养、指导其促销方式，借此进一步刺激需求的增大。

（9）策略的目标包括全国各零售店，以"经销方式体制"来推动其进行。

（10）设立定期联谊会，借此进一步加强与零售商的联系。

（11）利用顾客调查卡的管理体制来确立：①零售店实绩；②销售实绩；③需求预测等的统计管理工作。

（12）除沿袭以往对代理店所采取的销售拓展对策外，再以上述的方法作为强化政策，从两方面着手，致力推动促销。

（13）随着购买者市场转移为销售者市场的变化，应确立长期契约制度来统一管理交易的条件。

（14）检查与代理商关系，确立具有一贯性的传票会计制度。

（15）本方针之间的计划应做到具体实效，贯彻至所有相关人员。

（三）年度销售计划的业务机构计划（以德高公司为例）

1. 内部机构

（1）德高服务中心将升格为营业处，借以促进销售活动。

（2）于德高营业处的管辖内设立新的出差处（或服务中心）。

（3）解散食品部门，其所属人员则转配到德高营业处，致力于推展销售活动。

（4）以上各新体制下的业务机构，暂时维持现状，不做变革，借此确立各自的责任体制。

（5）在业务的处理方面若有不完善之处，再酌情进行改善。

2. 外部机构

交易机构及制度将维持经由本公司→代理店→零售商的旧有销售方式。

（四）年度销售计划的零售商促销计划

1. 新产品销售方式体制

（1）将全国各零售商店依照区域划分，于各划分区内采用新产品的销售方式体制。

（2）新产品的销售方式是指每人各自负责 30 家左右的店，每周或隔周做一次访问，借访问的机会督导、奖励销售，并进行调查、服务及销售指导、技术指导等，借此促进销售。

（3）上述的各零售店所销出的本公司产品的总额必须为以往的二倍。

（4）库存量须努力维持在零售店为一个月库存量、代理店为两个月库存量的界限上。

（5）销售负责人的职务内容及处理基准应明确化。

2. 新产品协作会的设立与活动

（1）为使新产品的销售方式所推动的促销活动得以配合，另外又以全国各主力零售店为中心，依地区别设立新产品协作会。

（2）新产品协作会的事业内容大致包括下列十项：

①分发、寄送机关杂志；

②赠送本公司产品的负责人员领带夹；

③安装各地区协作店的招牌；

④分发商标给市内各协作店；

⑤协作商店之间的销售竞争；

⑥分发广告宣传单；

⑦积极支援经销商；

⑧举行讲习会、研讨会；

⑨增设年轻人专柜；

⑩介绍新产品。

（3）协作会的存在方式是属于非正式性的。

3. 提高零售店店员的责任意识

为加强零售商店店员对本公司产品的关心，增强其销售意愿，应加强下列各项实施要点：

（1）奖金激励对策——零售店店员每次售出本公司产品则令其寄送销售卡，当销售卡达到 10 张时，即赠奖金给本人以激励其销售意愿。

（2）人员的辅导：

①负责人员可利用访问时进行教育指导说明，借此提高零售商店店员的销售技术及加强其对产品知识的掌握。

②销售负责人员可亲自站在店头接待顾客，示范销售动作或进行技术说明，让零售商的店员从中获得间接的指导。

（3）德高公司的教育指导：

①让参加协作会的店员也去参加店员的研讨会，借此提高其销售技巧、产品知识

和技术。

②通过参加研讨会的店员，扩大对其他店员传授销售技术及产品知识、技术，借此提高大家对销售的意愿。

（五）年度销售计划中扩大顾客需求计划

1. 切实的广告计划

（1）在新产品销售方式体制确立之前，暂时先以人员的访问活动为主，把广告宣传活动作为未来所进行的活动。

（2）针对广告媒体再次进行检查，务必使广告计划达到以最小的费用，创造出最大成果的目标。

（3）为达成前述两项目标，应针对广告、宣传技术做充分的研究。

2. 用好购买调查卡

（1）针对购买调查卡的回收方法、调查方法等进行检查，借此确实掌握顾客的真正购买动机。

（2）利用购买调查卡的调查统计、新产品销售方式体制及顾客调查卡的管理体制等，确实做好需求的预测。

（六）年度销售计划营业实绩的管理及统计

1. 顾客调查卡的管理体制

（1）利用各零售店店员所送回的顾客调查卡，将销售额的实绩统计出来，或者根据这些数据来进行新产品销售方式体制的改革及其他的管理。

①依据营业处、区域别，统计××家商店的销售额；

②依据营业处别，统计××家商店以外的销售额；

③另外几种销售额统计须以各营业处为单位制作。

（2）根据上述统计，可观察各店的销售实绩、掌握各负责人员的活动实绩、各商品种类的销售实绩。

（七）年度销售计划营业预算的确立及控制

（1）必须确立营业预算与经费预算，经费预算的决定通常随营业实绩做上下调节。

（2）预算方面的各种基准、要领等须加以完善成为示范本，本部与各事业部门则需交换合同。

（3）针对各事业部门所做的预算、实际额的统计、比较及分析等确立对策。

（4）事业部门的经理应分年、期、月别，分别制定部门的营业方针及计划，并提出给本部修正后确定方案。

（八）年度销售计划中的提高经理干部能力水准计划

1. 本部与事业所之间的关系

（1）各事业单位负责人应将事业所视为一企业，以经营者的精神来推动其运作和管理（另外，各负责人也须经常参与研修）。

（2）事业经理需就营业、总务、经营管理、劳务、采购、设备等各方面，分年、期、月份制作提出事业部门的方针及计划。

（3）事业经理针对年、期及每月的活动内容、实绩等规定事项，提出报告。其内容除了预算、实绩、差异、分析及反省之外，还须提出下一个年度、期、月份的对策。

（4）本部与营业所之间的业务管理制度应明确并加以修缮使其成为可遵循的典范。

2. 事业所内部

（1）事业经理应根据下列九点，确立事业所内部日常业务运作的管理方式：

①各项账簿、证据资料等完备；

②各种规则、规定、通告文件资料完备；

③确立业务计划及规定；

④确立指示、命令制度；

⑤事务报告制度；

⑥书面请示制度；

⑦实施指导教育；

⑧实施巡视、巡回制度；

⑨确立会议制度。

（2）必须贯彻实施此管理制度，使其对销售和完成预算有直接贡献。

3. 经理人员的指导教育

作为上司的经理及科（股）长应对相关人员进行有关情报搜集、讨论对策处理等的教育指导。

4. 销售应对基准的制作

各负责人员应依据下列要点制作销售的应对基准，并利用此基准对负责人员进行教育训练。

（1）销售应对基准 A。这是负责人员对零售店主及店员的应对基准。

（2）销售应对基准 B。负责人员或零售商店店员接待顾客时的基准。所谓基准是将各负责人员的成功例子筛选后发表出来。

（3）顾客调查卡的实绩统计。根据各地区别（负责人别）所搜集到的顾客调查卡，做销售实绩的统计、管理及追踪。

三、销售方针计划书

××股份有限公司委任××商务公司作为其销售公司，并按下列规定事项制定该店的营业基本方针：

（一）主要销售商品及大量销售据点方针

（1）本公司以销售大众性商品为主。为了大量行销，尽量以低价位、高质量为诉求。

（2）今后将集中生产价格低廉且质感优良的实用品，并以此作为公司的主要商品。

（3）公司不特别重视单纯性的流行品或时代尖端的产品。但是，仍多少会推出这种类型的尖端流行物品。

(4) 在选择销售据点时，以中型规模或中型以上规模的销售店为目标。小规模的店面行销方式，除特殊情况外，原则上不予采用。

(5) 关于前项的销售据点，在做选择、决定或交易条件的企划、事务处理时，都须慎重行事，这样才能巩固本公司的营业根基。

(6) 与销售店开始进行新的交易之前，须先提出检查，并依照规定做好调查、审议及条件的查核后才能决定是否进行交易。

(二) 受理订货、交货及收款等事务的方针

(1) 让销售的相关机构及制度合理化，并得以提高受理订货、交货及收款等事务的效率。

(2) 销售人员在接受订货和收款工作时，必须和与此相关的附带性事务处理工作分开，这样销售人员才能专心地做好销售业务。因此，在销售方面应另订计划及设置专科处理该事务。

(3) 改善处理手续（步骤），设法增强与销售店之间的联系及内部的联络，提高业务的整体管理及相关事务的效率。尤其须巧妙地运用各种账表（传单、日报）来提高效率。

(三) 对外订货、与厂商的业务处理方针

(1) 进货总额中的35%用于对××制造公司的订货，其他则用于公司对外的转包工程。

(2) 进货尽可能集中在某季节，有计划性地做订货活动。交易契约的订立除了要设法使自己有利外，也要让对方有安全感。

(3) 进货时要设立交货促进制度，并按下列条件来进行计算；对于交货成绩优良的厂商，将采取退佣方式处理。其规定如下：

①进货数量

②交货日期及交货数量

③交货迟缓程度及数量

(4) 为使进货业务能合理运作，本公司每月召集由各进货厂商、外包商及相关人员参加的会议，借此进行磋商、联络、协议。

(四) 与××制造公司的交易方针

(1) ××制造公司与本公司之间的交易（包括与该制造公司目前正式交易的三家公司），一概归与本公司作直接交易。

(2) 本公司拒绝接受传票，一旦物品交入本公司就属于本公司的营业范围内。

(五) 交货的督促

(1) 为督促货品能尽快进货，负责进货人员应每天到各厂商去照会联络，并促使对方尽快交货。

(2) 在处理对外订货事宜时应使用报表，记入材料名称、色调、产品样式、号码、尺寸、厂商号码等，然后交给厂商（厂商的户头也应写入）。

（3）前项报表在发出订单时应一起附上，另外，还要贴在产品的箱子上，连同产品一起交给零售商和消费者。

第二节 销售计划的种类及基本要求

什么是销售计划？销售计划有哪些种类？使用销售计划的目标是什么？在制定了目标，明确了这些问题后，你就可以开始拟订计划了。然后，你要进行状况分析。状况分析就是对与你的产品或服务有关的市场整体情况、行业情况、企业内部和竞争对手的因素进行评价与分析。最后，你要进行 SWOT 分析，它将帮助你确定你的优势与劣势，这对你拟订计划是至关重要的。

销售计划是指用来指导店铺在一定时期内进行各种销售活动的书面文件。销售计划本质上就是向老板说“请相信我，只要这样干，我们就会胜利”。只有看到了切实可行的计划，老板才真正会支持你的计划。销售计划对于执行者来说，是告诉所有相关的人应当怎么做；但对于管理者来说，它将是有效的监控手段。销售计划按其时间的长短可分为：长期计划、中期计划和短期计划。

一、销售计划

（一）为什么要制订销售计划

销售计划是实现目标的路径，也是销售人员每日工作内容的指引。一个有效、可控的销售计划，可以规范销售人员联系现有客户和吸引新客户的方法，还可以帮助销售人员确定目标客户类型，如何联系他们以及如何跟踪结果，以便了解什么工作可以提高业务绩效。因此，销售计划在整个销售活动中的重要性是不言而喻的。也可以说制订一个切实可行的销售计划，是店铺经营成功的一半，那么，应该如何制订一个有效的、切实可行的销售计划，则是店铺最高领导人——店长的首要职能。

（二）销售计划的主要内容

成功的销售计划不必非常复杂或冗长，但应包含足够的信息来帮助销售人员建立、指导和协调其营销工作。一份切实有效的销售计划应包括以下几项内容：

1. 市场分析

市场分析即专家性总结，是指店铺所作决策的指导性纲要。文字要求简明扼要，且具有高度的概括性。它主要是对所经营的零售店的市场、产品、竞争状况、消费行为特点等的过往销售史、现状以及未来发展的高度概括和总结。

2. 店铺的销售目标

店铺的销售目标是指店铺在一定时期内所要实现的理想状况，可以用定性和定量两种方式表现。

（1）定性目标：通常是指店铺的市场形象、店员的服务质量、市场竞争地位等目标。

（2）定量目标：通常是指店铺所经营商品的市场占有率、营业收入的额度、利润、投资回报率等目标。

3. 店铺的销售行动计划

店铺的销售行动计划是指为了实现店铺既定目标而制订的各种可实施性计划，为实现目标所制定的具体行动步骤和周密的布置，换句话说就是店铺日常工作的指导书。

一个良好的行动计划应明确规定销售活动的内容，主要的负责人、活动的开始和结束日期、活动的费用预算、活动的日程安排以及绩效的评估方法等。

4. 制订销售计划可达到的效果

（1）明确店铺营销计划及其发展方向，通过销售计划的制订，理清销售思路，从而为具体操作市场指明方向，实现销售计划从主观到理性的转变。

（2）实现数字化、制度化、流程化等基础性营销管理，不仅量化了销售目标，而且还通过销售目标的合理分解，细化到每个人和每一天。

（3）整合企业的营销组合策略，通过销售计划，确定新的营销执行的模式和手段，为市场的有效拓展提供了策略支持。

5. 制订销售计划要遵循的原则

（1）销售计划的拟订要贯彻落实企业营销的整体战略，具有相对稳定性。同时，根据市场的变化计划要具有一定的灵活性。

（2）销售计划的拟订一定要从实际出发，事先要做好市场调查和产品分析，并着眼于店铺的未来发展。

（3）销售计划的拟订要充分考虑到销售淡季或营业较差时期的目标。

（4）计划不仅要强调计划的可执行性，更应强调计划的结果的可控性。

6. 制订销售计划的步骤

制订销售计划的过程：搜集信息→SWOT 分析→设定目标→选择策略→制订计划。

（1）第一步搜集信息

搜集信息可分为两步：一方面要搜集客观信息，包括资料、新闻报道、业内分析、实战案例、公司、市场环境和竞争对手状况等。另一方面要对搜集的信息进行主观思考，与相关人员的讨论座谈，或是进行相关的咨询，并进行总结。其方法如下：

①定位产品和服务。为了制订一个好的计划，请记住营销的四个 P：产品（Product）、价格（Price）、促销（Promotion）和地方（Place）。销售的目标是以合适的价格、在合适的时间和地方将适合的产品和服务呈现给需要的顾客。开始工作的一个好方法是回答有关您的店铺的一些基本问题。以下是一般店铺的通用问题：

您的销售对象是谁？

某旅行社是专为工作繁忙的专业人士提供个人旅行服务。根据搜集的资料，典型的客户年龄在 35～55 岁之间，年收入超过 100 000 元。

那些客户需要什么服务？

它的目标市场是带有小孩的在职夫妇，他们希望有专为家庭定制的旅行计划。公司的目标是为每个家庭提供方便、独一无二且轻松惬意的旅行经历。

与竞争对手相比，您的产品或服务与众不同之处是什么？

它在适应具有各种年龄段孩子的家庭的能力方面具有竞争优势，从综合风情和娱乐旅行到制订短期或延长通知的特殊住宿旅行计划，并提供国内或国际飞行服务。该旅行社还具有一个优势，作为一个基于为家庭服务的企业，与传统的旅行服务企业相比，需要的经常性费用和开办费用较低。

最适合您的企业的营销策略是什么？

研究表明，对于该旅行社提供的服务，最有效的广告工具是本地报纸上刊发小幅广告，如有 5 000 ~ 40 000 名订阅读者的社区周报。他们还在当地划船团体的时事通讯上投放广告，并给较大的企业发送小册子。

……

（2）听取可信赖的顾问们的建议。为了确保您对自己的企业有清晰的认识，从您周围的人那里搜集信息是非常有用的做法。与可信赖的朋友、职员、顾问和同辈会面，并听取他们对以下事项的建议。从他们那里得到关于店铺关键问题的答案。

您的企业的销售对象是谁？

您的客户需要什么？

与竞争对手相比，您的产品或服务与众不同之处是什么？

您应何时执行并每隔多久执行一次营销工作？

一年之内您的公司应达到什么地位？

（3）听取客户和潜在客户的建议。为了成功地向客户促销，您需要了解他们对您的产品、定价、品牌或服务以及与您的企业相关的所有事情有何反应。询问几个现有客户和潜在客户，请他们谈谈对您的企业、产品和服务、销售的看法以及对您的竞争对手的看法。可以通过电子邮件、电话或营销明信片询问他们，询问时，添加一些刺激信息（如折扣或奖励）可以更容易得到反馈。

通过回答这些有关您的店铺的关键问题以及分析客户的反馈信息，就可以对自己所经营的店铺有一个正确的认识，在此基础上就可以开始制订计划了。

（2）第二步　SWOT 分析法

这是常用的信息分析法。

①优势分析（Strenth）：看到自己的长项，选择有效的手段进攻市场。

②劣势分析（Weakness）：找到自己的弱点，选择如何防御并改善，并使其逐渐变成优势。

③机会分析（Opportunity）：就是选定有的放矢的靶子。市场营销的成功常常取决于对机会的选择和把握。

④威胁分析（Threat）：在市场进攻中要同时搞清需在何处布防方能做到进可攻，退可守。

（3）第三步　目标设定

销售目标的设定应注意以下六个方面的问题（SMARTC）：

①具体性（Specific）。目标不可以太笼统，要具体，这样才有利于管理，才有利于目标的达成。例如：店长在确定店铺的销售目标时不但要有总的目标，而且一定要将其细化到每个月甚至于每一天。诸如每一个营业员每天要完成多少营业额？要有多少

个顾客才能完成营业额？某店铺的店长，他几乎每年都会抱怨计划的实际达成不理想，所以当抱怨多了的时候就会得过且过的对自己说：完成个80%就行了。为什么每年的任务会有偏差呢？计划也是自己和销售总监共同来确定的啊，主要是目标过于笼统，没有注意监督每日的目标完成量，日积月累，自然到年底数字就差多了。他挠头的问题还有：对月目标的管理和下属的工作跟踪总是不能够尽如人意，虽然忙得不可开交，但闲起来又真的不知道做什么。这也是由于目标的确定缺乏具体性造成的。

②可衡量性（Measurable）。目标应该量化，用资料说话，这样才有实际指导意义，有了具体的数字就可以很直观、很明确地知道每天应完成的目标。

③可实现性（Achievable）。目标虽然应有一定高度，但不能过于夸张，店长一定要根据自己店铺的客观情况、店员的实际水平以及各种客观因素制定销售目标。

④现实性（Realistic）。销售目标应该与实际销售工作密切结合，让它充分体现在实际销售过程中。在设定目标时一定要仔细分析实际情况，将那些急需改进、直接影响销售成果的因素首先设定在目标中。

⑤限时性（Timebound）。设立的目标一定要有时间限制，这样才不会使完成任务的时间过长而无法对其衡量。而这一点常常被人忽视，一个没有时间限制的目标等于没有目标。

⑥一致性（Compatible），即与总体目标一致，区域销售目标要服务和服从于整体营销目标。

（4）第四步　制定销售策略

制定销售策略一般要注意以下方面：

①销售能力：主要是销售组织数量和质量以及客户的数量和质量。

②产品选择：强势规格产品的选择，新产品的推广。

③价格策略：选定合适的价格体系，看是否对价格进行严格的控制等。

④促销策略：配合公司的促销策略制定区域内的促销策略。

⑤竞争策略：应对竞争对手的手段等。

（5）第五步　起草计划

销售计划应包括如下内容：

①计划纲要。简要概述店铺的目标和措施等销售计划的内容，便于阅读者使用。即总结上级公司对店铺未来销售状况的期望以及店铺将如何达成使命。

②组织现状，包括组织目前的情况、所处市场环境以及竞争对手的情况等。

③市场分析（SWOT分析），年度销售计划制订的依据，是对过去一年市场形势及市场现状的分析，通常使用的是SWOT分析法，即企业的优劣势分析以及竞争威胁和存在的机会的分析，通过SWOT分析，可以从中了解市场竞争的状态，并结合企业的缺陷和机会，整合和优化资源配置，使其利用最大化。比如，通过市场分析，可以很清晰地知道市场的现状和未来趋势、产品与渠道的走向等。

所谓优势是指店铺在发展过程中的有利因素。例如：店铺的服务在同行业中是一流的，商品的价格在同类产品中较低，商品的质量很好，商品的更新速度很快以及商品的展示很有特色等。

所谓劣势是指市场环境中存在的不利于店铺发展的因素。例如：店铺所处的位置不太好，所经营的商品品牌在同类商品中的名气不是很大等。

④店铺销售思路的制定。销售思路是根据市场分析而做出的指导全年销售计划的精神纲领，是营销工作的方向和灵魂，也是销售部需要经常灌输给员工的操作理念。其中包括以下内容：

a. 树立全员销售观念，真正体现“营销生活化，生活营销化”。

b. 实施深度分销，有计划、有重点地指导每一个销售人员。

c. 综合利用产品、价格、通路、促销、传播、服务等营销组合策略。

d. 在市场操作中，即要坚持运作差异化的原则，又要体现独有的操作特色。营销思路的确定，一定要充分结合本店的实际，不仅内容要翔实、有可操作性，而且还要体现创新精神，这样才能发挥很好的指导作用。

⑤销售预测。销售预测是店铺进行各项决策的基础。几乎每个店铺的年度报告都包括对下一年度的销售预测。就是一个非常小的店，没有什么正规的销售预测程序，但它的决策仍然是建立在对未来的某种预测之上的。为什么要进行销售预测？销售预测是制订销售计划的起点。

从短期看，决策者常常要预测现金的回流，以便支付账单。销售经理要分配销售定额给销售人员或区域主管们，这些都是以销售预测为基础的。

从长远来说，公司根据销售预测来确定设备的购置、人员的招聘和培训、资金的筹措等问题。也就是说，销售预测是企业把市场的不确定性转化为自己运作的具体目标和计划的工具。

影响销售预测的因素很多，如公司的营销策略、竞争对手的反映、分销渠道的结构、法律限制、成本和行业总需求等。任何销售计划都必须反映这些因素的影响。

了解销售预测的过程有助于销售经理全面分析销售预测因素，从而得出客观合理的预测值。

⑥市场潜力预测。一个合理准确的市场潜力预测是全部预测工作的起点。市场潜力是指一定时期和地域内，某类产品最大的销售量。如果对市场潜力的预测偏差太大的话，那么随后的销售潜力，销售定额的预测都是不可靠的。

许多公司的战略失误就源于市场潜力预测的失误。比如，在美国20世纪80年代早期，电脑行业预计到1987年个人计算机使用会达到2700万~2800万台。基于这种预测，1983—1984年间，有近70种新型计算机进入美国市场。但到1986年底，仅有1500万台的销量。因此，许多PC制造商不是放弃市场就是破产。

一般来说，不准确的预测不是因为定量预测技术的不可靠，而是由于基本前提的错误。这种前提是过去影响需求的环境因素会持续，但当经济条件发生变化时，过去的趋势会变成很差的预测方法。

另一个常见的错误是对替代品的忽视。比如，办公通信产品的市场需求在于办公人员的总人数和他们的个体需求。但是，某种办公系统的市场潜力却决定于其相对于替代品的价格和附加利益。

同样，一种新产品可能取代以前完全拥有这个市场的产品。如电子计算机很快取代了计算尺和机械式计算器。

在销售预测中有些方法可以认识替代品。对于工业产品，可以从顾客那里得到替代品的信息，你可以询问他们可能考虑的替代品或是需求的变化；对于消费产品，不同类型的市场调研有助于发现消费市场的变化。相关行业的专家的看法和出版物都有助于发现潜在的威胁。

⑦店铺目标的制定。销售目标的制定是一切销售工作的出发点和落脚点，因此，科学、合理的销售目标的制定也是销售计划最重要的核心部分。那么，如何制定销售目标的呢？我们可以遵循以下原则：

a. 根据上一年度的销售数额，按照一定增长比例，比如10%或20%，确定当前年度的销售数量。

b. 销售目标不仅体现在具体的每一个月度，而且还要责任到人，量化到人，细分到具体工作。

c. 权衡销售目标与利润目标的关系。做一个超级店长，具体表现就是优化商品结构，将商品销售目标具体细分到各层次的商品。比如，根据商品分类，将商品结构比例定位在（高价、形象的利润产品）：（平价、微利、上量的产品）：（低价、战略性炮灰产品）=2∶3∶1，从而更好地控制商品销量和利润的关系。

销售目标的确认，可以使每一个人找到冲刺的对象，也使其销售目标的跟踪有了基础，从而有利于销售目标的顺利达成。

⑧营销策略。营销策略是提供实现目标的战略和战术，是顺利实现企业销售目标的有力保障。如：产品策略、价格策略、促销策略、服务策略等。

⑨销售行动方案的行动具体安排（实施）。即具体的销售活动程序安排。制订销售行动方案时，应该制订详细的具体行动方案内容程序表以及每一项程序具体的执行细则，以方便每一步的执行和检查。

⑩费用预算。销售计划还应包括销售费用的各项预算。即在销售目标达成后，企业投入费用的产出比。比如，某人所在的企业，销售目标为5亿元，其中，工资费用：500万元；差旅费用：300万元；管理费用：100万元；培训、招待以及其他杂费等费用100万元，合计1000万元。费用占2%。

通过费用预算，可以合理地进行费用控制和调配，使企业的资源得到合理运用，以求企业的资金利用率达到最大化，从而不偏离市场发展轨道。在制订年度销售计划时，应充分利用表格工具，比如，销售目标的分解、人员规划、培训纲目、费用预算等，都可通过表格的形式予以体现，不仅一目了然，而且还具有对比性、参照性，使内容更加直观和易于理解。

（6）第六步：跟踪和控制系统

销售店长制订计划最后一个需要考虑的问题是，如何跟踪和控制以上所有内容。这需要建立相应的销售信息系统，并定期回顾以确保该计划的实现。每隔一段时间复查您的计划可以帮助您确定它是否会产生所需要的结果，这是对销售计划执行的控制。最常见的办法是店长将销售计划规定的目标和预算按月份或季度分解，汇总上报，便于上级进行有效的监督检查，同时有利于督促未完成的部门和个人改进工作，以确保计划的有效实施。与此同时，还应注意市场变化，定期更新计划以响应变化的市场环境。

销售计划是一个总称。不同的企业，由于经营的产品不同组织机构的形式不同，以及贯彻销售观念的程度不同，因而销售计划的形式也就多种多样。它可以按时间、对象、职能、范围等不同的层面再进行细分。从时间方面看，它可以分成短期、中期及长期计划；从对象看，它可以分为企业总销售计划、每项产品销售计划、每项销售组合因素的活动计划及个别销售活动计划（如广告宣传、市场实验等）；从范围方面看，它可以分为利润计划、广告计划、分销计划及销售服务计划等。

二、销售计划按时间分类

（一）长期计划

长期计划的期限各企业不尽相同，有三年、五年、十年甚至二十年的，通常是五年计划。企业的长期销售计划多数采用“滚动式”的编制方法，习惯上叫做“走一步，向前看几步”。也就是根据市场调查和发展部门的资料和成果，企业先制订出长期计划，然后根据企业每年对市场调查与预测所掌握的情报，每年对长期计划作一次调整、修改和补充，以适应企业外部环境的变化。其基本要求首先是制订的长期计划必须符合国家的长远计划；其次是长期计划涉及的内容覆盖面要广；然后是长期计划必须具有方向性和前瞻性。

（二）短期计划

它是以年度计划为主，一般期限为半年至一年。制订短期计划主要采用下列 3 种方法之一。

1. 自上而下的方法

即由高层管理者给所属低层管理者规定任务，下达计划，下层则只执行与服从上层管理者制订的计划。此方法的理论基础是西方企业管理理论的 X 学派，具有上述管理思想的管理者，必须采取“命令与统一”、“权威与服从”的管理方式，在制订计划中，则采取自上而下的方法。

2. 自下而上的方法

即由各低层管理者根据自己的设想与可能性制订出计划，然后送至高层管理者。这种方法是建立在 Y 管理理论基础上。具有上述管理思想的管理者主张广大职工参与管理，在制订计划方面，则采取自下而上的方法。

3. 上下结合的方法

由高层管理者根据企业的销售机会与必要条件建立企业年度计划，低层管理者根据下达的目标编制计划，以保证企业年度计划的实质。

对短期计划的基本要求是必须处理好长期计划与短期计划的矛盾。因为短期计划的实现是长期计划得以实现的有力保证，而短期计划的更改又影响到长期计划是否调整、修改和补充。同时，长期计划又为短期计划的变化指明了发展的方向。也就是说，短期计划的变化不能改变长期计划的方向，除非有不可抗力的因素发生。

（三）专项计划

专项计划是解决某种特殊问题或销售每一产品的单项计划。这项计划在一个特定时期内可能是企业的主要任务，但这项计划一经完成，往往就不再继续。其基本要求是必须把专项计划的完成情况控制在短期计划内，尽可能地减少对长期计划的影响。

（四）风险应急计划

这类计划是指导企业发展新产品、进入新市场时可能遭遇到紧急情况时使用的。企业在市场发生急剧变化或遇到激烈的竞争时，由一个特殊部门或者由对付风险的委员会或小组来制订计划并领导实施。其基本要求是反应及时，措施有力，处理得当。应尽量避免对短期计划的影响。

三、销售计划按对象分类

（一）企业销售总计划

它包括一般的目标，如企业利润、销售增长、产品发展多样化等。这些目标是建立在对企业外部环境分析的基础上。其基本要求是必须处理好销售总计划与企业生产计划、财务计划的关系。

（二）每项产品销售计划

这是由产品经理为企业销售部门负责人建立和提供的计划。其基本要求是要保证生产量与生产条件平衡；销售额与资金的平衡；销售额与目标利润的平衡。

（三）每项销售组合因素的活动计划

它是指每一产品的销售组合因素。例如企业广告负责人明确提出年度广告活动程序计划，诸如广告主题、媒体的选择以及在不同媒体的刊登计划。又如销售计划负责人确定雇佣职工、培训推销人员等计划。其基本要求是必须控制好销售费用计划。

（四）个别销售活动计划

它是指市场销售总策略的个别因素，如销售策略，或分销策略，或广告策略，或市场实验策略等。其基本要求是要符合企业整体营销的要求。

四、销售计划按企业的组织职能分类

（一）公司计划

公司计划是指整个企业的销售计划。它规定公司在一定时期内的任务、目标、增长策略和经营产品类别。它不包括各个职能部门的活动细节。这种计划可以是年度的，也可以是长期的。其基本要求是要制定可供各职能部门操作的、切实可行的任务和目标。

（二）职能部门计划

职能部门计划是指企业内各个职能部门根据公司销售目标编制的部门计划。每一个职能部门的下属职能单位也要编制本单位的计划。如销售部门所属的广告、营业推广、营销调研等单位也必须制订自己的计划。其基本要求是要协调好各职能部门计划之间的平衡关系。

(三) 利润中心计划

许多销售产品多样化的公司，在管理体制上是按产品或产品类别设置事业单位，或者按细分市场设置事业单位，而每一个事业单位就是一个独立核算的利润中心。这种事业单位编制的计划，就是利润中心计划。主要有以下几种形式：

1. 事业部计划

它和公司计划类似，包括事业部的销售、生产、财务、人事等计划，主要规定事业部的增长目标和战略。

2. 产品线计划

它说明一条特定产品线的销售目标、战略和战术，由产品线经理编制。

3. 产品计划

它说明某一产品的销售目标、战略和战术，由产品经理编制。

4. 品牌计划

它规定某种品牌产品的销售目标、战略和战术，由品牌经理制定。

5. 市场计划

这是向某一细分市场发展和经营的计划，说明需要在某一市场达到的目标和运用的战略和策略。它一般由市场经理编制。

6. 产品—市场计划

这是向某一地区市场销售某一种或某一类产品的计划，它规定这种或这类产品在该特定市场的销售目标以及达到这个目标的战略和策略。

对利润中心计划的基本要求是要对每一个独立核算的利润中心下达利润完成指标，并实行一定的奖惩制度并予以考核。

第三节 编制销售计划的步骤

销售计划编制同其他计划一样，也必须按照一定的程序进行。一般情况下，企业编制销售计划，要先后经历以下三个阶段：

一、销售计划编制的准备阶段

在这一阶段，首先要学习和研究国家的方针政策，特别是了解现阶段国民经济的发展情况，在此基础上做好产品的需求调查工作，进行科学预测，掌握社会需求的发展变化趋势。其次须摸清企业的实力情况，如经营能力、生产能力、物资供应等；分析企业上期的销售情况，如产品销售量、销售收入、销售费用、销售利润等，并查明现有产品库存数；搜集整理编制计划的各种数据资料，如与用户签订的合同数、销售定额以及销售方面的原始记录、台账等。最后是根据长期销售计划目标，确定年度销售目标与方针。具体说来，有以下两个程序：

(一) 分析现状

对当前市场状况、竞争对手以及产品、销售渠道和促销工作等，必须进行详细的分析。经过周详的分析后，销售调研部门就应着手进行销售预测。销售预测要求销售调研部门必须和其他部门相配合。例如广告的宣传效果，是预测销售量的一个重要因素，销售调研部门必须与广告宣传部门协作，弄清广告预算的可能性。

(二) 确立目标

销售部门应当把前一计划期的执行情况、对现状的分析和预测结果三者结合起来，提出下一计划期的切实可行的销售目标。确立的目标要系统化、定量化，并保持目标的一致性。首先，目标要系统化。一个企业销售目标总是多元化的，它们之间的主从关系、结构关系、层次关系必须符合系统要求，组成一个目标系统。其次，总目标下的各个具体目标要保持一致，如短期利润与长期发展；利润率与竞争力；市场渗透与市场开发；成长性和稳定性之间会经常发生矛盾，企业营销者应注意协调好这些矛盾。最后，目标要定量化，目标的大小和时间尽可能定量化。

二、销售计划编制的规划阶段

这是计划制订中最重要的阶段。在这一阶段中，计划制订人员要在上述情况分析和预测的基础上建立市场销售目标，并且要对确定的销售目标进行可行性分析，以便确定销售目标是否合理，是否需要修正。在建立销售目标之后，要拟订达到目标的销售策略和行动方案。一般来说，应尽可能多拟订出几套可供比较和选择的策略及行动方案，经过可行性分析之后，确定出最佳策略和行动方案。具体说来，有以下两个程序：

(一) 制定销售战略和策略

确立目标后，企业各部门要制定几个可供选择的销售战略和策略方案，以便从中进行选择。例如，产品计划部门要确定计划期的产品类别和各种产品的比例（即产品经营范围）。如果属于款式多变的产品（如服装），要预先选定款式、原料和式样创新的方案。要根据公司的财务目标和销售情况，提出定价策略；广告部门要提出广告宣传计划，如使用何种广告媒体，使用多少时间以及规划广告规模，广告样式等；销售部门要提出使用销售渠道的规划，什么情况下利用批发商或零售商，选取什么样的运输，仓储方式；同时，要规划每一产品在每一地区的销售配额，用多少推销人员，并规划招聘、选拔、培训和奖励推销人员的方法和费用预算等。

(二) 评价和选定战略与策略

评价各部门提出的战略与策略方案，权衡利弊，从中选择最佳方案。例如，产品计划部门为了达到预期目标，提出了两个方案：既可以改革原有产品，也可以试制新产品。如果经过评价，认为改革产品既节省成本，又能有效地满足市场需要，那么改革产品就是最佳方案。

三、销售计划的书面形成阶段

这一阶段是将企业销售计划的各个方面用书面文件的形式具体表现出来。拟订出书面计划之后，呈送企业上层主管审批和修改，最后成为企业正式的市场销售计划下发。在拟订出的企业综合销售计划的基础上，各部门应拟订各种专项辅助计划，而形成企业的总体市场销售计划。这些计划同样也须呈报上层主管审核批准后执行，它是企业销售计划的有机组成部分。具体说来，总体市场销售计划是由负责销售的副总经理负责，把各部门制订的计划汇集在一起，经过统一协调，编制每一产品包括销售量、定价、广告、渠道等策略的计划。在此基础上扼要地综合每一产品的销售计划，就形成了公司的全面销售计划。

四、销售计划的实施阶段

书面计划经批准后下发，即进入计划的实施阶段。在这一阶段中根据实施过程中的信息反馈，随时对市场销售计划中不合理的部分进行调整，以便使计划成为动态的计划，能起到指导企业销售的作用。具体说来，有以下两个程序：

（一）执行计划

计划一经确定，各部门就必须按照既定的战略执行，以求全面完成销售目标任务。

（二）检查效率，进行控制

在执行计划过程中，要按照一定的评价和反馈制度，了解和检查计划执行情况，评价计划的效率，也就是分析计划是否在正常执行。通常市场会出现意想不到的变化，甚至会出现意外事件，如台风、寒潮等，销售部门要及时修正计划，或改变战略与策略，以适应新的情况。实践证明，修订计划是必要的、正常的。计划不可能一成不变，计划必须具有一定的灵活性（见表 2.10）。

表 2.10　　编制销售计划的阶段和步骤表

编制阶段	具体步骤
（1）准备阶段	①分析现状 ②确立目标
（2）规划阶段	①制定战略和策略 ②评价和选定战略与策略
（3）书面形成阶段	形成全面销售计划
（4）实施阶段	①执行计划 ②检查效率，进行控制

第四节　制订销售计划的前期事项

销售计划制订前应仔细分析企业的自身基础条件，密切关注企业的外部环境和内部条件，从而为制订合理有效地销售计划创造有利条件。本节将重点讨论影响销售计划制订的前期事项。

一、企业自身的基本情况

它主要包括以下内容：企业在本行业中的信誉；企业在国内外市场上的信誉；企业的组织情况和组织形成的日期；与产出相比增值价值的增长百分比；雇佣的人员（经理人员、行政人员、熟练劳力、不熟练劳力以及其他人员）；企业是否需要在哪些方面聘请（或在过去3年中是否聘用过）外国顾问？固定资产和投资总值；机械和设备状况；库存情况（原料、半成品和成品）；周转资金和现金流量；信贷和利率情况；规划和生产、维护、经销和销售活动管理的程序；成本和利润控制的程序（按月、按季度等）；现有分公司数目；扩大产出计划；当地是否可得到原料供应；企业的其他技术细节（机器、布局、生产方法、制造的复杂性等）；产品名称怎样与生产者名称以及国家的形象相联系；企业是否有自己的专利产品；企业是否根据外国或当地专利生产；企业如何研究新的专利产品以便实现多样化；产品的现行标准如何；可能采取哪些新标准等。

二、产品状况

它主要包括以下内容：产品的主要用途；这些用途与竞争者相比如何；企业的产品范围；按照需求规定的产品理想形态；“理想形态”与实际产品的比较；产品“优点”如何？产品的“弱点”如何；产品与5年前相比有何不同；和上年相比又如何；从开始生产以来对产品实行的变革；企业产品品种的整个市场规模；国内消费（数量或价值）；非国内市场商品的比例或数量（数量和价值）；限制市场大小的各种因素（购买力、经济因素、地理和气候原因、用户或消费者的特点、类型、质量、设计、价格、规格、经销方法等）；一种替代产品的整个市场的比较规模等。

三、利润和成本数据

企业一旦没有成本优势，就失去了竞争优势，也就不能较好的完成利润指标。利润和成本数据主要包括以下内容：企业是否可根据顾客能够接受的市场价格，倒推出产品的合理成本；企业的每一产品品类的利润史；每一产品品类的成本史；每一产品品类对其他企业完成品的贡献；企业通过出售每一产品品类获得的非利润好处；对过去5年决定销售和经销战略变化的利润变化的分析；在生产成本上优于竞争者的有利条件；在销售和经销费用方面优于竞争者的有利条件；竞争者优于本企业的有利条件；研发开发费用与竞争者的情况比较等。

四、价格分析

它主要包括：企业是否有规定产品价格的制度；毛价和净价与竞争性毛价和净价的比较；能否将新产品上市的价格制定为 3 年或 5 年后的市场价格；折扣制与竞争性折扣制的比较；每一产品品类的价格史；营利最低的产品的价格史；价格波动的原因；是否实行定价制度；导致新需求和新价格的技术发展；由价格造成的产品信誉等。

五、新产品概况

它主要包括：企业是否打算推出一种新产品；这种新产品又将适用于哪些市场；新产品在机构和政府用户中是否有潜在市场；新产品能否与企业的各产品品类配套；新产品和竞争者的情况比较；新产品能否填补工厂和设备的空闲时间；新产品能否有助于使企业经济获得长期增长；新产品是否有助于减轻商业周期的影响；新产品是否会因能够满足某种需要或由于价格优势而被未来买主所接受；新产品是否必须打入一个竞争激烈的市场；新产品是否具备某些有利的竞争条件；由于企业的形象，新产品即使在缺乏有利竞争条件的情况下是否也能打入市场；销售协定、特许权等是否会以某种形式限制新产品的生产、出售或使用？在定价政策、规格、质量等方面是否存在影响产品出售的因素；新产品的买主是习惯于在需要之前购买还是一经订货就要立即交货；为制造新产品。供应者采用何种原料、加工材料和设备；供应者有多大保障；通常应具备哪些必要的储备材料；有哪些替代品；目前喜爱一种产品的倾向性有多大，买主愿意接受新的产品的情况如何；用户喜爱采用何种经销渠道以及何种推销和出售新产品的方法等。

六、经销方法

它主要包括的内容有：实际经销制度的有效性；与竞争性经销制度的比较；其他可供选择的经销方法；不同种类、不同大小、不同地理区域、工业集中地区经销商递交的销售情况报告；直接出售的每一产品品类的总销售额所占百分比；各产品品类引进史和导致现行经销制度的发展情况；“缺货”情况史；经销阶段一般存货百分比；经销商“对顾客服务”的效率；与竞争的经销商“对顾客的服务”的比较；对经销商技术能力的估价；经销商销货人员和销售工作的效率；向经销商提供的协助以及与竞争者向其经销商提供协助的比较；和经销商保持联系及监督其活动的制度等。

七、市场需求

它主要的内容有：产品的需求历史；限制需求的因素（包括技术特性、购买力的大小、供应产品的多少、替代品、陈旧情况、时尚、季节因素、价格、各种服务的提供情况）；企业的产品适合可接受的式样、质量和价格范围的情况；多数买主对产品的特点的态度；各细分市场（工业、地域、经济、年龄等细分子市场）对产品的需求的不同情况；影响最终用户市场的需求的因素等。

八、市场结构

它主要包括：市场的主要国内供应厂商；主要进口来源（按国家和出口者类型划分）；主要进口者的确定；主要竞争者的出口情况；主要出口市场的确定；国内市场的地理差别；国内市场的季节或周期性差别；有利于竞争者出现的主要因素；可能减少竞争的主要因素；互惠贸易做法的存在和效力等。

九、市场份额

它主要包括：企业掌握的市场份额（每一产品品类）；主要竞争者的份额；竞争性进口产品的市场份额；支持进口产品市场份额的因素；对国内市场老主顾、国内市场新主顾、国外市场老主顾、国外市场新主顾的销售额所占百分比；产品对本国工业或农业的重要性；工业或农业的盈余产品是否可用企业产品的原料；从整个国家利益来看，企业是否可成为一种战略要素；企业在新投资、新工厂、新设备、增加熟练或不熟练人员、出口、产出能力等方面的未来发展计划等。

十、用户和消费者的态度

它主要包括：用户和消费者对产品倾向程度的分析；发展新客户的原因；失去老客户的原因；对新产品、新价格、新经销渠道或方法、新推销办法的市场态度；对相似竞争性产品、竞争性产品价格、竞争性经销渠道或方法、竞争性推销制度的市场态度等。

十一、竞争性活动

它主要包括：制造竞争性产品的企业；它们各自所占有的市场份额是多少？主要竞争者所拥有的具体有利条件（包括地理、工业、规模、有关产品、商业和工业协会之间的联系、官方或非官方的保护等方面的有利条件）；主要竞争者的信誉如何？他们采用何种经销方法？他们的销售结构如何？竞争者为消费者提供何种服务（包括技术咨询、安装、维护、修理、调换、咨询、资金等）？通常的所采用的信贷和折扣的做法如何？价格是否被用做销售政策的一种手段？能提供哪些保证？本企业和竞争者在使用技术销售员和非技术销售员方面的政策如何？本企业和竞争者的技术销售员和非技术销售员的销售工作历史如何？竞争者产品研究和发展的程度如何？人员和管理质量如何？主要竞争者的生产潜力如何？竞争者为广告宣传和推销的拨款情况如何？材料和方法的变化是否会增加竞争者的目前销售额？竞争者的产品用于出口的比例是多少？它们的主要出口市场有哪些？竞争者进行研究销售的范围如何？等等。

十二、竞争性产品

它主要包括：特点非常相似的竞争性产品的情况比较；不相似但可以互相替代的竞争性产品的情况比较；竞争性产品所具备的“优点”；竞争者在销售范围内对哪些产品给予了销售有利条件；竞争者拥有的产品范围又能提供哪些销售有利条件；竞争性

产品的信誉情况；产品在价格、质量、性能、精美程度、设计、耐久性、包装或包装方法以及其他特点方面的情况比较；和竞争产品相比，购买决定在价格、技术服务、其他具体特性、交货和各种服务、包装或包装方法、所提供支助服务、公司信誉、商标或产品信誉、互惠贸易协定、公司附属机构以及个人关系等方面的依据如何；工厂、经销商、代理商通常备有的产品存货情况；过去几年中销售波动情况的原因；过去几年中公司或牌号的居领先地位的历史状况；发生变化的原因；开始生产以后，竞争者对其产品进行的改革及产品改革的原因；投放以后，市场范围是扩大还是缩小了；竞争者的产品符合正式标准和非正式标准的程度等。

十三、政府方面的因素

它主要包括：目前产品税和销售税（包括出口税）的结构；原料进口税的标准；产品进口税的标准；进口限制的情况；信贷条件限制情况；需求发生变化对产品销售所发生的影响；企业在资金援助、支持价格、技术支援、推销协助、价格协定、限制性做法、标准和质量管理等方面所处的地位；国家关于安全、质量管理、标准和规格、包装等的立法情况；政府的哪些支援（技术、推销和资金支援、保护政策、干预政策、信贷条件、集体购买、集体销售、技术问题上的协商和咨询以及其他支援）可能有助于企业的发展和扩展等。

第五节　销售预测应考虑的因素

销售预测是指在对现有的和过去的销售资料调查的基础上，揭示市场供求矛盾变化的规律性以及影响市场供求关系的各类错综复杂的因素，运用逻辑推理、统计分析、教学模型等科学方法，对企业某种产品未来一定时期内可能的销售量及其变化趋势，进行测算、分析、预见和推断。这样才能为企业确定发展目标、制定生产经营决策提供科学的依据，以实现发展生产、满足需求、提高效益之目的。也就是说，它是为经济决策和计划管理服务的，无论是经济管理部门还是企业，在实施有效地决策管理中，都需要掌握销售市场商情动态，预测销售市场未来变动的趋势，从而为制订经济发展计划提供客观依据。

一、什么是销售预测

销售计划的中心任务之一就是销售预测，无论企业的规模大小、销售人员的多少，销售预测影响到包括计划、预算和销售额确定在内的销售管理的各方面工作。销售预测是指对未来特定时间内，全部产品或特定产品的销售数量与销售金额的估计。销售预测是在充分考虑未来各种影响因素的基础上，结合本企业的销售实绩，通过一定的分析方法提出切实可行的销售目标。

二、销售预测的影响因素

尽管销售预测十分重要，但进行高质量的销售预测却并非易事。在进行预测和选择最合适的预测方法之前，了解对销售预测产生影响的各种因素是非常重要的。一般来讲，在进行销售预测时应考虑两大类因素：

（一）外界因素

1. 需求动向

需求是外界因素之中最重要的一项，如流行趋势、爱好变化、生活形态变化、人口流动等，均可成为产品（或服务）需求的质与量方面的影响因素，因此，必须加以分析与预测。企业应尽量搜集有关对象的市场资料、市场调查机构资料、购买动机调查等统计资料．以掌握市场的需求动向。

2. 经济变动

销售收入深受经济变动的影响，经济因素是影响商品销售的重要因素，为了提高销售预测的准确性，应特别关注商品市场中的供应和需求情况。近几年来尤其是科技、信息技术快速发展，更带来无法预测的影响因素，导致企业销售收入波动。因此，为了正确预测，需特别注意资源问题的未来发展、政府及财经界对经济政策的见解以及基础工业、加工业生产、经济增长率等指标变动情况。尤其要关注突发事件对经济的影响。

3. 同业竞争动向

销售额的高低深受同业竞争者的影响，古人云“知己知彼，百战不殆”。为了生存，必须掌握对手在市场上的所有活动。例如，竞争对手的目标市场在哪里，产品价格高低，促销与服务措施等。

4. 政府、消费者团体的动向

考虑政府的各种经济政策、方案措施以及消费者团体所提出的各种要求等。

（二）内部因素

1. 营销策略

市场定位、产品政策、价格政策、渠道政策、广告及促销政策等变更对销售额所产生的影响。

2. 销售政策

考虑变更管理内容、交易条件或付款条件，销售方法等对销售额所产生的影响。

3. 销售人员

销售活动是一种以人为核心的活动，所以人为因素对于销售额的实现具有相当深远的影响力，这是我们不能忽略的。

4. 生产状况

生产设备是否正常，货源是否充足，能否保证销售需要等。

三、销售预测的作用

（1）通过销售预测，可以调动销售人员的积极性，促使产品尽早实现销售，以完成使用价值向价值的转变。

（2）企业可以以销定产，根据销售预测资料安排生产，避免产品积压。

四、销售预测的程序

销售预测可以看做是一个系统，是由有关信息资料的输入、处理和预测结果的输出所组成的信息资料转换过程。对于复杂的预测对象，有时要把它进行分解，对分解后的子系统进行预测，在此基础上再对总的预测目标进行预测。销售预测是一项很复杂的工作，要使这一复杂工作有条不紊地进行，就必须遵循一定的程序。销售预测的基本程序如下：

（一）确定预测目标

销售预测是以产品的销售为中心的，产品的销售本身就是一个复杂的系统，有关的系统变量很多，如市场需求潜量、市场占有率、产品的售价等。而对于这些变量进行长期预测还是短期预测，这些变量对预测资料的要求、预测方法的选择都有所不同。所以，预测目标的确定是销售预测的主要问题。

（二）搜集和分析资料

在预测目标确定以后，为了满足预测工作的要求，必须搜集与预测目标有关的资料，所搜集到的资料的充足与可靠程度对预测结果的准确度具有重要的影响。所以，对搜集的资料必须进行分析，并满足这些条件：

（1）资料的针对性：所搜集的资料必须与预期目标的要求相一致。

（2）资料的真实性：所搜集的资料必须是从实际中得来的，并加以核实的资料。

（3）资料的完整性：资料的完整性直接影响到销售预测工作的进行。所以，必须采取各种方法，以保证得到完整的资料。

（4）资料的可比性：对于同一种资料，来源不同，统计口径不同，可能差别也很大。所以在搜集资料时，对所得到的资料必须进行分析，如剔除一些随机事件造成的不真实的资料，对不具备可比性的资料通过分析进行调整等，以避免资料本身原因对预测结果带来误差。

五、销售预测的方法

（一）销售预测的定性分析法

定性预测法是在预测人员具备丰富的实践经验和广泛的专业知识的基础上，根据其对事物的分析和主观判断能力对预测对象的性质和发展趋势作出推断的预测方法，如市场调研法和判断分析法。这类方法主要是在企业所掌握的数据资料不完备、不准确的情况下使用，以通过对经济形势、国内外科学技术发展水平、市场动态、产品特点和竞争对手情况等情况资料的分析研究，对本企业产品的未来销售情况作出质的判断。

1．市场调研法

市场调研法就是通过对某种产品在市场上的供需情况变动的详细调查，了解各因素对该产品市场销售的影响状况，并据以推测该种产品市场销售量的一种分析方法。

在这类方法下，其预测的基础是市场调查所取得的各种资料，然后根据产品销售的具体特点和调查所获得的资料情况，采用具体的预测方法进行预测。

2. 判断分析法

判断分析法主要是根据熟悉市场未来变化的专家的丰富实践经验和综合判断能力，在对预测期销售情况进行综合分析研究以后所做出的产品销售趋势的判断。参与判断预测的专家既可以是企业内部人员，如销售部门经理和销售人员，也可以是企业外界的人员，如有关推销商和经济分析专家等。

判断分析法的具体方式一般可分为下列三种：

（1）意见汇集法。意见汇集法也称主观判断法，它是由本企业熟悉销售业务、对于市场的未来发展变化的趋势比较敏感的领导人、主管人员和业务人员，根据其多年的实践经验集思广益，分析各种不同意见并对之进行综合分析评价后所进行的判断预测。这一方法产生依据是，企业内部的各有关人员由于工作岗位和业务范围及分工有所不同，尽管他们对各自的业务都比较熟悉，对市场状况及企业在竞争中的地位也比较清楚，但其对问题理解的广度和深度却往往受到一定的限制。在这种情况下就需要各有关人员既能对总的社会经济发展趋势和企业的发展战略有充分的认识，又能全面了解企业当前的销售情况，进行信息交流和互补，在此基础上经过意见汇集和分析，就能做出比较全面客观的销售判断。

①高级经理意见法。高级经理意见法是依据销售经理（经营者与销售管理者为中心）或其他高级经理的经验与直觉，通过一个人或所有参与者的平均意见求出销售预测值的方法。

②销售人员意见法。销售人员意见法是利用销售人员对未来销售进行预测。有时是由每个销售人员单独作出这些预测，有时则与销售经理共同讨论而作出这些预测。预测结果以地区或行政区划汇总，一级一级汇总，最后得出企业的销售预测结果。

③购买者期望法。许多企业经常关注新顾客、老顾客和潜在顾客未来的购买意向情况，如果存在少数重要的顾客占据企业大部分销售量这种情况，那么购买者期望法是很实用的。

这种预测方法是通过征询顾客或客户的潜在需求或未来购买商品计划的情况，了解顾客购买商品的活动、变化及特征等，然后在搜集消费者意见的基础上分析市场变化，预测未来市场需求。

（2）特尔菲法。特尔菲法又称专家调查法，它是一种客观判断法，由美国兰德公司在20世纪40年代首先倡导使用。它主要是采用通讯的方式，通过向见识广、学有专长的各有关专家发出预测问题调查表的方式来搜集和征询专家们的意见，并经过多次反复，综合、整理、归纳各专家的意见以后，作出预测判断。

（3）专家小组法。专家小组法也属于一种客观判断法，它是由企业组织各有关方面的专家组成预测小组，通过召开各种形式座谈会的方式，进行充分广泛的调查研究和讨论，然后运用专家小组的集体科研成果作出最后的预测判断。

（4）模拟顾客综合判断法。该方法先请各位专家模拟成各种类型的顾客，通过比较本企业和竞争对手的产品质量、售后服务和销售条件等作出购买决策，然后把这些“顾客”准备购买本企业产品的数量加以汇总，形成一个销售预测值。

（二）销售预测的定量分析法

定量预测法主要是根据有关的历史资料，运用现代数学方法对历史资料进行分析加工处理，并通过建立预测模型来对产品的市场变动趋势进行研究并作出推测的预测方法，如趋势预测分析法和因果预测分析法。这类方法是在拥有尽可能多的数据资料的前提下运用，以便能通过对数据类型的分析，确定具体适用的预测方法对产品的市场需求作出量的估计。

1. 趋势预测分析法

趋势预测分析法是应用事物发展的延续性原理来预测事物发展的趋势。首先把本企业的历年销售资料按时间的顺序排列下来，然后运用数理统计的方法来预计、推测计划期间的销售数量或销售金额，故亦称“时间序列预测分析法”。这类方法的优点是搜集信息方便、迅速；缺点是对市场供需情况的变动因素未加考虑。

（1）算术平均法。算术平均法是以过去若干期的销售量或销售额的算术平均数作为计划期的销售预测数。

（2）移动加权法。移动加权平均法是先根据过去若干期的销售量或销售额，按其距离预测期的远近分别进行加权（近期加权数大些，远期加权数小些）；然后计算其加权平均数，并以此作为计划期的销售预测值。所谓“移动”是指对计算平均数的时期不断向后推移。例如，预测7月份的销售量以4、5、6月份的历史资料为依据；若预测8月份的销售量，则以5、6、7月份的资料为准。一般情况下，预测数受近期实际销售的影响程度较大，因此越接近预测期的实际销售情况所加权数应越大些。

（3）指数平滑法。指数平滑法就是遵循“重近轻远”的原则，对全部历史数据采用逐步衰减的不等加权办法进行数据处理的一种预测方法。指数平滑法通过对历史时间序列进行逐层平滑计算，从而消除随机因素的影响，识别经济现象基本变化趋势，并以此预测未来。它是短期预测中最有效的方法。使用指数平滑系数来进行预测，对近期的数据观察值赋予较大的权重，而对以前各个时期的数据观察值则依顺序赋予递减的权重。指数平滑法是同类预测法中被认为是最精确的，因为最近的观察值已经包含了最多的未来情况的信息。

2. 因果预测分析法

因果预测分析法，是利用事物发展的因果关系来推测事物发展趋势的方法。它一般是根据过去掌握的历史资料，找出预测对象的变量与其相关变量之间的依存关系，来建立相应的因果预测的数学模型。然后通过对数学模型的求解来确定对象在计划期的销售量或销售额。

因果预测所采用的具体方法较多，最常用而且最简单的是回归分析法。回归分析主要是研究事物变化中的两个或两个以上因素之间的因果关系，并找出其变化的规律，应用回归数学模型，预测事物未来的发展趋势。由于在现实的市场条件下，企业产品的销售量往往与某些变量因素（例如，国民生产总值、个人可支配的收入、人口、相关工业的销售量、需要的价格弹性或收入弹性等）之间存在着一定的函数关系，因此我们可以利用这种关系，选择最恰当的相关因素建立起预测销售量或销售额的数学模型，这会比采用趋势预测分析法获得更为理想的预测结果。例如轮胎与汽车，面料、辅料与服装，水泥与建筑之间存在着依存关系，而且都是前者的销售量取决于后者的销售量。所以，可以利用后者现成的销售预测的信息，采用回归分析的方法来推测前者的预计销售量（额）。这种方法的优点是简便易行，成本低廉。回归分析法主要包括一元回归直线法（预测对象的相关因素有一个）与多元回归法（预测对象的相关因素有两个或两个以上）。

（1）一元回归直线法。一元线性回归法是用途较为广泛的一种预测方法。一元线性回归法即最小二乘法，是用来处理两个变量之间具有的线性关系的一种方法。

（2）多元回归法。企业的经营活动往往受多方面因素的影响，即一个因变量和几个自变量存在依存关系。例如有的企业的产品是供应若干个其他企业生产用的零部件，因此生产零部件的企业的产品销售量受其他企业生产量的影响。在因变量同时受两个或两个以上的自变量影响的情况下，就要用多元回归预测法进行预测。

3．时间序列分析法

时间序列分析法是利用变量与时间存在的相关关系，通过对以前数据的分析来预测将来的数据。在分析销售收入时，大家都懂得将销售收入按照年或月的次序排列下来，以观察其变化趋势。时间序列分析法现已成为销售预测中具有代表性的方法。

六、数据挖掘在销售预测中的应用

随着市场经济的发展和经济的全球化，企业面临着越来越残酷的市场竞争。企业要想赢得竞争、赢得客户，就必须在最短的时间内，以最低的成本将产品提供给客户，这使得进行正确及时的产品销售预测及由此产生的可靠的决策，成为现代企业成功的关键要素。由此，一些销售预测系统也应运而生。可是，随着计算机技术、网络技术、通信技术和Internet技术的发展和各个业务操作流程的 自动化，企业产生了数以几十或上百的销售历史数据，面对这些海量数据，传统的预测系统越来越不适应新的预测要求，主要表现在：大量的历史数据处于脱机状态，变成了“数据坟墓”。预测涉及海量数据的处理，传统的方法无法满足运行效率、计算性能、准确率及存储空间的要求。预测所需的数据含有大量不完整（缺少属性值或仅包含聚集数据）、含噪声（错误或存在偏离期望的孤立点值）、不一致的内容（来源于多个数据源或编码存在差异），导致预测陷入混乱。传统的数据库技术在预测知识的表达、综合和推理方面能力比较薄弱，难以满足经济发展现实的需要。在这种情况下，一个新的研究领域——数据挖掘（Data Mining，DM）的出现引起了学术界和产业界的广泛关注。

1．进行销售预测数据挖掘前的数据准备问题

数据挖掘一般包括数据准备、数据挖掘和结果的解释与评价三个阶段。数据挖掘结果的质量与被挖掘数据质量息息相关。数据准备就是对被挖掘数据进行定义、处理和表示，使它适应于特定的数据挖掘方法。数据准备是数据挖掘过程中的第一个重要步骤，在整个数据挖掘过程中起着举足轻重的作用。它包括以下几个步骤：

（1）数据清洗。一般来说，销售历史数据来源于异质操作数据库。这些异质操作数据库中的数据并不一定是正确的，常常不可避免地存在着不完整、不一致、不精确和重复的数据，这些数据统称为“脏数据”。脏数据能使挖掘过程陷入混乱，导致不可靠的输出。数据清洗通过填写空缺的值，平滑噪声，识别删除点，解决不一致来“清洗”数据。它可以在数据装入数据仓库之前进行，也可以在装入之后进行。

数据清洗技术一般可分为基于规则的方法、可视化方法和统计学方法。基于规则的方法根据字段定义域的元知识、约束和与其他字段的关系对该字段的每一数据项进行评估；可视化方法以图形方式显示数据集的有效轮廓，从而很容易辨别脏数据；统计学方法通过统计技术填补丢失的数据和更正错误的数据。

（2）数据集成与数据变换。在进行销售预测数据挖掘时常常需要将多个数据存储合并，并转换成适合挖掘的形式。在销售历史数据中，我们常常会发现代表同一概念的属性在不同的数据库含有不同的名字，这将会导致不一致和冗余，而含有大量不一致和冗余数据会降低数据挖掘过程的性能或使之陷入混乱。将数据集成与变换将减少或避免这种情况，提高数据挖掘的精度与速度。

（3）数据集成要考虑实体识别问题、相关性分析问题、数值冲突检测与处理问题等。实体识别问题即如何将来自多个信息源的实体匹配、相关分析问题，即通过相关性分析来检测数据冗余、数值冲突检测与处理问题，即通过对元组级冗余检测，消除数据语义上的异种性。而数据变换涉及平滑、聚集、数据概化、规范化、属性构造等，通过这些处理将数据转换成适合于挖掘的形式。

（4）数据归约。当选择用于数据分析的数据集过大，在海量数据上进行复杂的数据分析和挖掘将需要很长时间，使得这种数据挖掘不现实、不可行。而数据归约技术可以“压缩”数据集，得到其“归约”表示，它小得多，但仍接近于保持原数据的完整性，使得在归约后的数据集上进行挖掘更有效。其策略包含数据立方体聚集、维归约、数据压缩、数值压缩、离散化和概念分层等，这些涉及了多特征方、压缩搜索空间的启发式算法、小波变换、主要成分分析 PCA、线性回归模型分析和对数线性模型、多维索引树、离散化技术等。目前这个领域仍然是一个非常活跃的研究领域。

2. 面向销售预测的数据挖掘工具

目前可用于销售预测的数据挖掘工具主要是一些统计分析方法，如时间序列分析、线性回归模型分析、非线性回归模型分析、灰色系统模型分析、马尔可夫分析法等，它是目前最成熟的数据挖掘技术。然而，一方面由于产品的需求往往是由许多因素综合决定的，传统的统计分析方法往往只是考虑了其中的一部分，而且影响需求的各种因素之间往往存在着各种错综复杂的相互作用，依传统方法建立的简单模型无法表达这种相互作用；另一方面，由于庞大的销售数据集的性质往往非常复杂，且非线性、持续性及噪音普遍存在，因此需要一种不同于传统的新的理论和方法去解决数据挖掘中的问题。而神经网络作为一种非线性、自适应动力学系统，具有通过自学习提取信息的内部特征的优点，非常适合解决销售数据中的数据挖掘问题。自从 1987 年兰帕德和法伯首先应用神经网络进行预测以来，神经网络已成为一种非常有前途的预测方法，近年来已成为经济预测、管理决策、数据挖掘领域研究的热点。

神经网络可很好地胜任数据挖掘技术，它通过模拟人脑反复学习技术来工作的。对给出的样本数据，神经网络通过类似人类记忆过程的方式学习数据中的统计规律，归纳出能描述样本特征的数据模型，然后用已学会的数据模型分类新给出的数据。用神经网络挖掘知识时，分析者首先找出一组变量，这些变量中需要有导致实例结果的因素。神经网络通过反复学习，找出变量与结果的函数关系，再用这一函数对新数据分类、预测、评价等处理。目前已有一些神经网络模型已很好地运用于销售预测，分析、预测销售的未来波动等，表现出良好的运用前景。

3. 销售预测的数据挖掘结构框架

为了克服传统预测系统的缺陷，将数据挖掘技术应用到销售预测中来。我们设计的基于数据挖掘的销售预测支持系统由人机交互系统、知识库、数据库（或数据仓库)、数据挖掘工具、模V管理系统、知识库管理系统和分析解释系统等部分组成。其结构框架如图2.1所示。其中，数据挖掘工具通过数据库APT访问数据库或数据仓库，并执行销售预测的各种挖掘任务。

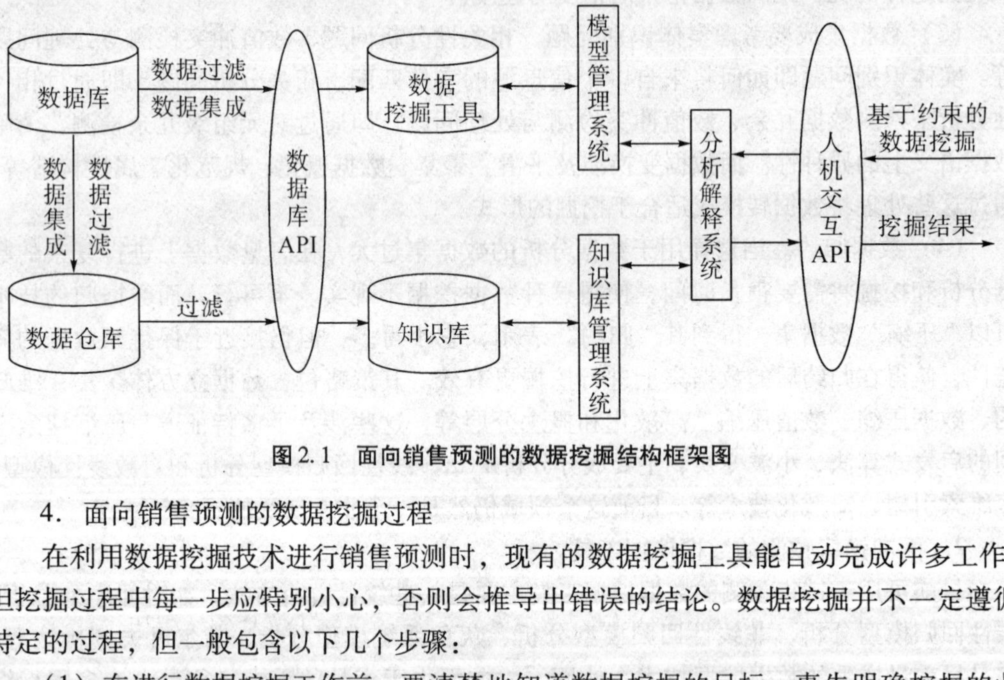

图2.1　面向销售预测的数据挖掘结构框架图

4. 面向销售预测的数据挖掘过程

在利用数据挖掘技术进行销售预测时，现有的数据挖掘工具能自动完成许多工作，但挖掘过程中每一步应特别小心，否则会推导出错误的结论。数据挖掘并不一定遵循特定的过程，但一般包含以下几个步骤：

（1）在进行数据挖掘工作前，要清楚地知道数据挖掘的目标。事先明确挖掘的业务目标，确定达到目标的评价方法，这将大大减少挖掘工作的难度和工作量。

（2）选择数据。这些数据可能是数据仓库或数据集市，也可能是各个联机事务处理系统中的数据。

（3）数据预处理。这个过程可以改进销售数据质量，从而有助于提高其后的挖掘过程的精度和性能。高质量的销售决策必然依赖于高质量的数据，检测数据异常、尽快调整数据，并归约待分析的数据，将在决策过程中得到高回报。

在开始挖掘工作前，需要具体每一个细节，确定哪些想法需要验证，哪些方面需要用工具从数据中得出假设。

（4）构造数据挖掘模型。通常，先用随机数作种子把数据分为两部分：训练集和测试集，用于构造和评估模型。用数据挖掘工具去测试数据质量，比较各种工具输出的结果，从而精确地构造出模型。

（5）验证结论。确定结论是否正确和符合业务要求，如果挖掘的结果有错误就要寻找错误的原因，并对数据重新挖掘，重新构造模型 。

随着信息处理技术的飞速发展，加上人们孜孜不倦地对销售预测效果的追求，使得数据挖掘技术在销售预测中的应用成为一个非常自然的选择。数据挖掘作为一种新的技术，它可以对销售数据进行深层次的分析，采掘到隐含在数据中的有用信息，发现和把握新的市场机会，为企业的管理决策提供科学的依据。数据挖掘技术对销售预测技术带来的挑战，无疑将推动销售预测的发展。

章末案例或相关衔接

销售计划的内容

成功的销售计划不必非常复杂或冗长，但应包含足够的信息来帮助您建立、指导和协调您的营销工作。一份切实有效的销售计划应包括以下几项内容：

1. 市场分析

市场分析即专家性总结，是店铺所作决策的指导性纲要。其文字要求简明扼要，且具有高度的概括性。它主要是对所经营的零售店的市场、产品、竞争状况、消费行为特点等的过往销售史、现状以及未来发展的高度概括和总结。

2. 店铺的销售目标

店铺的销售目标是指店铺在一定时期内所要实现的理想状况。可以用定性和定量两种方式表现。店铺的销售目标可分为定性目标和定量目标两种。

（1）定性目标：通常是指店铺的市场形象、店员的服务质量、市场竞争地位等目标。

（2）定量目标：通常是指店铺所经营商品的市场占有率、营业收入的额度、利润、投资回报率等目标。

3. 店铺的销售行动计划

店铺的销售行动计划是指为了实现店铺既定目标而制订的各种可实施性计划，为实现目标所制定的具体行动步骤和周密的布置，换句话说就是店铺日常工作的指导书。

一个良好的行动计划应明确规定出销售活动的内容、主要的负责人、活动的开始和结束日期、活动的费用预算、活动的日程安排以及绩效的评估方法等。

4. 制订销售计划可达到的效果

（1）明确店铺营销计划及其发展方向，通过销售计划的制订，理清销售思路，从而为具体操作市场指明了方向，实现了销售计划从主观到理性的转变。

（2）实现了数字化、制度化、流程化等基础性营销管理。不仅量化了销售目标，而且还通过销售目标的合理分解，细化到每个人和每一天。

(3) 整合企业的营销组合策略，通过销售计划，确定新的营销执行模式和手段，为市场的有效拓展提供了策略支持。

5. 制订销售计划要遵循的原则

(1) 销售计划的拟订要贯彻落实企业营销的整体战略，具有相对稳定性。同时，根据市场的变化销售计划要具有一定的灵活性。

(2) 销售计划的拟订一定要从实际出发，事先做好市场调查和产品分析，并着眼于店铺的未来发展。

(3) 销售计划的拟订要充分考虑到销售淡季或营业较差时期的目标。

(4) 计划不仅要强调计划的可执行性，更应强调计划的结果的可控性。

复习思考题

1. 销售计划的结构是由哪几部分构成的？
2. 简明的销售计划的内容应包含哪些方面的内容？
3. 如何编制销售费用的计划？
4. 客户账款积欠天数缩短的必要性主要有哪些？
5. 如何制订年度销售计划的零售商的促销计划？
6. 什么是销售计划？销售计划有哪些种类？使用销售计划的目标是什么？
7. 销售目标的设定应注意哪些方面的问题？
8. 销售计划按企业的组织职能应该如何分类？
9. 编制销售计划的步骤有哪些？
10. 制订销售计划的前期事项有哪些方面？
11. 销售预测的影响因素是什么？
12. 进行销售预测数据挖掘前的数据准备问题是什么？

第三章　销售信息管理

第一节　销售信息的特征及其作用

信息是各种相互联系的客观事物在运动变化中，通过一定的传递形式而提示的一切有特征性的内容的总称。如闪电、鸟语、花香报道了大自然变化的信息；语言、文字、通讯、电波反映了人类活动的信息。我们就是生活在这样一个充满了信息的世界中。信息是客观世界中各种事物变化和特征的最新反映，是客观事物状态经过传递后的再现，是一种能创造价值的能交换的知识。而销售信息属于经济信息的范畴，指的是在一定时间和条件下，同销售活动有关的各种消息、情报、数据和资料的总称。

一、销售信息的特征

信息反映了事物之间的相互关系，是事物的表征，但它并不是事物的本身。信息来源于事物，又必须依赖物质作为传播的载体。信息既与事物有着密切的关系，又有着明显不同的特征。信息有十个基本特征：

（1）可量度。信息可采用某种度量单位进行度量，并进行信息编码。如现代计算机使用的二进制。

（2）可识别。信息可采用直观识别、比较识别和间接识别等多种方式来把握。

（3）可转换。信息可以从一种形态转换为另一种形态。如自然信息可转换为语言、文字和图像等形态，也可转换为电磁波信号和计算机代码。

（4）可存储。信息可以存储。大脑就是一个天然信息存储器。人类发明的文字、摄影、录音、录像以及计算机存储器等都可以进行信息存储。

（5）可处理。人脑就是最佳的信息处理器。人脑的思维功能可以进行决策、设计、研究、写作、改进、发明、创造等多种信息处理活动。计算机也具有信息处理功能。

（6）可传递。信息的传递是与物质和能量的传递同时进行的。语言、表情、动作、报刊、书籍、广播、电视、电话等是人类常用的信息传递方式。

（7）可再生。信息经过处理后，可以以其他形式再生。如自然信息经过人工处理后，可用语言或图形等方式再生成信息。输入计算机的各种数据文字等信息，可用显示、打印、绘图等方式再生成信息。

（8）可压缩。信息可以进行压缩，可以用不同信息量来描述同一事物。人们常常用尽可能少的信息量描述一件事物的主要特征。

（9）可利用。信息具有一定的实效性和可利用性。

（10）可共享。信息具有扩散性，因此可共享。

二、销售信息的作用

（一）销售信息是沟通生产与消费之间联系的工具

马克思主义认为，在社会再生产过程中，生产、分配、交换和消费是一个有机的统一整体。没有生产就没有消费，反过来，没有消费也就没有生产。生产与消费是密不可分的，然而，生产与消费之间客观上又存在一定的矛盾。市场经济越发展，专业化社会分工越细密，人们消费需求越多样化，这种矛盾则越突出。例如，一些产品是常年生产，季节消费；一些产品本地生产，全国消费；产品花色品种单调性和消费需求多样性的矛盾等。从而形成生产同消费之间在时间、空间、花色品种上的背离状况。又例如，通过向消费者传递新产品信息或产品价格变动信息，可以吸引消费者从一般的消费转向新产品的消费，从高价产品的消费转向低价产品的消费。为了解决生产同消费之间客观存在的这些矛盾，必须运用销售信息作为商品交换的先导，去沟通城乡之间，工农业之间、产销之间以及市场供求之间的联系，以加速和促进整个社会再生产过程的良性循环。

（二）销售信息是生产和经营企业制定经营决策的重要依据

在社会主义市场经济的条件下，企业要把自身建设成为相对独立的经济实体、具有活力的经济细胞，就必须面向市场，及时掌握销售信息，才能采取适合的经营决策，在市场竞争中提高自己的适应能力和应变能力。所谓经营决策就是企业管理者对经营目标和战略、策略的决定过程。现代著名的决策理论学派代表人物美国的西蒙教授认为，决策过程可以简要概括为：信息搜集处理→拟订方案→选定方案→决策执行4个阶段。美国著名管理学家、《现代管理原理》作者亨利·艾伯斯认为，管理过程就是“作决策和取得信息的过程”。从信息的搜集、处理到制定和执行决策，是管理的实质所在。企业重大的经营决策，无论是经营目标，经营方针的制定，还是经营战略与策略的产生，都必须进行调查研究，掌握情况、分析形势、制订方案、比较方案、决策选优等工作，这些环节都要以信息作为依据和基础。实践表明，正确的销售信息反映着市场经营的客观情况，全面反映着市场活动的动态和过程。以这种销售信息为基础制订的计划和决策，才是符合市场情况的计划和决策。如果不掌握销售信息，凭主观想象去制订计划，进行经营决策，往往会导致计划的不准，决策的失误，从而造成计划无法实现、经营的失败。所以，从一定意义上讲，计划及决策的水平和质量，计划的实现程度，经营的成败，在很大程度上取决于销售信息的掌握程度。

（三）销售信息是实现宏观经济控制和综合平衡要素

我国是一个地大物博、人口众多的国家。国民经济是由若干个部门与企业连接成一个多阶梯结构的经济网络系统，它不仅包括众多的部门和行业，而且包括数以百万的企业群。为了使整个社会生产与流通纳入宏观计划控制下进行，必须应用有效的销售信息网络系统。国家计划的制订既要充分搜集销售信息，计划执行过程中的控制与调节也要利用销售信息系统的反馈。各部门、各企业之间的商品交换，也要通过广告、商情、文件、数据、报表、凭证、合同等来实现它们之间的横向联系，协调其行动。如果没有一个四通八达的销售信息情报网络，宏观经济就要陷入混乱状态，整个国民经济就不能有计划按比例的发展。

（四）销售信息是提高企业经济效益的源泉

信息虽然本身不是直接的物质财富，但由于它的及时传递和广泛利用，可以给接收者带来一定的经济利益。人们掌握了信息，就可以更好地去利用和开发物质资源，组织生产和流通，以尽可能小的投入取得尽量大的产出，从而为社会、为人类带来更大的效益。销售信息的利用价值将通过经营者在利用信息以实现其经营目标和决策的过程中表现出来。信息量越大，接收者进行决策的准确度就越高，信息的利用价值也就越大。相反，信息如果失真或过时，就会给经济建设带来一定的经济损失。

（五）销售信息是连接国内市场和国外市场的纽带

当前国内市场形势面临着一个转折，随着我们加入世界贸易组织（WTO），不仅国内的销售信息要及时掌握，而且世界范围内的销售信息也将会越来越受到重视。销售信息就像神经系统一样，协调、支配着各个环节、各部门的活动。否则，就会出现“形势大好，买卖难做”的状况。为了适应世界范围内市场竞争的要求，企业就要通过数据、资料的分期对比，及时掌握国内外信息，对市场销售情况做出及时预测，选择最佳经营方案，才能提高本企业的销售能力。

（六）销售信息对消费者行为起着引导作用

近年来，随着市场经济的发展，商品货源大大增加，花色品种层出不穷，产品更新换代加速，商品选购性增强。广大消费者正是通过不断搜集广告、商情信息，及时了解各种新产品的规格、性能、质量和价格，从而增强了选购商品的针对性和使用商品的科学性、合理性，以使自己选购到的商品称心如意和延长其使用价值。

第二节 销售信息的基本内容

销售信息的内容非常广泛，只要同销售活动有关的各种消息、情报、数据和资料都可以形成销售信息的内容。按照销售信息的来源不同，一般可以把销售信息的内容分成两大部分。

一、外部环境的信息

外部环境信息，即来自企业外部反映客观环境变化的各种同销售活动有关的信息。它的范围十分广泛，企业可以根据自身条件和需要，在不同时期内选择一些对销售活动影响最大的因素作为调研的重点。

（一）政府的方针、政策、法令、计划与相关文件

政治背景的变更往往会对企业的销售活动产生至关重要的影响。如政府某些政策、法令的修改会使一些产品无销路而退出市场，另一些产品则因此得到许可开发而进入市场。因此，这类信息必须引起企业的重视。同时，各级政府和主管部门所颁发的经济统计资料、调查报告等，把握它们可以了解过去与当前的情况以及经济发展趋势，是企业应当作为常规性搜集的重要信息。

（二）市场竞争情况

在市场经济社会中，参与销售活动的企业之间相互竞争是必然的，而且随着市场经济的不断发展，这种竞争将会越来越激烈。“知己知彼，百战不殆”。企业要加速自身的发展，并在市场竞争中立于不败之地，就必须想尽一切办法去获取那些同行竞争的信息。诸如竞争对手的经营规模（设备先进程度、生产规模、劳动效率等），产品特点（外观、内质、价格水平等），应变能力（生产多档产品，适应市场需求等），技术设备（技术队伍、新产品开发、实验室建设等）的了解，特别是同行业先进企业的管理情况，包括各种先进的经营管理方法，先进的企业经营策略，先进的企业经营计划，企业各项先进的指标等。把握了竞争对手的概况，企业就能衡量自身在销售活动中的相对地位和利弊条件。

（三）市场需求状况

现代销售活动中，企业的销售决策是以市场需求为核心的，因此市场需求状况信息是企业必须调研的重要内容，包括消费者需要什么、在何时需要及其愿意按何种条件接受销售企业产品或服务等。消费者需要既指同销售企业所提供产品的相关方面，如产品的质量、性能、包装等，也指同企业尚未开发生产和投入市场的产品相关的需求；消费者需要的时间既指具有购买支付能力的时间，又指消费者乐意或习惯上的购买时点；消费者愿意接受的条件既指产品相应的价格水平，也指企业同时能提供的服务。当然，市场需求状况也包括影响消费者购买行为产生的其他因素，如动机、爱好、家庭、收入、受教育程度等。

（四）需求趋势和需求动向

需求趋势是需求规律性的变化。它与人们的购买力水平有直接关系。随着人们收入的增加，消费水平得到提高，消费品需求不断由低级向高级发展。生存资料需求比重越来越小，即恩格尔系数越来越小，而高级耐用消费品的需求比重将越来越大。需求动向，是指在人们的需求水平不断提高的情况下，对新商品的追求。例如，随着人们消费水平的不断提高，消费者有追求式样新、花色品种多的商品的动向。

（五）科技发展水平

随着科学技术的不断发展，导致了新产品新行业的不断涌现，一些原有产品和行业因落后甚至会被淘汰。尤其在当今人们对能源、激光、新材料等利用方面的新突破，

将对整个人类社会带来巨大的影响。企业必须及时掌握有关科技情报，诸如同行业同类产品更新换代的过程（全新产品、重大产品改进等），国内外科技的最新成就（产品质量及功能提高与新材料、新工艺、新技术的应用等），并据以不断改进现有产品和开发新产品，才能跟上时代前进的步伐。

（六）消费者和消费行为

消费者是企业产品的最终用户，他们的消费行为受到如下因素的影响：消费者的类别与构成，如姓名、年龄、性别、民族、职业等；消费者的购买能力，如收入水平、消费水平、消费结构等；消费者的居住地；消费者的购买动机和欲望；消费者的购买习惯，如购买地点、时间、数量，对何种品牌感兴趣等。

（七）其他

企业的销售活动不是孤立的活动，需要许多相关行业的支持，如水、电、煤、油、天然气等动力供应和各项原材料及设备的更新等。因此相关行业的生产动态，新能源、新材料及其代用材料的发展情况以及自然资源的条件，气候变化与灾情，国际形势的重大的变化等内容，都是企业应当重视掌握和研究的信息。

二、内部管理的信息

内部管理的信息是通过企业内部管理的各项经济指标反映销售情况的信息。内部资料可以帮助研究人员迅速而经济地取得企业积累的各种数据、资料，从中可以发现机会与问题，比较预期和实际完成水平，这是取得营销信息的一个重要来源。

（一）经营管理信息

只有掌握了本企业的经营管理情况并与先进企业对比，找出差距，才能不断改进企业的经营状况。本企业的经营管理信息，包括本企业的资金周转信息、生产信息、销售信息和盈利信息。这些信息通过财务分析和统计报表即可取得。

（二）生产成果

生产成果包括产品产量（销量）、产品质量、品种三部分。产量指标用以说明生产劳动成果的数量标志；质量指标用以说明产品本身物理、化学性能及生产过程工作好坏两个方面的标志；品种指标用以说明满足社会需要，逐步扩大新品种效果的标志。这三种指标的完成度体现了本企业的生产能力。

（三）物资利用

物资利用指原材料、燃料、动力、设备等在生产过程中的消耗情况。通过材料储备指标、材料单耗指标、材料利用率指标、设备利用率指标等体现，直接反映了企业营销成本的高低，也是企业必须掌握的重要信息。

（四）劳动力资源

劳动是创造物质财富的重要源泉，是生产力的决定性因素。每个企业都应该合理地节约使用劳动力，争取以尽可能少的劳动耗费去产出尽可能多的销售成果。这类信息包括职工人数指标、工资总额指标、工时利用指标、劳动生产率指标等的变动情况。此外，劳动力的年龄构成、文化程度、技术工人所占的比例等都是劳动力资源的重要信息。

（五）财务状况

财务状况的好坏，直接影响着企业的经济效益，反映了企业销售实绩。这类信息包括资金、成本、利润三大指标。例如，企业的资金周转率的情况，产品成本在同行业中的水平，利润率的情况等。

（六）产品价格

影响产品价格高低的基本因素是产品的生产成本、流通费用和市场供求情况。所以，掌握产品价格信息，必须掌握某种产品的生产成本变动情况，成本是提高了还是降低了，产品销售费用是增大了还是减少了，特别是要掌握产品的市场供求信息以及优惠价格对需求的影响等。此外，受各种市场经济因素的影响，产品价格的趋势是升、还是降以及影响价格升、降的各种因素。

（七）产品策略

产品策略包括产品的生命周期，即产品所处的生命周期阶段、淘汰老产品、投放新产品的操作要求与时机。产品的性能特点、所用材料、技术规格、图案和款式等。消费者对产品的评价、意见和要求。产品的包装及其文字说明。消费者对产品的偏好、称心合意的印象。

销售信息的内容极其广泛，可以通过各种途径获得，如报刊、文件报表、协作单位、专业机构及企业内部会计、销售、运输、人事等部门都是销售信息的重要来源。企业应该根据自身条件和需要搜集适量的有用信息。以上我们把销售信息分成内外两大部分，其目的在于便于信息的调研管理。任何销售信息之间，既有区别又有联系，是不能截然分开的。企业必须进行销售信息的通盘分析，形成具有企业特色的销售信息体系，才能做到企业的优化决策。

第三节　销售信息搜集的步骤

从众多的信息源中搜集企业所需要的各种销售信息，是一项复杂而艰巨的工作，它不能杂乱无章地进行，而必须有计划、有步骤地开展，使之成为各个环节相互衔接的有序过程。一般来说，企业的销售信息搜集工作大体包括以下步骤（见图 3. 1）：

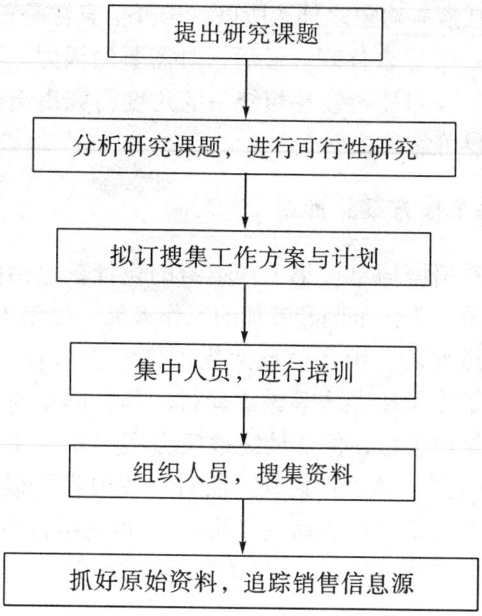

图 3.1　销售信息搜集的步骤图

一、提出研究的课题

企业要进行销售信息搜集工作，首先要有具体的研究课题，它可能是企业内部的各种信息用户提出来的，也可能是企业外部的信息用户提出来的，还可能是由企业的销售信息机构根据对内外用户的信息需求的预测而主动提出来的。但不论是哪一种情况，都必须先有研究的课题，才可能有的放矢地具体开展销售信息搜集工作。这是因为，企业营销管理人员只有在碰到某个需要解决的问题或在具体的营销管理活动中缺少必要的数据信息时，才会产生强烈的信息需求动机。而不少营销管理人员对市场的了解并不是通过自己亲身积极参与营销实践取得的，主要是借助间接渠道得到销售信息，这就决定了他们对什么样的信息是企业市场销售最有用的并不很清楚。因此，在提出研究课题时，每次最好选择重点问题进行分析，不要面面俱到，以免分散精力。

二、分析与研究课题有关的各种情况，对搜集工作本身进行可行性研究

企业的销售信息机构在明确了研究的课题之后，紧接着就应对同这一课题有关的各方面情况，做全面综合分析，判明问题的症结所在，以此来确定调查对象的范围、方向、内容及具体项目等。首先，明确信息源由哪个单位或对象构成，处于什么空间位置或关联环节，这是销售信息搜集工作计划性的一个表现。其次，在一定的信息搜集时间要求和费用的约束下，要明确信息搜集活动面究竟应界定多宽为好，即与多少数量的信息源进行联系，才能保证搜集上来的基础信息具有一定量与质的保证。信息来源面界定过宽，就会导致信息搜集工作的难度、工作量增大和信息搜集费用增加，而且及时性较差；反过来说，信息来源界定过窄，就很可能把那些能够提供真正有用

数据资料的信息源排除在搜查对象之外。所以，选择信息源是信息搜集人员知识素质、业务素养、思维水平的一个综合体现。最后，对需要的人力、财力、时间等进行大概的结算和筹划，从经济效益和社会效益相统一的角度研究提出初步评估方案，为具体地规划整个搜集过程提供可靠的依据。

三、拟订市场情报搜集工作方案和计划

所谓工作方案，是对销售信息搜集工作本身的设计，包括明确搜集工作目的和要求、确定工作的具体对象、工作范围和参加的工作人员、提出工作的内容、提纲等。

所谓工作计划，是指对某项销售信息搜集工作的组织者、工作人员、完成时间、工作进度、费用预算及工作考核办法等做出安排。其目的是使销售信息搜集工作能够有步骤、有秩序、有效果地进行，保证最终搜集方案实现。大型企业的销售信息搜集工作，要分细项制订调查方案和工作计划。而对一些内容不很复杂、范围较小的市场调查（如：商品价格调整后的销售变动趋势调查），可只拟订一个调查计划，另附有调查内容即可。

四、集中人员，进行培训

工作计划或工作方案一经确定和批准后，就应立即贯彻执行。应根据工作任务、要求、工作内容、规模大小等调配适当的人员。在工作范围和工作规模较大的情况下，可将工作组分成若干小组，明确相应的任务和工作内容。工作组成员可以来自企业内部专职的情报机构，也可以是外聘人员，如：离退休人员、中间商、专家顾问、政府工作人员等。对所调配的人员，都应围绕着任务的特点和重点进行集中培训，使之明白工作方案的内容，掌握有关操作技术、必要的经济知识和业务知识等。由于销售信息的时间性强，人员培训所用的时间应在保证搜集工作效果的情况下，尽量压缩，以免贻误时机。

五、组织人员，搜集资料

销售信息资料可分为一手资料和加工资料。一手资料是指通过对某事物或现象的考察而获取了最原始、最基础的资料。加工资料是指政府机关、企事业单位或个人等所持有的关于一手资料的汇总资料。有关这些资料，可以派人去专门考察取样，也可向有关单位、个人有偿索取。另外，公开发行的各种报刊等都含有大量的销售信息内容。为了获得这些情报，企业应以销售人员为基础，分成若干小组，分头去工作。为保证资料的正确性和可靠性，对统计资料，应分清信息资料的含义、计算口径和变化情况。

六、抓好原始资料，追踪销售信息源

尽管销售信息在原始状态下多数是零散存在的，但对企业来讲，仅有加工资料是不够的，要有第一手资料。应对主要的销售信息源进行跟踪调查，这样才能有效地提高信息服务的水平，才能更好地指导市场营销实践。如：家用电器的市场变化，除抓

手边的报刊等公开出版物外，还要在可能的情况下，到消费者中去询问（采取普查法、重点调查法、典型调查或抽样法等），也可以向有关专家或情报机关请求帮助。

第四节　销售信息搜集的方法

销售活动所需的信息分散存在于不同的组织与场所，同一信息内容可用不同的搜集方法，不同的信息内容也可采用同一信息搜集方法。一次比较大的经营决策活动所需的信息量大，需要通过多种渠道和运用多种方法加以搜集。各种搜集方法都有它们的特点。而且科学技术的飞速发展给销售信息的搜集提供了新方法、新途径。从方法选择的角度来看，信息搜集效果的好坏取决于所采用的搜集法是否适合信息搜集所处的活动环境、场合、时机、时间要求、质量要求、预定的费用水平以及操纵搜集方法等一系列约束条件。因此，有必要对销售信息搜集的方法予以阐明。

一、随机积累法

利用职业敏感性和高度的信息意识，不分场合、时间，随时随地地注意与业务活动相关的各种情况、资料、数据和消息，并加以记录、整理和积累，这就是搜集的随机积累法。机会性信息是十分宝贵的，错过机会是难以挽回的最大浪费。随机积累的情报、数据、资料、情况等都可能导致重大信息的发现，为今后的信息取用提供很大的方便。要做到随时搜集信息，应当有沙里淘金、采花酿蜜那种持之以恒的工作精神。不少企业家认为处处留心皆信息，许多信息都可以通过最普通、最常见的方式得到，不管是与人谈话、陪客、作客、请客，还是阅读报刊书籍，只要留心都可以发现本企业所需的市场信息，因此在许多时候销售信息搜集不是件难事。通过调配搜集人员利用正规途径的搜集方法既费时、费工、费钱，效果也并不一定好，搜集工夫应在日常。具有高度的工作责任心，一贯的专心致志，这是做好销售信息搜集，满足销售信息需求的关键。

二、网络交流法

网络交流法，是指通过与信息网络系统中有经常性信息交流联系的单位相互传递资料、通报情况而搜集获得信息的方法。采用这种方法，信息交流的双方既承担向对方赠送信息资料的义务，也享有接受对方单位赠送信息资料的权利。它是各业务协作单位之间进行情报交流的主要手段。要取得有业务往来单位或同行的内部资料，最好的办法是建立有关情报资料的交流关系，否则很难正式地拥有对方的内部资料。由于交流对象的信息提供都比较“对口”，因而使得搜集到的信息性较强，也较及时。在现代企业的内部，通常运用因特网这种内部网把企业内部的库存情况、订货情况、生产计划情况等信息紧密联系起来。而 Extranet 这种局域网可以把与本企业有相关业务的企事业单位联系起来，从而有效地提高协作关系。利用因特网这种全球网，可以在全球范围内跨越时空的限制，掌握需求信息，使本企业适应全球经济一体化的发展趋势。

运用网络法进行信息交流，要注意了解对方的信息交流的内容和义务感，选择合适的交流内容。共享资料情报，是一种有效获取信息的手段。但也应看到，对使用从网络法交流来的信息价值量不能估计过高。能够在内部公开交流的信息，一般性、轮廓性、定量性的信息内容占绝大多数，一些真正的商业秘诀、经营要领信息是不会在网上反映的。但从总体上讲，这种方法对于了解一些情况、启迪思路还是很有益处的。

三、调查法

调查法是搜集信息的最基本方法，是搜集第一手资料的主要形式。采用调查手段获取信息的方法，可按以下分类：一是按统计方法分类，有普查、重点调查、典型调查、抽样调查；二是按应用媒体分类，有电话调查、信函调查、表格调查等；三是按人员出面情况分类，有回忆调查、会议调查、集体面询调查、个别面询调查等；四是按调查内容分类有专题调查、业务调查、情况核实调查等。调查方法的分类并非严格意义上的分类，这样做的目的是为了把种类繁多的调查方法做出大概性归纳，明确调查方法的基本类型。但是，不管怎样分类，不同的调查方法经常是相互交叉、相互配合的。比如，人们运用按统计方法分类的 3 种调查方法（访谈法、电话调查法、问卷调查法），在确定调查对象和内容之后，都需要实地调查，而这 3 种调查方法的实施要么利用表格调查，要么利用当面询问调查或其他调查方法。

四、观察法

观察法就是对要了解的有关活动进行直接或间接的考察以取得所需情况的一种销售信息搜集方法。直接观察的形式或渠道很多，诸如到企业实地考察产品及其生产经营情况；到要参股投资的公司了解经营效益的历史与现状，参加联谊会、经验交流会、行业成员活动会、业务协调会、产品鉴定会等。在考察中或考察后，要注意实录或追记考察时的感想、心得和看法。由于观察法中仅对观察对象做出直观的判断与估计，而对观察后面的背景、动机、原因、关系等还难有深入的认识与了解，还需要采用其他方法。信息搜集者不直接出现在考察现场，而是通过能够反映考察对象的某些迹象来搜索信息的方法称为间接考察法。如企业选择广告代理商，要了解某一广告公司的筹划、创作水平，一般要先了解曾与该公司合作过的厂商对它的评价。

五、委托搜集法

有些信息的搜集可以委托给有关机构和个人去完成。在部门组织自己的队伍难以胜任或无暇完成信息搜集任务时，往往求助于能够提供这种服务的单位或个人。有些资料信息，通过交换或直接购买都不能获得，通常委托给有办法得到这些资料信息的机构或个人帮助搜集。了解竞争对手，除与竞争对手的基本客户交谈、以非真实的身份参观对方工作场所等以外，一个较有效的办法就是与了解竞争对手内情的单位或个人交往，以此获得情报。这也是一种变异的委托搜集法。

六、探测法

当依据现有信息还难以确定所要把握问题的性质和范围时，则需要进一步搜集信息。搜集信息的约束条件是，有控制地分析某些活动变量是否存在相关关系，以自变量变动对因变量的影响变化值来体现。这种观察分析法、搜集信息的方法，称为探测法。例如调整后的销售政策在全面出台之前通过试点首先进行检验；在决定对某种新产品大量进行营销投资前，评定市场对其的接受程度，常采用小范围的展销、试销，诸如这些通过小规模的试验搜集信息的方法都是探测法的应用。这种方法比较简单易行。可以有控制地探测某些变量间是否存在何种程度的因果关系，有利于排除人们主观判断上的偏差。运用这种方法，以搜集有关市场变量的数据信息为主，并注意采用统计分析方法和进行逻辑推理。其难点在于，自变量的界定、控制有一定的难度，若界定、控制不当，搜集上来的信息随机性大，缺乏代表性。因此，还需要其他方法的配合。采用探测法主要有以下两种形式：

（1）横断分割探测。这是指在同一时间给定不同条件（变量）来观察它们对测定对象、目标（因变量）的影响程度。例如，以不同的价格在不同市场上销售同一种商品，测定究竟应确定什么样的销售价格才最利于产品的促销。运用这种方法应注意排除或剔除给定变量以外的因素影响。

（2）纵向对比探测。实行纵向对比探测应加入前后不同时期这么一个因素。例如，某啤酒厂的名牌啤酒在国际市场上销路不佳，问题在哪里呢？看法不一致。有一业务员凭经验分析，认为主要是包装问题。于是领导决定小批量改进啤酒包装，并在目标市场试销。将原先用啤酒瓶罐装改为：①易拉罐罐装；②300毫升小啤酒瓶装；③一般啤酒瓶装。在市场上经过一段时间的试销，销售量比以前明显上升，由此可找出销售不佳的主要原因。运用这种方法也要注意甄别、测定因时间不同而可能发生的其他市场变量变化对因变量的影响值。

七、咨询法

咨询法是搜集销售信息的有效方法。利用“外脑”，向能人学习，向专家请教，吸收群众的智慧，实行消费者参与管理等，就是以咨询的方法搜集信息。信息咨询的对象既存在于组织的内部，也存在于组织的外部。以咨询的形式搜集信息具体来讲主要有以下几种方法：

（1）面谈询问。询问者应事先准备好谈话提纲，然后通过询问者与被询问者面对面地交谈，了解消费者购买动向、需求动因、产品质量与使用等情况。面谈咨询法的主要优点有两个：一是容易使被询问者有充分发表见解的机会，通过相互启发，可使对问题的看法逐步深入，并不时还能发现咨询提纲以外的信息；二是询问过程的可控制性强，可根据被询问者谈话交流的愿望、兴趣、态度等灵活调整询问时间和内容。运用这种方法搜集信息要求熟悉咨询的问题，掌握较熟练的发问技巧，善于综合归纳询问过程取得的信息资料。

（2）电话询问。在电话普及率高的地区，销售信息搜集常采用这种方法。它具有取得信息快，节省时间，费用低，并可跨区域等优点。对那些生活繁忙抽不出或不愿花时间的被询问者进行信息联系，是一种较好的方法，运用这种询问方法要注意提问的时间不能太长，问题不应太多，除非应询者对所提的问题特别感兴趣。国外成功的电话询问有时也长达半个小时。这种方法的局限性主要有：一是对咨询问题的回答只能是简单的，难以给被咨询者有较多的思考时间，限制了所搜集信息的深度和广度；二是不能使用视觉的帮助，难以判断被询问者的特征意图、看法与反应；三是如所在地区电话通讯不普及，会造成所得信息没有全面性。提高电话询问效率的一个有效办法是提前书面通知电话询问内容和资讯目的。

（3）留置咨询。就是询问者将所要咨询的提纲或表格以及咨询目的告诉被询问者，然后由被询问者安排时间填写或准备回答，再由询问者约定日期回收或接受回答的一种咨询方法。开展这种询问的费用较高、范围也受限制，但被询问者有充分的时间思考咨询者提出的问题，有利于消除被询问者的思想顾虑，避免受询问者有意无意表露出的倾向性影响，提高咨询信息的回收率。

（4）邮寄咨询。它是将设计好的正规咨询问卷邮寄给被询问者，由他们答妥后寄还的搜集信息的方法。邮寄询问法除回收率较低这点外，与留置询问法的优点相同。这种方法还有两个突出的优点：一是费用较低；二是询问面较广，内容含量较大。只要能够获得邮寄地址，皆可作为询问对象。但是，采用这种咨询方法，也有一些不足之处：一是询问表回收时间长，回收率较低。为了提高邮寄卷、表回收率，可采用跟踪提醒，预先通知，附奖票或赠送小礼品的办法。二是由于无人在场解释所提的问题，如果应询者不能正确理解的话，会出现答非所问的现象。因此，所提问题应简单易懂。另外，要注意所选样本的代表性问题，否则可能出现错误样本，造成信息结构和质量的偏差或缺陷。

复习思考题

1. 销售信息有哪些基本特征？
2. 为什么说销售信息是沟通生产与消费之间联系的工具
3. 销售信息的基本内容 主要表现在哪些方面？
4. 企业的销售信息搜集工作大体包括哪些步骤？
5. 什么是随机积累法？

第四章 销售组织

销售部门的组织模式是企业销售战略的重要内容。建立高效率的销售组织体系，是确保销售工作高效完成的前提。在我国企业销售中，有不少企业在销售组织的建设上还没有明确的思路，尤其是不能从战略高度来进行组织设计，从而制约了销售组织功能的正常发挥。

第一节 营销部门的演变

多年以来，营销部门逐步由简单的销售功能部门发展成为一个复杂的功能群体。现代化的营销部门是经过长期演变而形成的产物，营销部门的演变过程可以划分为4个阶段。

第一阶段，简单的销售部门阶段。任何一个公司想要顺利地开始其经营活动，都必须具备4种基本的功能，即融资功能、生产功能、销售功能和会计功能。这些不同的功能由不同的部门经理来负责。当公司只重视销售功能时，销售经理来负责处理销售事务、领导销售队伍，有时自己也直接从事某些推销活动。在这一阶段，销售部门只是偶尔地处理简单的营销工作，如市场调查、广告等，而企业必须进行的其他营销工作，如企业目标规划、新产品开发、价格管理等，则由生产部门和财务部门来完成。通常对于刚刚成立的小企业而言，大多采取这一阶段的组织结构（见图4.1）。此时企业是以销售管理为主，营销管理很少涉及。

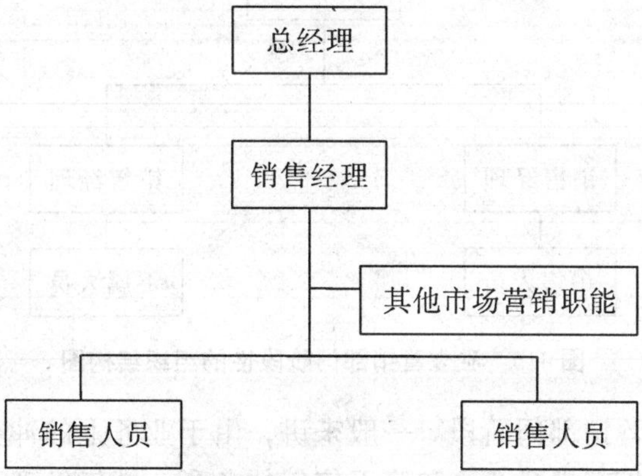

图4.1 简单销售部门阶段组织结构图

第二阶段，销售部门兼管营销职能的阶段。随着公司的不断扩大，经常的、专业的市场调研、广告以及为顾客进行服务等营销功能成为企业正常运转的必要条件。在这种情况下，销售部门所负责的营销功能开始增加。于是，销售经理就有必要聘用一名营销主任以及相应的专家来负责处理非销售的营销工作。此时营销管理开始得到重视，但是，企业销售部门的重点还是在销售工作上，这一阶段的组织结构如图 4.2 所示。

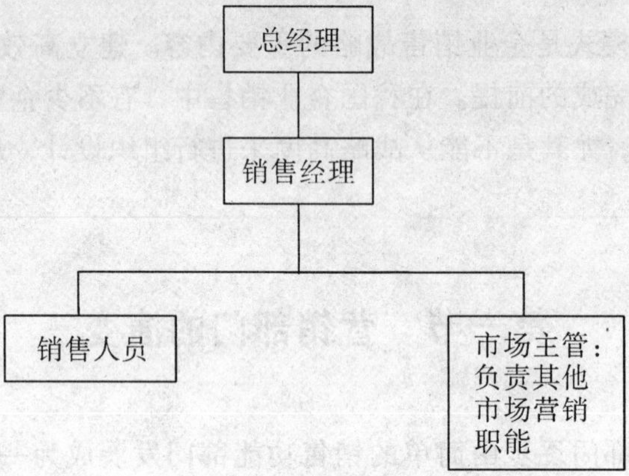

图 4.2　销售兼管营销职能阶段的组织结构图

第三阶段，独立营销部门阶段。在公司进一步发展的情况下，相对于销售功能而言，市场营销的其他功能，如市场调研、新产品的开发、广告、公共关系、销售促进、顾客服务等的重要性开始大大增强。尽管如此，销售经理仍继续把绝大部分的精力和时间放在销售队伍的管理上，而对于营销来讲，营销主任则提出种种理由来要求增加对其他功能的投入。最终，公司的总经理认识到，设立于一个独立于销售部门之外的，并且与销售部门相平行的销售部门对公司来讲是有好处的。于是，原来销售经理所领导的营销主任便升格为营销经理，他同销售经理一道向公司的总经理负责。此阶段的组织结构如图 4.3 所示。

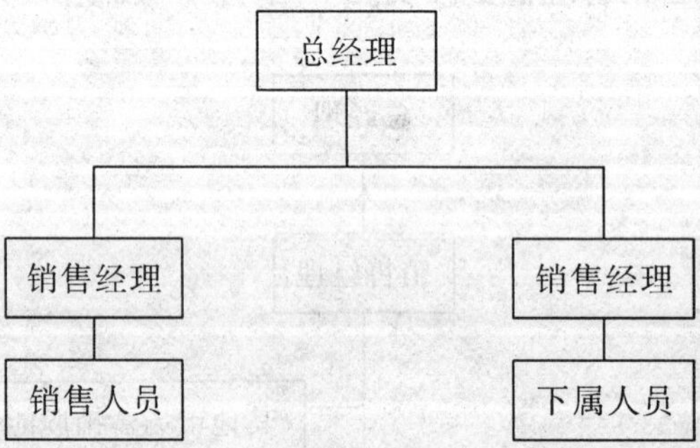

图 4.3　独立营销部门阶段性的组织结构图

第四阶段，现代营销部门阶段。一般来讲，由于业务上的冲突，营销部门和销售部门之间的关系常常带有相互竞争和互不信任的色彩。销售经理不甘心他的销售队伍在市场营销组合中的重要性有所降低，而营销经理则寻求在扩大非销售的营销渠道功能方面取得更大的权利。作为销售经理，是以物（企业的产品）为中心，追求的是短期目标，即全神贯注于眼前的销售任务；而营销经理则是以人（消费者）为中心，着眼于企业的长期目标，致力于从满足消费者长远需求出发来规划和研制最恰当的产品并制定营销战略。当营销部门和销售部门之间的冲突过大时，公司的正常经营活动开始受到影响。这时，公司的总经理有 3 种选择：一是将营销部门重新纳入销售经理的管理之下；二是由公司的一名常务副总经理来处理营销和销售两个部门之间的矛盾；三是将销售部门纳入营销经理的管理之下。绝大部分的总经理都采取了第三种选择，即将企业的销售功能纳入了营销部门之中，营销经理领导企业的营销部门，管理包括销售功能在内的全部营销活动。这也就形成了营销部门的基础。此阶段的结构组织如图 4.4 所示。

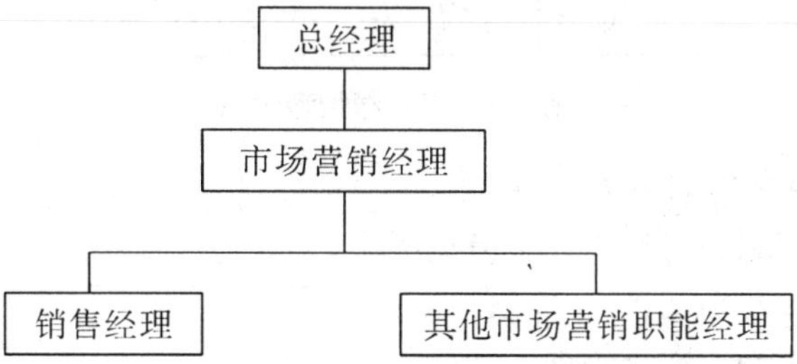

图 4.4　现代营销部门阶段的组织结构图

从上述营销作为一个重要职能的演变过程可以看出：

（1）销售职能先于营销职能产生。因此从历史起源来看，先有销售管理后有营销管理。

（2）销售管理实际上是营销管理的基础。只有销售管理有效，营销管理的功能才能实现。因此，二者在为实现企业发展上是统一的，所以有的企业在实际工作中有时将二者等同。

（3）从现代营销观念的角度来看，销售管理应服从于营销管理。企业切不可将二者混淆。

第二节　销售部门的组织形式

所谓销售组织，是指企业销售部门的组织，它使构成企业销售能力的人、商品、资金和情报信息等各种要素得到充分利用和发挥。简而言之，就是将生产或经营的商品销售给客户的销售部门的组织。

当一群人在一个团体内（如公司）为同一个目标而努力时，就会产生“组织”的要求。换句话说，组织就是将员工在工作中的地位、职责和权利以及它们相互间的关系加以明确的规定。为了发挥最高效率并达到销售目标，必须组织一个强有力的销售队伍，这是对一个销售管理者的基本要求。销售队伍中的每一个销售人员都是公司在某种条件下分派来的，如何把这些人组成一个团队，并使这个团队具有强大的战斗力是销售管理者首先要解决的问题。销售部的组织形式主要有下列几种类型：

一、区域结构型组织

按地区划分销售区域是最常见的销售组织模式之一。相邻销售区域的销售人员由同一名地区销售经理来领导，而地区销售经理向更高一级的销售经理负责，图4.5描绘了按地区划分的组织模式。

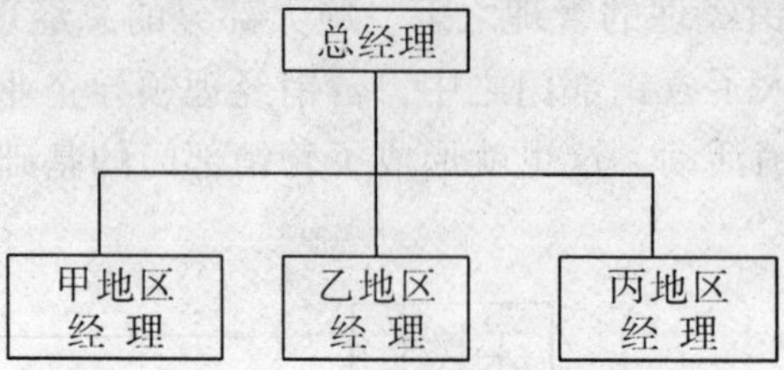

图4.5　区域结构型组织

这种模式的优点可以归纳为：

（1）地区经理权利相对集中，决策速度快；

（2）地域集中，费用低；

（3）销售人员集中，容易管理；

（4）区域内有利于迎接销售竞争者的挑战；

这种模式的缺点是：销售人员将从事所有的销售活动，这对于技术上不够专业，种类多、技术含量高的产品不适宜采用这种模式。

可以说在建立销售组织时，不考虑地区因素而建立的销售组织是不存在的。无论是采用何种形式，最终销售组织单位的分布都是根据地区因素而定的。那么安置在各地区的销售点数量各是多少呢？这要由销售渠道的长度、渠道的使用形式、商品的购买特性、需求特性等因素决定，如表4.1所示。

表4.1　决定销售点数量的因素表

影响的因素及其划分		销售点数量
销售的渠道的长度	长	少
	短	多
渠道的使用形式	利用性	少
	专用型	多
商品的购买特性	选择商品	少
	非选择商品	多
需求特性	地区集中	少
	地区分散	多

销售组织需按地区分布，组织之间要统一管理，并明确下放权限。分布在各处的销售点的称呼，通常都是与地区的各级划分相对应的，如销售部门、销售分公司、销售点、经销处、办事处等。要明确这种上下级组织关系，并实行统一管理。统一管理

就是使指示命令系统、销售商品的责任、功能范围和任务及指导性建议内容等明确化。上级销售组织对下级销售组织实施统一管理的同时，还要明确下放权限。关键是要在销售、回款、利润指标的完成等基本职能范围方面给予独立的权限，彼此要相互确认具体的活动范围。

二、职能结构型组织

职能结构型的销售组织就是按照不同职能组建的销售组织，如销售业务部、销售计划部、宣传推销部、售后服务部、客户管理部等。销售人员不可能擅长于所有的销售活动，但有可能是某一类销售活动的专家。基于这种思路有些公司采用职能型组织模式。由于这种组织模式管理费用大，因此，经济实力弱，小的公司不宜采用；规模较大的公司，由于销售队伍庞大，很难协调不同的销售职能，较多采用这种模式。图4.6说明了按职能划分的销售组织模式。

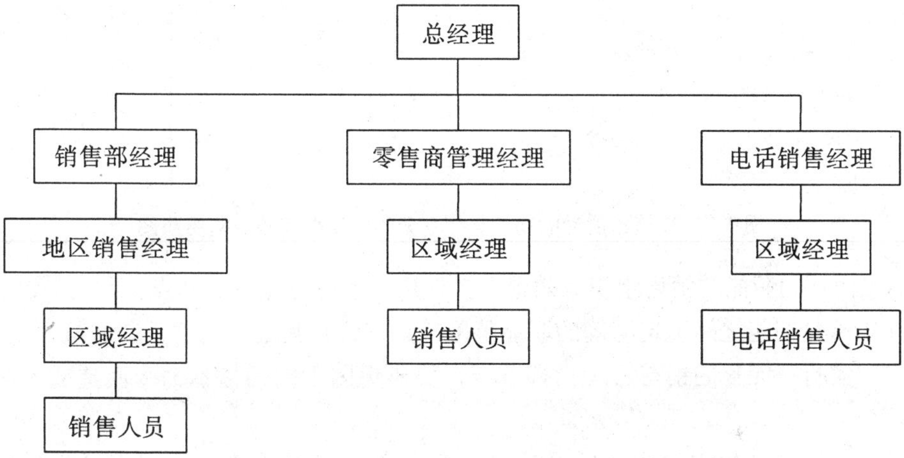

图4.6　职能结构型组织图

适合建立职能结构型销售组织的条件有以下5项：

（1）企业规模比较大，需要将销售所需的各种职能专门化并配备辅助经营者和管理者。

（2）销售分公司、经销处、办事处广泛分散在各地区，并且由于销售渠道的影响销售点较多。

（3）生产的商品或经营的商品品种繁多，需要突出个性、体现差别。

（4）销售人员的素质水平高，可以根据各种销售职能指示完成指标任务。

（5）根据各种销售职能所建立的推销制已成为各公司的竞争焦点。

这种销售组织模式既有优点又有缺点。其优点是销售职能能够得到较好的发挥，并可进行专门而合理的销售活动。因而销售活动分工明确，有利于培养销售专家。其缺点是：指示命令系统复杂，如果各职能间失调，就会发生混乱；责任不明确；销售活动缺乏灵活性等。

职能型组织结构也可按销售活动的功能类型划分，如图4.7所示。

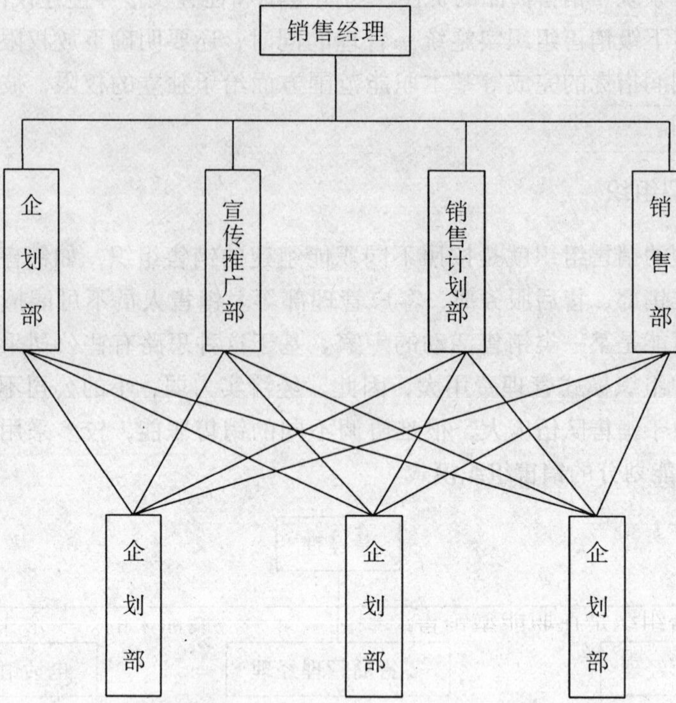

图 4.7　按销售活动的功能类型划分的职能型销售结构组织图

要想使不同职能的销售组织有效地发挥作用，就应注意以下几点：

(1) 给各职能之间设定明确的职能范围，并进行相互之间的联系和调整。

(2) 实行一元化的销售管理指挥系统，要避免因不同的指示命令而造成不必要的混乱。

(3) 要增强销售组织运行的适应性，应避免行动迟缓和不适应市场变化的情况出现。

三、产品结构型组织

所谓产品结构型的销售组织，是指按照不同商品或不同的商品群组建的销售组织，比如 A 商品销售部、B 商品销售部、C 商品销售部等。但是在一些情况下，其基层组织会按地区来划分。

适合建立产品结构型销售组织的条件有以下 4 个：

(1) 公司不同商品种类之间性质明显不同，如家电和食品；

(2) 各商品的销售方法和销售渠道不同，如化妆品和计算机的销售渠道和方法就不相同；

(3) 各商品的推销技巧不同，或是对销售人员的素质要求不同；

(4) 商品打入市场较晚或是在市场的处境不佳。

产品结构型销售组织适用于那些拥有多种品牌或生产多种产品的企业，尤其是对于那些产品品种太多或产品品种差异太大的企业更为有效。产品结构型组织如图 4.8 所示。

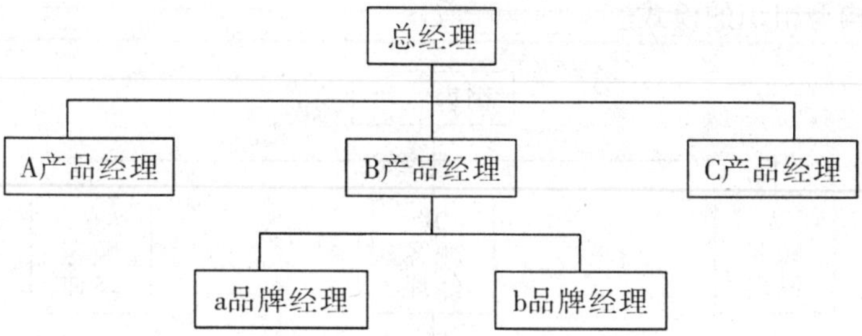

图 4.8 产品结构型组织图

在 1927 年，美国的宝洁公司设立产品式组织机构来从事企业的营销活动。当时，宝洁公司推出了一种佳美牌的新型肥皂，但是，这种新产品的销售非常不好。后来，公司任命了一位名叫纳尔 · H. 麦克埃尔罗伊的年轻人（后来升任宝洁公司总经理）来专门负责这种新产品的开发与销售，结果他的工作取得了巨大成功。于是，宝洁公司又针对其他产品项目增设了新的产品经理。从那时起，这种组织结构形式流行开来。食品、卫生用品以及化学制品等行业的公司纷纷采用了这种方法来组建其营销部门。

产品型销售组织是在职能型销售组织的基础上发展而来的。一般来讲，它具有下列优点：

（1）由于各个产品项目有专人负责，所以即使一些小的产品一般也不会受到忽视。

（2）由于有专人负责某项产品，所以可以使得该产品营销组合的各个要素更加协调。因此产品经理更加贴近市场，对市场的反应更为迅速；

（3）容易实现销售计划，便于进行以利润最大化为目标的商品管理，而且还易于进行生产与销售之间的调整。

（4）产品型销售组织还能为年轻的经理提供极好的显示身手、大展宏图的机会。

然而，产品型销售组织结构也有一些弊端。比如，成本费用支出较高；产品经理对其他营销职能部门的依赖性较强；许多销售人员要应付同一位顾客，浪费人力且会使顾客感到麻烦；销售人员的视野会逐渐变得狭窄，他们在销售活动中会缺乏灵活应用的能力；由于产品经理的频繁更换造成营销活动缺乏连续性等。因此，要用好产品型销售组织结构应注意以下 3 点：

（1）在销售实施部门和销售计划部门之间进行充分地协调；

（2）越是基层销售组织，按商品建立组织就越是不适宜，因此对基层销售组织应根据地区和顾客类型的不同设立综合型的销售组织。

（3）通过培训或其他办法提高销售人员灵活应用推销技巧的能力。

四、顾客结构型组织

顾客结构型的销售组织是根据不同顾客对象（根据客户、销售活动对象或销售途径）组建的销售组织。虽然是对不同的顾客销售相同的产品，但由于顾客的需求不同，销售人员所需要掌握的知识也不同。企业采取顾客结构型销售组织模式，便于销售人员集中精力为各种类型的顾客提供满意服务，从而成为服务于某类顾客的专家。图 4.9

说明了顾客结构型组织的模式。

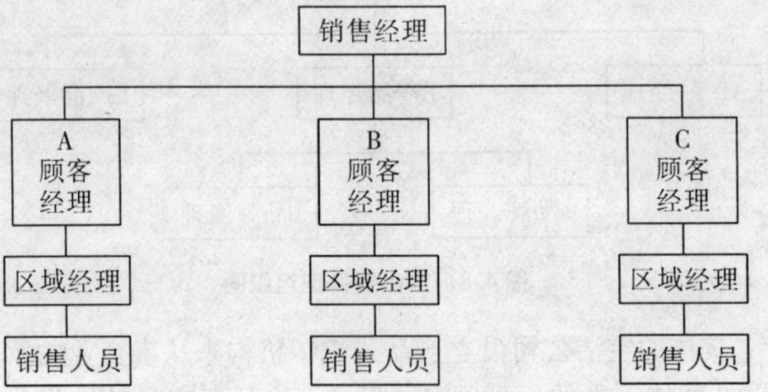

图 4.9　顾客结构型组织图

在下列 3 种情况下可以组建这种类型的销售组织：

(1) 针对各销售活动的对象，要求的销售技巧不同；

(2) 商品的关联性强，或是在商品的处理和采用方面有较强的关联性，能够进行关联性销售；

(3) 本公司的商品在市场上处于强有力的地位。

顾客结构型销售组织具有以下优点：

(1) 能更好地满足顾客需要，有利于改善交易关系；

(2) 可以减少销售渠道的摩擦；

(3) 易于展开情报信息搜集活动，为新产品开发提供思路；

(4) 易于加强销售的深度和广度。

然而这种类型的销售组织也有以下缺点：

(1) 企业的产品开发政策和市场销售政策由于受销售对象（客户）的牵制而缺乏连贯性。

(2) 由于负责众多的商品，销售人员的负担加重。销售人员要熟悉所有产品，因而培训费用高。

(3) 主要消费者减少带来的威胁较大，且不同销售对象之间无法进行协同性的销售推广活动。

(4) 销售区域重叠，造成工作重复，销售费用高。

因此，在运用顾客结构型的销售组织时要注意以下几点：

(1) 要看清整个市场、整个行业的潮流和动向以及公司的总目标；

(2) 销售人员不能只专一项，对其他不闻不问，而应发展多项能力；

(3) 不要搞成偏向销售对象（客户）的销售活动。

总之，无论企业采用哪种类型的销售组织，都必须视企业的特性、对客户的服务、企业的产品与市场的组合而定。上述 4 种形式的销售组织都各有利弊，企业可根据实际情况选择一种适合自己的销售组织形式，也可以将 4 种形式综合起来使用。选择时可以参考表 4.2 进行。

表 4.2　　　　　　　　　　　**销售组织结构分类表**

<table>
<tr><td colspan="2" rowspan="2">产品
市场</td><td colspan="2">品种、产品差异</td></tr>
<tr><td>小</td><td>大</td></tr>
<tr><td rowspan="3">渠道、客户数差异</td><td>小</td><td>区域性组织</td><td>区域型、产品型组织</td></tr>
<tr><td colspan="3">职能性组织</td></tr>
<tr><td>大</td><td>区域型、顾客型组织</td><td>区域型组织、采用区域型、顾客型混合组织</td></tr>
</table>

把销售组织看成是一成不变的东西是很危险的，它应当能够应付各种各样的变化。销售组织是随着公司内外环境变化而不断变化的，有时也需要同时使用不同的组织结构。随着市场的发展和技术的进步，企业的销售组织也会发生新的变化。

第三节　销售部的职能

根据我国实际，企业销售部的职能应包括下列 4 个方面的内容：

一、制定销售规划

销售规划是对企业销售活动的计划与安排。销售规划是在销售预测的基础上，设定企业的销售策略与目标，编制销售配额和销售预算。销售规划是企业营销战略管理的最终体现。

销售规划是所有销售管理功能中最重要的功能。只有规划做得周详、缜密，其他的活动才可能顺利展开，使企业的营销目标有条不紊的顺利实现。销售规划的具体内容如下：

（一）制定销售策略

销售策略是依据企业的营销策略而制定的，它涉及销售模式、销售渠道、价格政策、货款回收政策，销售远景规划和销售部门整体目标。

（二）制定销售目标

要搞好销售目标的制定，首先必须对企业销售面临的环境与形势进行分析，做好销售预测，然后再制定销售目标。制定销售目标时要参考实施计划、资源配置计划、销售日程表等。销售目标要切合企业实际，量力而行。

（三）制订销售行动方案

销售行动方案涉及销售的具体工作程序和方法，所有的销售行动方案都应细化和量化，并定期加以检查。

二、设计销售组织

销售规划的实现，必须借助于销售人员。而现代企业的销售人员不再是个体作战，而是结成团队以发挥整体功能。因此，销售部的第二项职能便是合理设计销售组织，以配合销售目标的实现。要设计好销售组织，就必须从建立销售队伍的目的和战略入手，确定销售队伍的规模与结构，并选择适当的报酬形式。例如，销售队伍的结构是按地区设置，还是按产品设置，或是按客户设置，这些都必须认真考虑。

三、指挥和协调销售活动

销售活动是由销售人员来完成的，为此，在销售管理过程中，销售经理要对销售人员的行为进行指导和协调，要将公司的营销目标与思路准确地传达到销售人员，要让他们达成共识。只有在销售人员明白自己的行动目的后，才能更有效地工作。作为销售经理要能够领导销售人员沿着正确的方向前进，就必须身先士卒，团结下属，并激励员工将销售工作做得更好。

四、评价和改进销售活动

要想顺利完成销售目标，销售经理必须时刻关注销售人员和业务的发展动向，制定各种考核标准，建立评估与考核体系，通过评估与考核来对整体销售业务进行监控。同时，还应根据实际情况对计划与目标作必要的调整和修改。通过评估与考核，使销售人员提高工作效率，控制企业产品销售和整体服务的质量。

第四节　销售部人员的工作职责

人员销售是一种双向沟通的促销方式。人员销售的目的不仅是为了推销商品，更重要的是为了帮助顾客解决问题，满足顾客需求。它具有推销产品和满足需求的双重目的。企业销售部人员的工作职责不仅仅是销售商品，它还具有寻找顾客、传递信息、提供服务、搜集情报和分配商品等多项职责。

一、寻找顾客

在人员销售过程中，只有确定了自己的销售对象，才能开展销售工作。销售人员不仅要与现有的顾客保持联系，更重要的是要不断寻找新顾客，开拓新市场。因此，寻找准顾客是人员销售的首要任务。准顾客是指既可以获益于某种销售的商品，又有能力购买这种商品的个人或组织。

二、传递信息

现代营销学家认为：市场营销是买卖双方之间的信息循环。通过与现实的和潜在的顾客的联系，将所销售产品的存在、性能、特点、价格等信息及所在企业的有关信息传递给准购买者，以沟通买卖双方的关系，促进商品的销售，这是人员销售的重要任务。

三、销售商品

通过接触和面谈与购买者达成交易、销售商品，是人员销售的中心任务。销售商品的过程分为：准备接近、接近顾客和成交等3个阶段。

四、提供服务

销售商品不是人员销售的终点。在人员销售过程中，不仅要把商品销售给顾客，而且要在销售商品的同时帮助顾客解决困难、满足顾客的需求，在顾客中建立起产品和企业的良好信誉。提供服务是实现这一目的的重要途径。提供服务主要包括：

（1）技术服务。通过演示、讲解，使用户掌握所销售产品的操作、使用、保养和简单的维修技术，以打消购买者的顾虑，促成交易的实现。

（2）销售服务。通过销售过程中的送货上门、分期付款、信贷服务等措施，为顾客的购买提供方便，促使顾客购买。

（3）安装、维修服务。负责为顾客安装、调试所销售的商品，并定期或不定期的上门维修，以解除顾客的后顾之忧，与顾客建立感情，使之成为企业的经常顾客。

（4）信息服务。为顾客提供关于产品、零配件供应、市场状况等有关信息，以利于顾客进行比较，做出购买决策。

销售人员通过提供各种服务，与顾客建立深厚的感情，有利于进一步巩固现有市场，为开拓新市场打下良好的基础。

五、搜集情报

销售人员不仅要将有关信息传递给购买者，而且还要将消费者的需求、市场状况等方面的信息反馈给企业，它是企业情报的主要来源之一。销售人员在销售商品的同时，担负着市场调查和情报搜集的任务。一方面，销售人员要经常向企业报告拜访顾客的情况，通过对成交率的分析，了解用户对企业及产品的态度、意见和要求；另一方面，通过市场调查，了解消费者需求的变化、同类产品的市场状况等。销售人员因经常深入市场，直接与消费者接触，能及时、准确地捕捉市场信息，他们是企业搜集市场情报的重要途径。

六、分配商品

在本企业产品出现供不应求的情况时，企业应从销售工作长远效果考虑，尽量照顾到顾客利益，合理分配产品。对一时得不到满足的顾客，也要认真做好安抚工作。

章末案例或相关衔接

市场部经理工作职责

市场部经理的工作职责包括哪些方面？为了方便大家，以下提供一市场部经理工作职责范本，仅供各位参考，希望各位从中有所收获。

1. 组织编制公司年、季、月度销售计划及销售费用预算，并监督实施；

2. 组织公司产品和竞争对手产品在市场上销售情况的调查，综合客户的反馈意见，组织市场调查分析，市场机会开拓和合作伙伴开发；撰写市场调查报告，提交公司管理层；

3. 编制与销售直接相关的广告宣传计划，提交总经理办公室；

4. 组织下属人员做好销售合同的签订、履行与管理工作，监督销售代表做好应收账款的催收工作；

5. 制定本部门相关的管理制度并监督检查下属人员的执行情况；

6. 组织对公司客户的售后服务，与技术部门联络以取得必要的技术支持；

7. 对下属人员进行业务指导和工作考核；

8. 组织建立销售情况统计台账，定期报送财务统计部；

9. 相关职位招聘信息：电脑美工招聘　业务员招聘。

复习思考题

1. 现代化的营销部门经历了哪几个演变过程？

2. 按地区划分销售区域的销售组织模式是什么？

3. 建立合适的职能结构型销售组织的条件有哪些？

4. 企业销售部的职能应包括哪些方面的内容？

5. 为什么说人员销售的目的不仅是为了推销商品，更重要的是为了帮助顾客解决问题，满足顾客需求？

第五章 销售过程管理

如何做好销售过程管理是一个销售经理是否成功的一个很重要的问题。

(1)销售目标实现的关键。企业在制定了销售目标(包括销售额目标、毛利目标、增加销售网点目标、货款完全回收目标等)后,那么实现这一目标的关键在两方面。①目标分解。销售经理要具体细致地将上述各项目标分解给销售员、经销商,再配合各项销售与推广计划,来协助销售员、经销商完成月别、季别、年度别或产品别、地区别的销售目标。②过程追踪与控制。销售经理要对销售过程进行追踪与控制,了解日常销售工作的动态、进度,尽早发现销售活动中出现的异常现象及问题,立即解决。也就是说,销售过程管理的主要目的,就是要重视目标与实绩之间的关系,通过对销售过程的追踪与监控,确保销售目标的实现。

(2)时间管理。销售过程管理的一大关键,就是要把过程管理当中的时间管理,从过去的年度追踪细化到每月、每周甚至每日追踪。销售过程管理分为:销售员与办事处主任要进行每日追踪(也可说是自我管理);中层主管要掌握每周进度;高层主管则须控制每月管理;经营者则只要看成果即可。

(3)销售员过程管理。①每日拜访计划表。销售员在了解公司分配的销售目标及销售政策后,应每天制订拜访计划,包括计划拜访的客户及区域;拜访的时间安排;计划拜访的项目或目的(开发新客户、市场调研、收款、服务、客诉处理、订货或其他),这些都应在“每日拜访计划表”上仔细填写。这张表须由主管核签。②每日销售报告表。销售员在工作结束后,要将每日的出勤状况、拜访客户洽谈结果、客诉处理、货款回收或订货目标达成的实绩与比率、竞争者的市场信息、客户反映的意见、客户的最新动态、今日拜访心得等资料,都填写在“每日拜访报告表”上,并经主管签核、批示意见。销售经理可以通过“客户拜访计划表”,知道销售员每天要做什么;通过“每日销售报告表”,知道销售员今天做得怎么样。这是第一个过程管理。③评价推销的效率。在了解销售员每日销售报告后,销售主管应就各种目标值累计达成的进度加以追踪,同时对今天拜访的实绩进行成果评估,并了解今日在拜访客户时花费的费用,以评价推销的效率。如有必要,应召集销售员进行个别或集体面谈,以便掌握深度的、广度的市场信息。这是第二个过程管理,也是最重要的管理内容。④市场状况反映表。销售员在拜访客户的过程中会掌握许多有用的信息,如消费者对产品提出的意见、竞争对手进行的新的促销活动或推出的新品、经销商是否有严重抱怨、客户公司的人事变动等,除了应立即填在每日拜访表上之外,如情况严重并足以影响公司产品的销售时,则应立即另外填写市场状况反映表或客户投诉处理报告表,以迅速向上级报告。⑤周进度控制。各区域市场的业务主管为了让公司掌握销售动态,应于每周一提出销售管理报告书，报告本周的市场状况。其内容包括销售目标达成、新开发客户数、货款回收、有效拜访率、交易率、平均每人每周销售额、竞争者动态、异常客户处理、本周各式报表呈交与汇报或处理、下周目标与计划等，这也就是中层主管的周进度控制。销售员各种报表填写质量与报表上交的效率，应列为销售员的考核项目，这样才能使业务主管在过程管理与追踪进度时面面俱到。⑥销售会议。销售过程管理的一个重要手段就是销售会议，包括早会、晚会及周会。由于业务主管需随时掌握最新市场信息，所以早会或晚会是每天不可忽视的重点。有些公司的销售员分布于全国各地，无法每日召开早会或晚会时，应将其拜访报告表以传真或电话联络方式，随时向公司反映。在了解了各个销售员的工作情况后，业务主管要对那些业绩差的销售员、新销售员的工作态度及效率，随时给予指导、纠正和帮助。总之，销售经理如能掌握人（销售员）、事（报表及会议）、地（现象和问题）、物（产品和货款），销售过程管理也就做好了。

第一节　销售过程管理与客户资源利用的解决方案

一、为什么需要加强客户资源利用与销售过程管理

（一）客户资源利用的价值

客户资源及其流失分析：

1. 客户资源

企业重要的客户资源有：老客户（已经有过成交）、准客户（成交可能性很大）。

2. 客户资源常见问题及对策

客户资源常见问题及对策见表 5.1。

表 5.1　客户资源常见问题及对策表

问　　题	对　　策
1. 客户资源流失	1. 规范管理制度，建立有效机制
2. 客户资源闲置或利用不充分	2. 客户价值挖掘，交叉销售

3. 客户资源流失的非正常路径

客户资源流失的非正常路径有：

（1）销售支持不够，不能有效成交。如果经验丰富的销售经理无法主动发现销售过程中出现的问题，往往在几经周折，直到丢单，随便找出一些理由汇报结案，而这些理由与实际的原因是不一致的。正是因为其理由不真实，管理人员没有办法解决这个问题。长期下来，公司的准客户在不知不觉中丢失。

（2）由于客户管理手段不完善。客户销售资料集中在销售人员手中，一旦销售人员流动，则会导致客户大量流失（除非所销售的产品或服务没有替代品）。

（3）由于销售人员的管理松散。有的销售人员做私单，本属于公司的客户，成了销售人员与另一个公司共同成交的客户。

（4）客户对销售过程或售后服务不满意。由于没有客户跟踪系统或其系统不完善，满意度得不到保证，一段时间后，客户就会有新的选择。

（5）原本同一个客户有多方面的需求，但由于没有相关的系统或规范，所以客户资源的重复利用率太低。

4. 客户资源流失的特点

客户资源流失最主要的特点是隐蔽性。管理人员很难及时发现客户丢失，即使发现了，相关销售人员为了不被批评，都会找出各种客观理由，而真实的原因则永远成了谜。

（二）销售过程管理的意义

1. 销售过程

销售过程由多个环节组成：事前准备，接近客户，状态把握、产品介绍、产品展示、解决方案提供、成交、售后服务。

销售实践表明：要想做好销售，必须特别关注各个环节，任何一个环节的失误都有可能让销售工作前功尽弃。

（1）销售过程管理。对于销售部经理来说，对重要的项目销售过程中的各环节进行跟踪具有极大的意义，有利于发现销售人员的不足之处，及时提出相应的措施，再也不用事后查原因，一般来说，项目失败后，都会找到很多客观原因来支持失败的事实。但实际情况却不一定是这样的，如果没有平时的跟踪，企业领导永远无法弄清丢单的真相，更谈不上在以后的工作中改进。

（2）销售人员工作报告。周报在周末冥想，月报在月末回忆，心情好，写详细些，累了写简单些，反正都能通过，这样的报告很难准确反映实际的工作情况，而这却是影响管理人员做出正确决策的关键。客户关系管理（CRM）系统能有效解决这个问题，让报告来自于平时的工作，业务人员能轻松完成，领导人能看到真相。

2. 客户感情沟通过程的再现，有利于保持客户关系的连续与稳定

在实际中，销售业务人员离职是必然的，此时，我们随时需要有人前来接替，并保持与客户的良好沟通。离职时的交接往往难以细述，而人与人的关系好坏总是与细节息息相关的。如果新的人员能在交接工作后全面地了解整个前任与客户打交道的过程，对新业务人员的帮助是很大的。

二、系统核心价值

为了解决上述的基于客户的问题，金品高端公司特推出金品客户增值系统。

（一）系统的终极目标

（1）最大化地保证准客户的成交率；

（2）最大化地阻止企业非正常客户流失，留住老客户；

（3）深入挖掘客户价值，客户资源重复利用，让老客户成为新产品的第一批客户。

（二）解决措施

为此，应采用以下措施达成目标：

（1）规范销售过程，实现销售过程控制信息化。我们的系统是以客户需求为导向，销售过程对于管理人员透明化，管理人员在此过程中，能及时发现并协助销售人员攻克销售中的难题，销售过程控制信息化为准客户的管理奠定了坚实的基础。

（2）系统中的完整客户资料，让管理人员轻松地识别重要或可能重要的客户，从而能制定重点回访、服务跟踪等政策，以堵住客户非正常流失的黑洞。

（3）系统提供对客户历史交易记录的查询与统计，对客户进行分析得出客户潜在价值，为进行交叉销售提供情报，达到客户价值挖掘，客户资源多重利用的目标。

三、整体方案

（一）方案特点

简便实用，成本合理：几千元到几万元的小投入，可以解决大问题。我们采用网络计算机（NC）网络，销售业务的关键数据存于服务器上，所有的销售人员都用安全性好、维护成本低的NC。

（二）方案核心

1．客户管理的实践经验

通过对大量长期的客户管理经验的总结，我们提炼出了客户管理中的一些重要环节，并形成可操作的管理规范。

2．高效的客户管理信息系统

以客户为导向的客户关系系统，着眼于客户价值的巩固与挖掘。总经理能轻松看到所有老客户的情况：历史交易、资信情况、购买频次、累计利润等。轻松看到各销售部门的客户跟踪情况：及时对不合理的操作提供纠错支持以及补充必要的公司资源，协助销售人员打单。销售部门经理也能通过其管理系统正确预测销售情况。

（三）方案内容

1．销售过程与客户管理

（1）销售人员。作为一个销售平台，客户关系管理软件是销售员工作的强大工具，当启动软件后，销售员了解当日以及最近的活动安排，察看是否有遗忘的销售活动。并且需要察看跟踪的机会信息。客户数据库的支持，可以随时了解和查询每个客户的具体信息。（见图5.1）

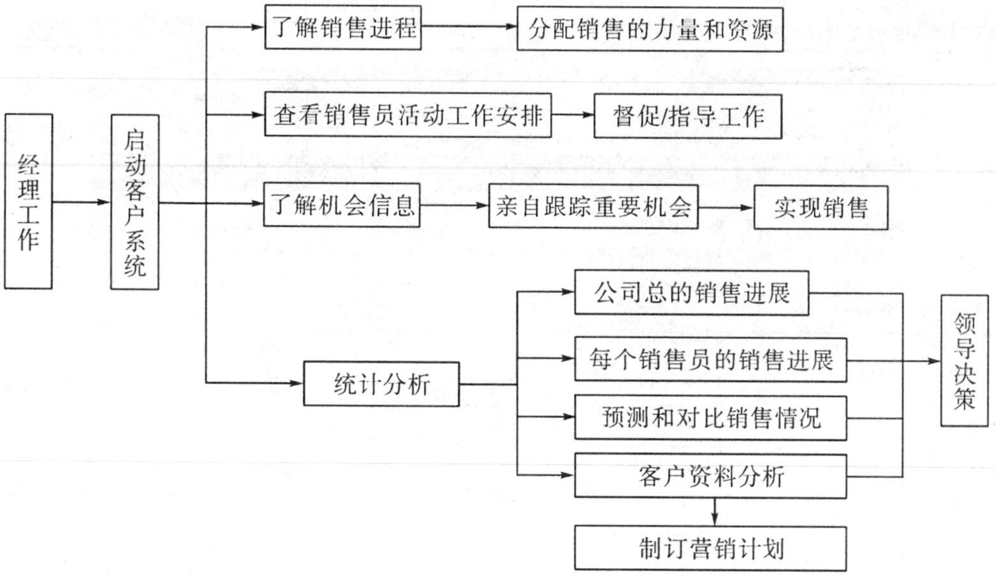

图 5.1

（2）领导管理。需要及时督促销售员的活动和机会跟踪过程，指导销售人员做好销售工作，并且能够及时统计和分析公司的销售进展情况，来制定更有利于销售发展的措施。

2. 软件系统介绍

金品客户关系管理方案坚持“易用、先进、可靠”的开发思路，致力于 CRM 软件的研究和开发，经过产品的不断开发与完善，可以为企业提供先进的管理思路和完整的解决方案。

（1）软件运行界面：Client/Server 版（见图 5.2）。

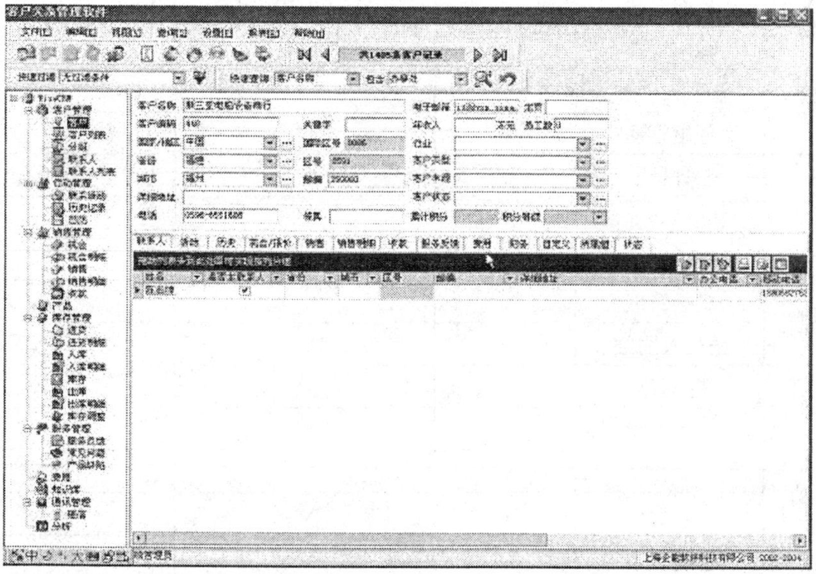

图 5.2

Browser/Server 版（见图 5.3）。

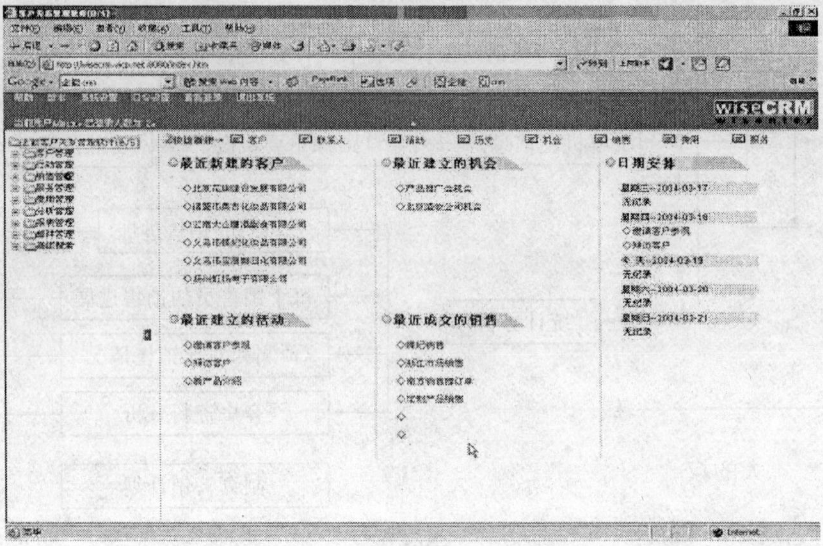

图 5.3

（2）版本功能一览表（见表 5.2）。

表 5.2　　CRM 版本功能一览表（“√”表示有此功能）

功能模块	详细功能	单机版	c/s 局域网络版	b/s 远程网络版
辅助功能	用户权限管理		√	√
	自定义字段	√	√	√
	导入导出	√	√	
	字典管理	√	√	√
	界面定制		√	
基本信息	客户管理	√	√	√
	联系人管理	√	√	√
	分组管理	√	√	
时间管理	日历	√	√	√
	联系活动	√	√	√
	历史记录	√	√	√
销售管理	机会管理	√	√	√
	销售及明细	√	√	√
营销管理	费用管理	√	√	√
	服务管理	√	√	√
报表及分析	分析	√	√	√
	报表	√	√	√
附加模块	库存	√	√	
	短信模块	√	√	

（3）系统安全性。系统支持 Internet 的应用，所以安全性非常重要，结合业界著名的安全认证厂商提供端到端的安全解决方案。

①软件内提供完善的用户权限管理机制，限制特定的用户拥有特定的权限；

②基于 SQL Server 的用户密码认证，最广泛运用和最经济的方式；

③提供其他的手段：数据的定期备份工具等保障数据的安全性；

④采用 MD5 或者 DES 加密的数据安全认证。

（4）应用平台。

①Client/Server 版本；

②数据库服务器：SQL Server；

③服务器操作系统：运行 SQL Server 的操作系统；

④客户端：Windows2000/Win98/XP/ME，客户关系系统客户端；

⑤Browser/Server 版本；

⑥应用服务器：Tomcat；

⑦数据库服务器：SQL Server；

⑧服务器操作系统：运行 SQL Server 的操作系统；

⑨客户端：Windows2000/Win98/XP/ME，浏览器（IE6.0）；

⑩开发平台；

⑪Client/Server 版本：Delphi；

⑫Browser/Server 版本：Java；

⑬软件模块结构图：（图中某些模块 Browser/Server 版本不具备，见图 5.4）

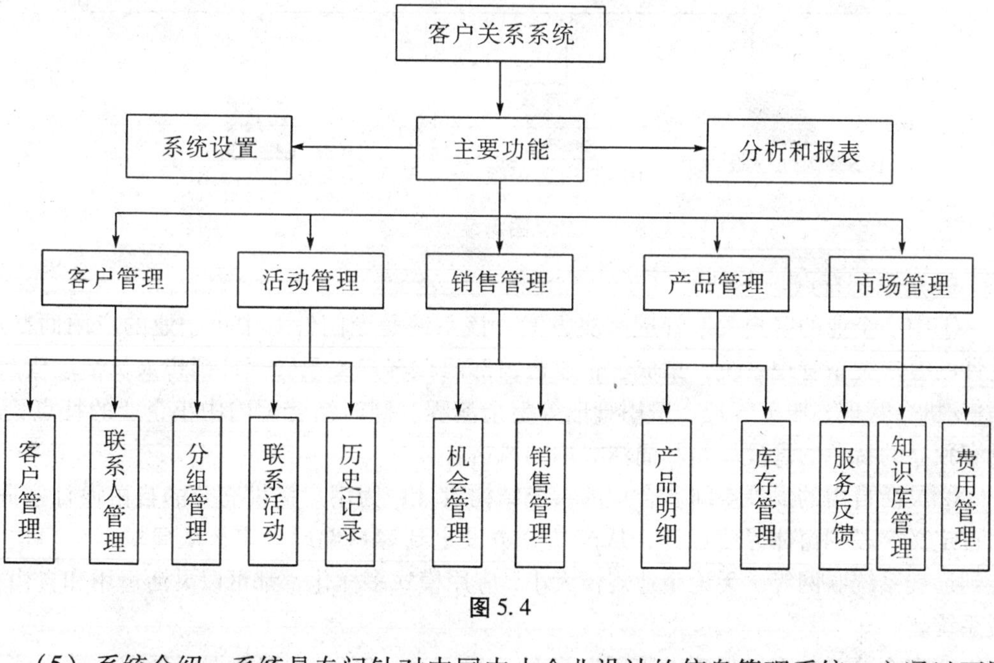

图 5.4

（5）系统介绍。系统是专门针对中国中小企业设计的信息管理系统，它通过不同的系统模块实现了对企业销售、营销、服务部门中对客户关系管理的整体流程解决方案。

系统是公司结合了数百家企业的各种需求，经过严格的系统分析和测试后研制开发的专业中小企业 CRM 系统。无论是对贸易行业、服务行业或生产企业，该系统都能满足其实际需求。系统架构图如图 5.5 所示。

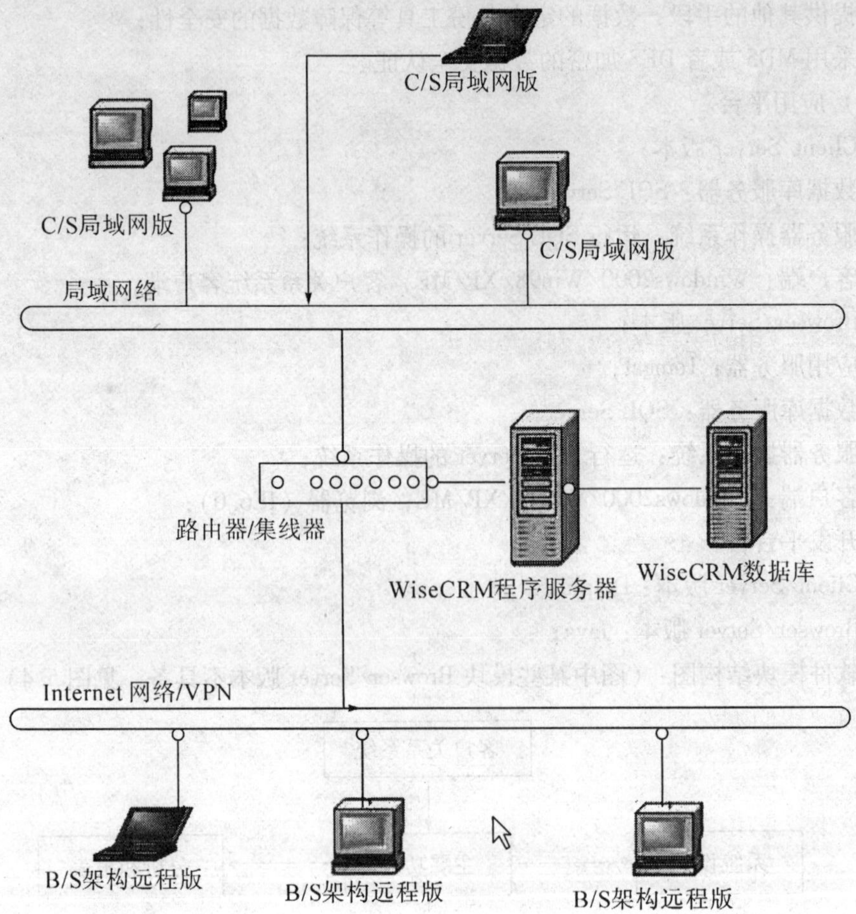

图 5.5

（6）系统特点。

①中小企业的客户关系管理解决方案。该系统是专门针对中小企业的应用而精心设计的客户关系管理系统，集成了企业营销部门在客户关系管理、销售人员活动管理、销售/机会管理、服务管理、费用管理等整个流程。同时结合国内中小企业的特点，是具有独立的特色的管理思路和简洁实用的风格。

②灵活自由的发展空间。合理的系统结构设计，为用户提供充分的自由设计空间，从自定义字段到窗体界面设计，从产品分类设定到客户编码设定，从局域网络模块扩展到远程系统联网等。无论企业规模大小，应用模式多样化，都可以灵活运用和自由扩展系统。

③安全可靠的系统保障。采用主流 MSSQL Server 2000 大型数据库系统，数据安全无误，系统稳定可靠，数据自动备份保障数据万无一失。用户权限控制严密，有效防

止越权操作。

④精确规范的业务流程。从客户创建到机会跟踪到活动安排到销售完成，将销售过程的每一个细节都完整掌握，加上业务处理过程中的各种权限控制，企业只需要严格按照规范执行，销售过程控制便可轻松把握。同时系统对销售机会的流程定义，更能提高销售成功率。

⑤功能强大的统计分析。客户统计分析、新客户分析、活动分析、销售趋势分析、销售构成分析、业绩分析、回款分析、失单分析等统计应有尽有，多维数据分析系统可以任意组合统计项目和内容。所有统计结果可以转为 EXCEL 表格和分析图表或直接打印输出，列表的直接导出，实现数据的离线分析。

⑥灵活多样的报表设计。对应模块完善的报表模板，提供了自行设计的功能，通过报表设计，可以实现自身业务特点的报表，比如销售单、报价单等，更可以做出 具有个性化的报表。

⑦ WEB 应用的完美结合。利用 Internet 上数据服务器，实现多层结构的系统模块之间的数据传输，传输稳定快捷且成本低，可以实现大规模的远程联网。基于 B/S 结构的 远程版本，就是随时随地出差在外，也不用担心无法掌控公司销售情况，更适合分公司和办事机构的远程应用。

⑧网络结构的灵活部署。系统可以根据实际需要选择不同的网络部署方式：分布式架构、集中式架构以及分布和集中混合式架构。

（四）超值服务

提供免费一年上门服务，长年的 IT 免费顾问等超值服务。

三、解决方案的软件版本的选择与推荐

1. 个人用户

（1）推荐采用单机版；

（2）合理安排工作日程，提高工作效率；

（3）数据库加密功能保证客户资料数据库不被他人看到；

（4）移动办公方便；

（5）一台 PC 即可。

2. 小型企业

（1）方案一：推荐采用局域网络版。使用局域网络版的用户权限管理功能分配客户资料给不同级别的销售员，销售经理随时查看销售人员的日程安排以及客户的购买记录，公司人员之间协同工作。

建议：硬件网络选用金品高端的 NC 方案，可节省前期投入与后期维护费 30% 以上。

（2）方案二：采用多套单机版。每个销售人员使用一套单机版，数据库各自独立，客户数据互不共享，移动办公方便，只要复制数据库即可。

3. 中大型企业

（1）方案一：推荐采用局域网络版 + 远程网络版。局域网络版和远程网络版数据

库共享，保证数据的实时性、一致性；总公司使用局域网络版，该版本强大的界面功能节省操作时间；分公司/办事处使用远程网络版客户端，信息实时传递，数据统一存放在总公司；销售人员出差在外也可使用远程网络版客户端访问系统。

建议：硬件网络选用金品高端的 NC 方案，可节省前期投入与后期维护费 30%以上。

（2）方案二：采用远程网络版。总公司/分公司/办事处都使用远程网络版客户端，信息实时传递，数据统一存放 Web 服务器。

4. 销售人员出差在外

销售人员出差在外可使用远程网络版客户端访问系统，其方案采用多套单机版。每个销售人员使用一套单机版，数据库各自独立，客户数据互不共享。

办事处/分公司定期把数据库发送到总公司，总公司可浏览这些数据库。

第二节 销售准备

在销售过程中，事前的销售准备工作做得好，可以让客户感到销售人员的诚意，可以帮助销售人员树立良好的洽谈形象，形成友好、和谐、宽松的洽谈气氛。

一、销售准备工作内容

（1）销售人员的仪表气质，以整洁大方、干净利落、庄重有气质的仪容给客户留下其道德品质、工作作风、生活情调等方面良好的第一印象。

（2）销售人员应根据访问目的的不同准备随身必备的物品，通常有客户的资料、样品、价目表、合同纸、笔记本、笔等。

（3）物质准备应当认真仔细，不能丢三落四，以避免出现访问中误事或给客户留下不好的印象。行装不要过于累赘，否则会给人留下“过路人”的印象，就会影响洽谈的效果。

二、做销售准备工作的意义

（一）做好准备工作有助于销售人员增强自信，对取得成功至关重要

销售人员在毫无准备的情况下贸然访问客户，往往因为情况不明、底数不清总担心出差错，其言词模棱两可，而客户对推销自己的产品都信心不足的销售人员会感到担心和失望，进而不能信任销售人员所推销的产品，当然更不会购买。因此，充分的前期准备工作，可以使销售人员底气十足，充满信心，销售起来态度从容不迫，言语举止得当，容易取得客户信任。

（二）做好准备工作要求销售人员要做到“知己”，才能提高销售的成功率

所谓的“知己”就是需要掌握本公司多方面的生产、经营、规模、信用条件、产品运送程序和销售情报等情况以及自己负责的产品的性能、指标、价格等知识。

对于客户来说，销售人员就是代表公司。既然销售人员代表着公司，他就应该对企业有一个全面的了解，包括经营目标、经营方针、历史业绩、企业及所销售产品的优势等。

（三）做好准备工作要求销售人员掌握公司服务的敏捷度

需采用运送方式送到客户手中的产品，客户对公司的服务的敏捷度要求就非常高，客户所希望的不仅是送货及时，而且要准确无误，如果送货有差错，就可能影响公司的形象，甚至使客户愤然离开，使销售工作无法进行下去。

在销售过程中，公司要有良好的信用条件，公司必须恪守信用、守合同，产品运送必须准确、及时，销售人员只有熟知这些知识，才能在销售的过程中及时地利用优惠条件来吸引客户，引发客户的购买欲。

第三节　寻找潜在的顾客

成功零售的第一步，寻找潜在顾客。核心提示："我做无限极事业是从自己的亲友开始的，因为他们了解我、信任我，而且能真切地感受到我使用产品后的变化，容易接受我的推荐，零售成功的几率大。"——无限极业务精英

一、在认识的人中寻找

无限极事业是通过人际关系来推广的事业，因此，成功零售可以先从熟识的亲朋好友开始，这是发现潜在顾客最简单、快捷和有效的方式。

你认识的人有多少呢？家人、亲戚、邻居、同学、同事、朋友、老师；各种聚会上认识的、外出购物、旅游、吃饭或办事结识的人；花店、干洗店、药店或发廊老板等。

总之，即使你是一个社交活动很少的人，也总会有一些认识的人，还有他们的家人和亲戚，这些都是你的资源。即使名单中的人不需要你的产品，但是，他们可以介绍自己的亲朋好友给你认识。一个带一圈，这是无限极业务伙伴结交人最快速的办法。

二、通过现有顾客介绍

销售行业有句名言"每个顾客背后都隐藏着49个顾客"。

在寻找新顾客时，你也可以从现有的顾客开始：完成每一单销售或接触潜在顾客后，询问他们的亲朋好友是否对公司产品感兴趣，由此产生一批潜在顾客。因为现有顾客感受到了产品给他带来的好处，对你和产品都产生了信赖，一般很乐意与自己的亲友分享。

这种由现有顾客介绍潜在顾客的方法，不仅可以节省业务伙伴的时间和精力，而且往往成功的可能性非常大。

王老师的衣服经常因批改作业而染上了非常难洗的墨水污渍，他使用了小李推荐

的帮得佳衣物顽渍清洁剂后，发现去污效果很好，他的分享引起了其他老师的兴趣。小李得知后，马上请王老师帮忙约其他老师做产品现场演示和功能讲解。老师们见证了产品的效果后，立即决定向小李购买帮得佳产品。

总之，你应该尽力让每个认识你的人知道你在做无限极事业，因为“你认识的每一个人都认识另外250个人。”

三、从陌生人中找

在电梯里，在公共汽车上，在餐厅、邮局或者发廊里，你有没有尝试着和身边的人交谈过？据统计，在零售的顾客中，熟悉的人只占30%，而陌生人则占70%。茫茫人海，潜在顾客无处不在，留意每个与你擦肩而过的陌生人，把握与他们接触和认识的机会，顾客也许就在你身边。

老黄每天清晨上山锻炼时都碰到很多熟悉的面孔。他想，喜欢登山的人肯定都关心健康问题。所以，他主动跟其他登山爱好者打招呼、聊天，谈到健康与保健的话题时果然都很投机。老黄的热情和专业的保健知识很快赢得了不少人的信任，后来都成了他的顾客。

养成随时随地交朋友的习惯是在陌生人中发掘潜在顾客的基本原则，多观察，多聆听，多赞美，多谈对方感兴趣的话题，或许在一次等车或飞机旅行途中，你就达成了产品零售。

第四节 访问顾客与介绍产品

一、访问顾客

当顾客开始注意到你的产品，下一步要做的就是紧紧抓住顾客，让他们产生兴趣，强化兴趣，为进一步刺激其购买欲打下基础。引起顾客兴趣，是整个推销过程重要的一环，推销员应在此环节上动脑筋，下工夫。

（一）快速把握兴趣集中点

推销员在与顾客接触触过程中已判定顾客的类型，根据顾客类型，结合自己对产品的了解快速判定针对特定顾客的兴趣集中点，围绕一两个兴趣集中点来展开推销，做到有的放矢。

一般说来商品的兴趣集中点主要有：

（1）商品的使用价值对于大多数商品和顾客来说，这都是兴趣集中点。因此详细地介绍产品的功能是必不可少的，也是首当其冲的。对于经济上不是很宽裕的顾客，强调商品的多种功能就显得尤为重要。

（2）流行性。它是虚荣型顾客的一个重要兴趣集中点，大多数装饰品、高档日常用品都应突出这一集中点。根据顾客的着装以及家庭用具可以判断出其兴趣是否集中于此。

(3) 安全性。它对于食品、婴儿用品、电器等显得比较重要。特别是老年顾客以及重视保健类型的顾客的兴趣会集中于此。

(4) 美观性。青年顾客及年轻夫妇多重视商品的美观性，女性顾客也比男性顾客更多地重视这一点。性格内向、生活严谨的人在注重商品的使用价值的同时，对其外观也较挑剔，如果你的产品外观上有缺陷你不妨刻意回避一下。

(5) 教育性。随着人们收入的提高，对于这一点人们日益关注，尤其是中年顾客。

(6) 保健性。如食品、服装、用具，针对老年人要强调这一点，有财力和有时间保护自己健康的顾客尤其重视这一点。

(7) 耐久性。它作为使用价值中一个特殊方面受到大多数顾客的重视，但有些强调时尚的商品则不必强调其耐久性，对于青年顾客这一点往往考虑不多。

(8) 经济性。强调商品的质量价格比优势无疑会使那些经济不宽裕的顾客的承受力加强。另外，商品数量有限、往往会促使犹豫的顾客做出决策；同时，物以稀为贵的思想大多数人都认同，不妨稍加利用。

(二) 精彩的示范

在发现了顾客的兴趣集中点后可以重点示范给他们看，以证明你的产品可以解决他们的问题，适合他们的需求。当然如果你的顾客是随和型的，并且当时的气氛极好，时间充裕，你可以从容不迫地将产品的各个方面向顾客展示。但是，我们认为大部分顾客都不会喜欢你占用他们过多的时间，所以有选择、有重点地示范产品还是很有必要的。比如你推销新型的食物处理机，而你的顾客已有了一台老式处理机，这时你只要向他示范你的机器的新功能就可以了，而如果你将所有的功能示范一遍，新会给顾客造成一种印象：这机器的大部分功能我的机器已经有了，不换也罢。这样就将你有利的因素混在冗长的示范中而难以得到突出。

如果在示范过程中能邀请顾客加入，则效果更佳，这样给顾客留下印象更深。在示范时你可以请顾客帮你一点小忙，或借用他方便而不贵重的用具等，总之想办法让顾客参与进来，而不是在一边冷眼旁观。如果你推销的产品使用起来很方便或是人们经常使用的，那么你放心地让顾客去试用，效果一定不错。例如吸尘器，让顾客自己使用一下以感觉它的吸力大与噪声小，一定会好于他看你表演的效果。

在示范过程中，推销员的新奇动作也会有助于提高顾客的兴趣。比如，一般推销干洗剂的推销员会携带一块脏布，当着顾客的面将干洗剂喷涂在上，然而如你一改常态，先将穿在自己身上的衣服袖子弄脏一小块，然后再洗干净它，这样的示范效果一定要好于前者。对于商品的特殊性质，新奇的动作往往会将它们表现得淋漓尽致。比如钢化玻璃，你尽管大胆地把它们扔在地上，当然你带着铁锤和不同质地的玻璃给顾客作对比示范，效果一定也会不错。

在示范过程中，推销员一定要做到动作熟练、自然，给顾客留下利落、能干的印象，同时也会对自己驾驭产品产生信心。推销员做示范时一定要注意对产品不时流露出爱惜的感情，谨慎而细心的触摸会使顾客在无形中感受到商品的尊贵与价值，切不可野蛮操作。谨记你的态度将直接影响顾客的选择。

在整个示范过程中，推销员要心境平和，从容不迫。尤其遇到示范出现意外时，不要急躁，更不要拼命去解释，这样容易给顾客造成强词夺理的印象，前面的一切努力也就付之东流了。

一旦出现问题，你不妨表现得幽默一点，让顾客了解这只是个意外罢了，那么谨慎地再来一次示范是必不可少的。例如，当你推销钢化玻璃，你的示范动作是举起铁锤砸玻璃，理想状态是玻璃安然无恙。而当你向顾客介绍了这种玻璃的各项指数，并开始示范，顾客已想到了玻璃不会碎，谁知恰恰相反，玻璃碎了。这时你怎么办呢?你一定不要面露惊慌之色，你可以平静地告诉顾客："像这样的玻璃我们是绝对不会卖给您的。"随后再示范几次。这样就化险为夷了，也许还会加深顾客的印象。

总的来说，示范存在缺陷的原因主要有以下几点，只要你努力去避免这些造成缺陷的原因，再加上你熟练的动作和幽默的语言，一定会精彩地完成示范，达到强化顾客兴趣的目的。

（1）在示范前对产品的优点强调过多，从而使顾客的期望过高，而在整个示范中尽管你和你的产品均表现出色，但却不能使顾客满意。这显然是推销员自己给自己设了一个陷阱。在介绍产品时不要过分夸张，一味强调优点，而是让事实代你说话，你只要充分展示出产品的特性与功能，顾客自然会感觉到。而与此同时，主动介绍一点这种产品设计上有待突破的地方，这无伤大雅，也是大有益处的。本来这世上就没有十全十美的东西，由你自己点出来总比让顾客发现而你又在极力隐瞒强得多。

（2）推销员过高估计自己的表演才能。在示范过程中极力表现自己，这也是造成失误的原因。在示范中加入一些表演成分的确可以加深顾客的印象，但如果过分表现自己，则容易给人造成华而不实的感觉。而推销员又不是演员，一定不要太过的表演，其实娴熟的动作以及简练的语言、优雅的举止才是推销员最好的个人表现。

（3）在示范过程中只顾自己操作，而不去注意顾客的反应，这是示范中的大忌。如果在示范中顾客提出疑问，这说明他开始注意并已经跟上你的思路，这时要针对问题的重点示范或重复示范，不能在示范中留下疑问不去解决。如果顾客对你的示范表现漠然处之，你就不要急于做下去，而是应该巧妙地利用一些反问与设问，想办法让顾客参与进来。总之在示范过程中切莫忘记与顾客的交流。

二、销售人员如何向客户介绍产品?

如何向客户介绍产品，是销售员入门的必修课，也是销售员做好销售的基本功，然而，很多公司在对销售员进行产品培训时，往往请产品经理或者销售经理对产品讲解后，由销售员讲解以检验其掌握的程度，其实，这种方式是没有多大效果的。原因有以下几点：

（1）产品介绍仅仅作为知识被接受，而不是一种销售武器，造成销售人员仅仅是了解并不能应用，或是应付公司。

（2）培训过程强调“学习”而不是“练习”，造成销售人员被动接受，而不是主动吸收，只会用耳朵，而不会用嘴巴。

（3）培训效果的评价标准错误，并且很难对真正的工作有什么帮助。

众多销售人员认为产品介绍对销售的影响并非很严重，销售的关键应当集中在随机应变及现场的发挥，这种观点甚至在众多企业管理层中也是这样认为的。产品介绍是否真的像众多销售人员认为的那样，仅仅是传授基础知识，在销售实战中没有什么真正的实际意义呢？经过调查发现，现实中，90%以上表现欠佳的销售人员与不能够有效地介绍产品有密切关系。主要表现为：

（1）产品介绍就背书，缺乏生动性，客户很反感。

（2）不能在极短的时间内吸引客户兴趣，丧失了继续跟踪的机会。

（3）产品知识掌握得不够透彻，仅仅停留在知识层面，不会融会贯通。

（4）过于自以为是，不能把握客户的理解状况。

（5）缺乏语言的基本功，只有自己明白，别人都听不明白。

（6）缺乏严谨与专业性，过分依赖关系，感觉像是游击队，客户信任感极差。

很多销售业绩好的人员都对产品介绍有着特殊的见解，这些见解是在长期的销售实践中逐渐积累起来的真知灼见，在后来他们越来越注意到生动化的掌握产品介绍对于迅速抓住客户、实现交易有着巨大的作用。据此，如果我们能够拥有一套训练销售人员的生动化产品介绍的训练方式，无疑对提高销售人员的短期销售能力是非常关键的。以下是某大型企业实施的销售人员“生动化产品介绍”的训练步骤：

第一步：产品知识的灌输。

这个步骤主要由公司的产品经理、技术人员负责，其中产品经理重点对产品策略、客户利益、产品系列、价格策略、竞争产品、行业知识、客户知识、客户案例等内容进行介绍；技术人员主要对产品的技术特点、实施方式、操作办法、关键问题等进行讲解。该部分的培训内容需要有比较充分的前期资料准备，并需要提供相对完备的培训提纲，培训形式将以灌输为主，每天保持在10个小时左右。

其中要特别注意：产品经理的介绍与技术人员的介绍侧重方向是不一样的，产品经理更加偏重于客户价值、产品卖点及竞争需要，而技术人员更多侧重技术实现，特别是对于差异性的技术特点应当作为重点。原则上产品经理先讲，技术人员后讲，这样销售人员比较容易迅速建立产品的客户导向。最后，需要每天要求销售人员将相关的重要内容背下来，并及时的检查、考试。

第二步：撰写产品介绍文章。

在初步了解了产品知识以后，为了保证所有的培训人员能够充分的消化吸收，并能够真正变成自己的东西，要求按照以下步骤书写文章。首先，进行5000字产品介绍的撰写，要求尽可能用自己的语言说明，并设计好内在的逻辑与层次。文章的结构可以按照FABE的句式进行展开，即功能、特点、利益、证明进行展示，符合要求的向下进行，不合格的重做。通过这种方式可以使销售人员迅速地掌握产品的基础介绍内容，并且比较直观。第二步，将5000字的文章压缩到1000字，所不同的是表达需要更加的精确、简练。第三步，将1000字的文章压缩到500字，这一过程将使销售人员更加明确介绍的核心要点。第四步，将500字压缩到100字，这时的产品介绍便成为了一种口号，并且是高度凝练。最后，需要将100字再重新扩充到5000字，这一过程将使销售人员重新认识到自己对产品应当如何介绍。

这一过程的主要目的在于，开始的5000字是为了使销售人员能够掌握产品内容，并不断条理化。缩减到1000字的作用主要是为了让销售人员了解产品的关键卖点，简称挤水分。500字的作用主要是用于短时拜访时的三分钟产品介绍，100字是用于电话销售或者是1分钟的介绍，最后再扩充到5000字的目的是针对熟悉客户的半小时以上的长时间讲解。按照以上方式，销售人员可以迅速建立起产品架构，并能够迅速理解产品的主要精髓及卖点，并且完成了自己的语言转化，比较容易量化评估，这种方式将提高50%的效率。

第三步：产品朗诵。

所谓朗诵，就是按照5000字的内容进行演说，要求不能看稿件，能够用自己的语言声情并茂地将产品说明说给大家听。场地，最好选择在客流比较大的地方，并且将相关的销售人员集合在一起，逐个到队前演说。要求声音洪亮，充满感情。通过这种方式，销售人员可以相互学习其他员工在介绍产品时的特点，强化产品的介绍。另外通过这样的方式，观察哪位销售人员的介绍更加具有吸引力，最能够招揽更多的客户驻足倾听。这种方式将能够有效克服客户销售人员的恐惧感，建立自信心。这项内容一般需要2~3次效果才会比较明显。期间还应当注意销售人员的语气、语调、强调的内容以及礼貌用语等。

第四步：产品一问一答。

在产品介绍朗诵练习之后，需要将产品的介绍内容变成不同的客户问题，并且针对不同的客户问题，找出最好的应答方法，形成标准的答案。这项工作需要长期坚持，并逐渐形成自己的问题库。

第五步：考试。

产品介绍的考试应当包含两大部分。第一部分为：知识考试，主要以笔试为主，试题主要侧重于关键知识点的掌握，满分50分。第二部分为：口试，主要是产品介绍的演讲，公司将派评委打分，满分为50分。考试不及格的淘汰或者是重考，新员工在此期间没有工资。

综上所述，产品介绍是非常重要的销售工具，必须认真贯彻以下原则：

（1）产品介绍不是知识了解，而是销售动作，因此行动比知识重要。

（2）产品介绍的好坏需要一定的程序训练，而不是让员工自学成才。

（3）产品介绍是销售的基础动作，这一点学好了，才能够学好其他的。

第五节　处理异议

一、客户异议的基本类型

所谓异议，是指在销售的过程中客户所提出的反对意见。无疑，这是交易达成的一种障碍，对此只要处理得当，这种异议很可能转变为成交的一种信号。必须指出的是，几乎在每一次的销售过程中，面对销售人员的推销，客户总会提出这样或那样的异议。因此，准确把握并妥善处理客户的异议，是销售人员必须要具备的一项基本业务素质。在销售实践中，客户的异议主要表现为以下几种类型：

（一）价格异议

价格异议是在推销过程中，销售人员遇见的最多的一类异议。从市场供求关系的具体情况来看，客户一般对产品的价格最为敏感，因为这与客户的切身利益直接相关，所以许多客户在产生购买欲望之后，首先就对价格提出异议。我们最常听到就是："你这价格太高了!"

（二）对销售人员的异议

这是客户针对某些特定的销售人员的缺陷提出的，诸如销售人员的言语沟通不畅、信誉欠佳、缺乏应有的推销礼仪等，都可能导致客户对销售人员的异议。

（三）对产品的异议

在洽谈过程中，当客户对你推销产品的质量、规格、品种、设计式样、包装装潢等方面提出反对意见时，客户对产品就有了异议。产品异议是一种常见的顾客反对意见，一旦客户已经了解自己真实的需求，但又担心眼下这种产品能否满足自己的需求时，自然会产生某种异议。产生这一异议的原因同样也是复杂的，它可能是由于产品自身的不足，但大多数来自客户的主观因素，如客户的文化素质、认识水平、消费习惯、购买方式以及其他各种社会成见等。

（四）需求异议

当客户对你说："我不需要这东西!"或者干脆告诉你："我早已经有了!"诸如此类的话语，表明客户是在需要方面产生了异议。需求异议的根源有：①客户真的不需要你推销的商品；②客户的偏见与成见；③出于某种借口。如果根源在于第一种情况，那么销售人员就应该适时停止宣传介绍。如果根源在于后两种情况，那么销售人员就应运用有效的异议化解技巧来消除这些障碍。

（五）购买时间异议

这是客户有意拖延购买时间而提出的反对意见。比如，某位客户对上门来的推销员说："让我考虑一下，下星期再给你答复。""我们不能马上决定，研究以后再说吧!"

客户在面对销售人员的推销时，可能会由于种种原因，希望拖延和推迟购买时间，有的是由于手头资金不足，有的是尚未考虑好是否购买，有的是身边还有存货，有的则是一种推托的借口。对此，销售人员应作具体分析，区别对待。

（六）支付能力异议

这是指有些客户以无钱购买为由提出的一种异议。如一位收入颇丰的客户买了一台日本进口的高级音响，他怂恿另一位刚毕业的小伙子也去买一台，后者坦率地告诉这位朋友，尽管建议很好，但现在无力购买。这种情况是一种真实的支付能力异议。

当然，导致客户在支付能力上提出异议，其原因也是复杂多样的，不仅出于财力问题，更多的可能源于客户的种种借口，从而产生虚假的支付能力异议。

（七）货源异议

货源异议是客户对推销商品来自哪家企业和哪个推销员而产生的不同看法。在推销过程中，客户常会这样说："这种产品质量不可靠，我更喜欢××品牌的产品！"这些都是货源异议。企业信誉不佳，同行之间出现激烈竞争，售后服务跟不上等情况均可能导致客户对货源方面提出反对意见。有时，客户的某种成见和误解也会影响到对企业整体形象的评价。

（八）决策权力异议

上门推销时，客户有时会说："这件事我做不了主，需要跟上级领导商量后才能决定。"有的客户还会说："订货的事我无权决定。"类似这样的言语称之为决策权力异议。这种异议与其他异议一样，有真实与虚假之分，推销员要善于识别，准确判断，也许对方真的没有采购决策权，也许是因为其他的原因。比如客户需要时间了解信息，调查市场情况，以便在谈判桌上运用合理的策略来讨价还价，争取更大的优势。

总之，正确认识客户提出的种种异议及其产生的根源，是有效地处理这些异议的前提条件。在许多推销场合，客户异议的主要根源来自于客户的主观心理因素。因此，对客户的各种心理障碍进行全面分析，将有助于销售人员施展推销策略与推销技巧，采取正确有效的方法化解客户的异议。

二、找出异议背后的真实意图

客户在面对销售人员的推销时，总会提出这样那样的质疑，客户提出异议是因为他们想知道这件产品为什么值得购买，而这正是他们微妙地传达出对产品的兴趣。但是，很多销售人员却没有足够的耐心与勇气，一遇到客户的质疑就泄了气，就放弃了努力，转而到别处开始另一次推销。

其实，当客户真正对产品产生兴趣，而又拿不定主意是买还是不买时，他们就会提出相应的异议，而这些异议正是他们将要购买的一种信号。如果对此处理得当的话，那么随后的成交就很有希望。

例如，客户已经有一套相应的软件系统，如果再买下你的那套软件的话，他就需要多付一笔费用，所以他很可能会说："也许我应该继续使用现有的软件，这样就可以节约一笔开支。"但他的实际意思很可能是想证实买下你的软件能不能给他带来好处。如果对方只是说："我还是用我现有的好了。"那就说明他根本没有把你说的话听进去。除非你能做些试探，套出他的真正意图，不然成交的希望很可能微乎其微。

实际上，有些反对意见的背后都潜藏着客户渴望了解更多信息的真实意图。下面就是一些这样的例子：

异议：我不觉得这价钱代表着"一分价钱一分货"。

真实意图：除非你能证明你的产品是物有所值。

异议：这尺寸看起来对我不大合适。

真实意图：除非你能证明我穿上大小、长短正合身。

异议：我从未听说过你的公司。

真实意图：我愿意买你的货，但我想知道你的公司是否有信誉、值得信赖。

异议：我正在减少开支，所以我不想买任何新产品。

真实意图：除非你能使我确信你的产品正是我需要的东西，不然我是不会掏钱购买的。

如果你找不出客户提出异议的真正用意，那你就会错过很多本来有可能成交的生意。保罗是一名股票经纪人，他正试图推销 ATR 公司的 5000 股股票，而他的潜在客户吉姆刚巧是他的邻居和好朋友。一开始，吉姆就对保罗提出了反对意见，他说他只会对那些盈利的公司进行投资。“ATR 公司的股票今年下跌了 5 个百分点呢。”吉姆说。“是的。”保罗赶紧回答说：“不过，他们的股票不会再贬值了。我们的股市分析家估计明年会上升 8 个百分点。”“我不相信，除非我亲眼看到。那家公司已经有两年多没有盈利了。”吉姆又说。那么，吉姆表示出这种异议的真正原因到底是什么呢？原来，他的一个外甥也在推销股票，他准备让他的外甥做自己的经纪人。吉姆一味推托说明了他不知道如何去拒绝邻居而不致伤面子。可想而知，即使保罗使出浑身解数，也是不可能说服吉姆的，因为他说的一切都和吉姆的真正意图毫不相干。也许辨别客户异议的最好办法就是当你提供肯定确凿答案的时候留心观察对方的反应。一般说来，他们要是无动于衷的话，那就表明他们没有告诉你真正的异议。

另外需要注意的是，当客户对你提出一系列毫不相干的异议时，他们很可能是在掩饰那些真正困扰他们的原因。如果你懂得“要是不想购买的话，没有人会提出如此之多的真正异议”，那么你就可以提一些问题，以便揭示出客户内心的真实意图。

三、判别客户异议的真伪

在销售人员和客户沟通的过程中，客户总会以各种异议和疑虑来拒绝推销。销售人员在提供相关的资料，说明产品可以给予客户利益满足的同时，还要注意应对的技巧。在判断出客户异议的真假之后，针对具体问题采用具体方法来消除客户的顾虑。请看以下具体案例：

客户：“我收入太少，没有钱买保险。”

推销员：“正因为收入少，才需要买保险，以获得更多的保障。”

客户：“我钱不多，不想投资基金。”

推销员：“正因为钱不多，才应该投资，以这种稳定的方式，可以获得更多的利润。”

客户：“我这种身材，穿什么都不好看。”

推销员：“对身材不满意，才应该通过衣服来修饰嘛。”

在推销过程中，销售人员经常会碰到各种各样的异议，你要去拜访客户，客户说没有时间；你在向客户讲解具体的产品性能，客户却因为成见而不置可否；你在努力询问客户的需求，客户却隐藏着真实的动机；你真诚地对待客户，他却以为你包藏祸心，小心防备，这些都属于异议的范畴。

有不少销售人员会对客户的异议抱有恐惧心理，认为异议最后只会带来失败。但是，优秀的销售人员却能用另外的角度来体会异议，把异议当成是成功的信息，从异议中判断客户的真实需求，从异议中了解客户对自己的产品的接受程度，从异议中获得客户更多的信息。

因此，对于客户的异议，销售人员大可不必畏惧，要尽力辨别出客户异议的真假，然后采取适当的应对措施。

（一）真假异议的表现

区分异议的类型是非常重要的，这样有助于销售人员有针对性地采用对策。一般来讲，异议分为两种类型。

1. 真实的异议

客户对你的产品很不满意，或者他现在没有需要，或者对你的产品抱有偏见；或者他使用过你的产品，知道你之前的产品容易出故障。这些都属于真实的异议。对于此类异议，销售人员可以视情况考虑处理的时机，是立刻还是延后。如果客户的异议重点是整个销售问题的关键，不处理掉就无法获得订单时，销售人员就要立刻处理异议，保证进一步沟通的顺畅。在其他情况下，可以考虑延后处理：如客户对你的产品偏见太深，需要长时间沟通和解释时；当遇到你的权限无法解决的问题时；当客户对你的产品并不了解，就立即提出价格异议时；当客户的异议你无法用更确定的方式说服时。

2. 虚假的异议

假异议主要是指客户用一些借口来敷衍销售人员，从而达到自己的目的的方式。根据顾客的目的，可分为两类：一种是应付销售人员，客户对产品或服务实际上没有太大的兴趣，只是为了不想和销售人员沟通，不想介入销售活动，只是为了打发走销售人员。一种是用异议混淆销售人员的视听，这种异议并不是客户真正在意的，这种异议也被称为“隐藏的异议”。如顾客可能说：“这件衣服是很早以前流行的款式了，现在早过时了！”或者“这种照相机的功能我很喜欢，但是它的样子太丑了。”或者提出产品的品质、色彩等各方面的异议。客户这么说，并不是他的真正想法，而是借这种假象，来取得销售人员的让步，以达到降价的目的。

（二）对真假异议的判断

判断出客户的真假异议是非常重要的。如果客户的异议是假异议，只是为了压价，他提出产品的颜色不符合他的要求，而你却认为这是客户的真异议时，你解决问题的方法自然和客户的真实想法大相径庭，就会让双方的沟通不畅。因此，判断出客户的异议的真假是非常重要的。判断客户的真假异议时，销售人员可以运用提问的方式，也可以对客户的身体语言进行判断。具体来说，身体语言可分为以下几种：

1. 表情语

人们常常通过面部表情来互相传递信息，像眼神动作和微笑、愤怒、悲伤等表情都可以起到传递信息的作用，表情不仅能够传递一个人的情绪状态，还能够反映一个人的喜、怒、哀、乐等内心活动。

2. 副语言

所谓副语言，指的是说话的语音、语调和语气等。它们伴随语言表达信息的真正含义，因而副语言与语言的关系非常密切，副语言更能表达出一个人的情绪和态度。

3. 体态语

所谓体态，指的是人们在交流过程中所表现出来的身体姿势，如前倾、后仰、双臂交叉等。人们对待他人的态度，在体态上是很难掩盖和隐藏的，所以销售人员要善于观察和分析，然后准确地判断不同体态透露出的不同信息，就很容易明白客户表达的异议是真是假了。判断出真假异议之后，针对真的异议，销售人员要采用相应的解决方式，而假的异议，销售人员就应该通过提问或旁敲侧击的方式来判断出客户的真实意思，从而更好地应对，做到有的放矢。

四、处理客户异议的口才技巧

客户对商品提出异议是销售活动中的一种必然现象，它既是成交的障碍，又是客户有购买意向的征兆。如果客户没有购买的兴趣和动机，也就不必在商品上多费心思和口舌了。实际上，客户的反对意见说明他期望与销售人员沟通信息。

根据不同客户的反对意见，销售人员应选择相应的处理方式，并加以解释和说明。这种回答和解释的过程，实质上就是说服的过程。

（一）“是的”、“但是”法

以“是的”的回答来接受客户的意见，接着用“但是”的方式来陈述反对的意见。例如：“您刚才说睫毛膏用上去比较干，是的。但是，如果您每次使用之前来回拉动几下让膏体充分附着在刷上，那样就不会感到干了。”

（二）先发制人法

对客户可能要提出某些反对意见时，最好的办法就是自己先把它指出来，然后采取自问自答的方式，主动消除顾客的异议。这样不仅会避免客户反对意见的产生，同时销售人员坦率地指出商品存在的某些不足还能给顾客一种诚实、可靠的印象，从而赢得客户的信任。但是，销售人员千万不要给自己下绊脚石，要记住：在主动提出商品不足之处的同时，也要给客户一个合理的、圆满的解释。例如：“您现在可能在考虑压力是否过大了，不必担心，这个安全阀的作用正是防止压力过大的。”

（三）询问法

从客户的反对意见中找出误解的地方，再以询问的方式来征询意见。例如：一位客户正在观看一把塑料把柄的锯，问道：“为什么这把锯的把柄要用塑料的面而不用金属的呢？看起来像是为了降低成本。”销售人员回答：“我明白您说的意思，但是，改用塑料柄绝不是为了降低成本。您看，这种塑料是很坚硬的，和金属的一样安全可靠。您使用的时候是喜欢既笨重，价格又贵的产品呢？还是喜欢用既轻便，价格又便宜的呢？”

(四) 引用比喻法

通过介绍事实或比喻以及使用展示等（如赠阅宣传资料、商品演示），用较生动的方式消除客户的疑虑。例如：客户说："一张好好的脸上抹那么多层化妆品，那还不抹坏了呀!"销售人员回答："您看，在很多层衣服里面的皮肤，因为衣服阻隔了大部分的阳光照射和空气中的粉尘、污垢，不容易受到伤害，所以就细嫩。但是面部皮肤就不一样了，它会因为经常受到日照导致黑斑的产生，皮脂腺分泌出的油脂沾上了空气中的粉尘和污垢之后，就很容易阻塞毛孔，使皮肤产生黑黄色素、脓包、粉刺和过敏等。所以我们应该给面部皮肤穿上衣服。"

(五) 自食其果法

客户对商品指出其缺点反而会成为他购买商品的理由，这就是自食其果法。对压价的客户，可以采用这种方法。例如：某客户说："你们的制度为什么那么死，不如别的商家灵活，你们能卖出去吗?"此时，销售人员要用肯定的语气回答："因为××商品是通过质量创建品牌，而不是通过销量创建品牌，我们一直认为没有一个严谨的、稳定的制度是不能制造出好的产品来的，也不能对消费者负责。您说呢?"

五、冷静地处理客户的异议

在面对客户的异议时，不管是什么情况，销售人员都不应该和客户发生争执。因为争执一旦发生，你的产品再好，客户也不愿意从你这里购买。虽然在争执过程中，销售人员可以拿出各种各样的理由压服客户，在争论中取胜，但也彻底失去了成交的机会。

推销员："先生您好！昨天您来看我们公司新生产的病床，我想了解一下，您觉得这批床怎么样，适合您的医院吗?"

客户："一些功能挺好的，只是我觉得这床太硬，病人会不喜欢的。"

推销员："硬吗？这种类型的床还是硬一点好。"

客户："对病人来说，并不要求太软的床。但它真的是太硬了。"

推销员："您怎么过了一天就说这床太硬了呢？昨天您还说挺合适的啊。"

客户："不适合，我觉得各个方面都不符合我们的选择标准。"

推销员："可是这种床是专为您的这批腰肌劳损的病人设计的啊。如果使用这种床，他们会更舒服的。"

客户："我们有专门的采购部，我们的采购部会处理这个问题。"

推销员："你们的采购部并不可靠，他们哪有我们的专业设计人员懂得多啊。"

客户："哦，那再见吧。"

推销员："你这个人怎么这样呢?"

销售人员不妨借鉴上面例子中的教训，拿出真诚和耐心，心平气和地和客户沟通，才会让推销变得顺利。

不论客户如何批评销售人员，不管是有理由的还是无理取闹的，销售人员都不应该和客户发生争执，因为争辩绝对不是说服客户的好办法。与客户争辩，失败的永远是销售人员。当然，这样做并不是说客户永远是对的，为了避免争执，就要忍气吞声地放弃原则和利益，迁就客户的无理要求，而是要换一种方式妥善地解决问题。例如，一位顾客想退掉一件刚买的特价衣服，但商场规定这种衣服是不能退货的。这时，销售人员可以这样对顾客说："我们商店有统一规定，特价商品是不能退货的。不过，我可以去请示一下经理，看他能不能给您特殊处理。"当客户听到"特殊处理"这四个字时，会对销售人员产生一种好感。如果经理不同意退货，客户也会认为销售人员已经尽了力，就不会再难为销售人员了；如果经理同意退货，客户会认为自己受到了特殊待遇，心中更会对销售人员充满感激的。

客户永远是对的，这是每个销售人员都要牢记的话。但怎样才能避免和客户起争执呢？

（一）冷静分析客户的异议

如果客户的观点和你的观点相抵触，你就要判断这种异议产生的原因，并认真倾听客户的异议，从这些异议中获得更多的信息，然后再根据这些信息做出判断和应对。

有时客户提出的异议虽然很刺耳，但并不是他们真正很在意。因为任何产品都不可能是十全十美的，客户对产品挑剔也是情有可原的。对客户不在意的异议，如产品的款式和色彩等，销售人员大可不必放在心上，一言带过即可。

如果客户提出的异议是真实的，表明客户确实对产品的某些功能不太满意。销售人员就要有意强化产品的优点，来淡化产品的缺点。如果客户对产品不满意的地方过多，销售人员就应该向客户介绍一些别的型号的产品。

（二）让客户多说

客户有异议时，如果销售人员拒绝倾听客户的异议，或者妄加揣测，自行处理，就会引起客户的不满或争执。因此销售人员要多听客户的意见，进一步判断客户的需求。

其实让客户多说，本身就是给客户一个发泄的机会，销售人员不但可以了解客户的真实想法，还可以平息客户的某些不愉快的情绪，这样双方再沟通起来就简单多了。

相反，如果客户还没有说多少话，销售人员就赶紧表态，说出一大堆解决问题的办法，这些办法可能与客户的意见相左，不仅因为打断客户的讲话而让客户感到生气，还会向客户透露更多的信息。当客户掌握了这些信息后，销售人员就会处于不利的位置。如果客户不愿意购买，他就能找出更多的拒绝理由；如果客户愿意购买，他就会拿这些信息做筹码，来压低成交价格。

（三）语气不要太生硬

销售人员在遣词造句上要特别注意，尽量回避一些生硬的词语。在对客户说话时，也要注意态度诚恳，客户是上帝，切勿伤害了客户的自尊心。

如果客户所说的话是错误的或不真实的，销售人员也要尽量避免直接反驳客户；如果客户所说的话是无关紧要的，销售人员可以一笑了之，不予理会；如果必须反驳客户的理由，尽量采用间接反驳的方法，先肯定客户的部分观点，然后再反驳问题的本质。任何情况下，都要尽量照顾到客户的接受程度和自尊心。

六、用真诚去化解客户的异议

真诚是商业往来中的一种必不可少的态度，在任何场合都是需要的，在处理客户的异议时也不例外。真诚地对待客户，从客户的角度出发，才能更好地弄清楚客户异议的问题所在，然后再合理地帮助客户解决问题，就会获得客户的认同，促成交易。

（一）设身处地替对方着想

要做到替客户着想，就应该认同客户的观点，但是认同又不等于赞同，赞同是同意对方的看法和意见，而认同只是认同客户的感受、了解他的想法，但并不是同意对方的看法。销售人员要做的，就是认同而不是赞同。认同可以淡化双方之间的冲突，把需要解决的问题看成双方需要共同面对的问题，以利于进一步解决异议。

患者：医生，我真的非常害怕拔牙，太痛了，有别的办法吗？

医生：我了解你的感受，拔牙时是会有一点痛的。但如果不拔掉这颗牙，它就会继续发炎，然后还会伤害到其他的好牙。别害怕，我会尽最大可能减少你的痛苦的。

患者：好吧。

在处理客户异议时，销售人员若表现出从对方的立场出发，认同客户的感受，就会站在双方共同的利益上客观地审视双方面临的问题，然后和客户协商，达成交易。认同客户的异议，就是成功解决异议的开始。

（二）学会安抚客户的情绪

心理学家多年的研究结果表明：人们对某个结果产生的过程，比起结果本身更为在乎。根据这种理论，客户在决定是否购买的过程中，是非常痛苦的，当他决定买或者不买之后，就会如释重负。所以客户提出异议后，销售人员在认同客户的感受的基础上，更要安抚好客户的情绪。以友好的态度来对待客户，营造出一种公平、愉快的氛围，给客户带来良好的感觉。当客户感到愉快、受到重视时，他就会尽量与销售人员沟通，从而可能有更多的机会购买产品。而如果客户感到受到威胁时，他就可能会迅速离开现场，让自己回到安全的范围。所以，安抚客户的情绪是非常重要的。

有一个著名的修车厂的业绩一向比同行要高，原因是这个修车厂的服务原则是“先修人，后修车”。当客户来修车时，心情肯定是不好的，所以先安抚客户的情绪才是更重要的事情。在处理客户异议时也是这样，关注客户的情感、关注客户的需求，直接与客户的情绪对话，真正了解客户的心声，了解客户的心理需求，并对此做出恰当的回应，将会大大提高成功率。

（三）真诚地去处理客户的异议

面对异议时，出现急躁和不舒服的感觉是正常的，但销售人员应该调整态度让客户感觉你明显尊重他的异议。只有在客户感到受尊重时，才会感觉自己的异议被重视，他才会相信你会全力解决问题而不是随口应付。他才会和你交流，说出心里话，提供更多的信息。

1. 进行积极的询问

一般情况下，异议的背后通常有很复杂的原因。在没有确认客户异议的重点和程度之前，销售人员直接处理客户的反对意见，往往只是治标不治本，甚至有可能引起更多的异议。因此，积极地向客户询问就显得尤为重要，多问一些“为什么”，让客户自己说出原因。在询问客户问题时，多问一些开放性的问题，这样客户就会说出更多的信息，销售人员可以更好地做出判断。

（2）表达自己的诚意。在面对客户的异议时，销售人员可以运用以下回答来表明诚意：“这是我们的责任，是我的错。”“您这么考虑是正常的，最迟今天下午5点，我会给您满意的答复的。”“我现在就给经理打电话。”“我立刻去办。”而对于一些情绪化的异议，如“这个包装太难看了”，“我不喜欢这个款式”等，销售人员只要面带微笑就可以了，这些意见和眼前的交易没有太直接的关系，销售人员只要以诚恳的态度对待，然后迅速转移话题。

（3）回答客户的异议。称职的销售人员，不但懂得如何找出客户异议的问题所在，准确回答客户的问题，还要善于选择适当的时机，懂得在何时回答客户异议，这样的销售人员会取得更大的成绩。何时回答客户的问题，要具体情况具体对待，一般情况下，异议是需要立刻回答的，这既是对客户尊重的需要，也是促成客户购买的需要。

七、直接否定客户的异议要把握好度

销售过程中，当客户的异议来自于不真实的信息或者误解时，销售人员可以使用直接否定法，这样可以直接纠正客户对问题的看法，从而消除异议。不过，在直接否定客户的看法时，销售人员一定要注意语气和措辞，因为直接否定客户是一种危险的方法，处理不好就会让客户恼羞成怒而直接离去。大多数情况下，直接反驳客户，容易使气氛紧张，使客户产生敌对心理，不利于客户采纳销售人员的意见。但是，如果客户的反对意见是产生于对产品的误解时，而你确信自己有能力说服客户，你不妨直言不讳。但在反驳客户时，一定要注意用友好而温和的态度，最好能够引经据典，以理服人来说服客户，这样可以让顾客感到对你有信心，从而增强顾客对产品的信心。

（一）把握好直接否定客户时的度

客户：“我不会跟你们合作的，因为贵公司经常延迟交货，简直是糟糕透顶。”

销售人员：“孙经理，您这话恐怕不太符合实际吧？在我接触的客户中，还没有客户这样讲的。他们都认为本公司的信誉是很好的，在行业内也是有口皆碑的。您这么说，可否举出一个实例？”

在这个案例中，这样的问题是必须直接反驳的，因为“延迟交货、不守信誉”是异议的重点，如果真有此事，客户必然能够拿出证据，但如果客户的说法只是传言，并无实在的证据，客户便无言以对，异议的问题也就得到了解决。直接反驳客户异议时，销售人员应该注意以下几点：

（1）态度要委婉。直接反驳客户的异议，必然会在一定程度上引起客户的不快，为了避免触怒客户，销售人员应该真诚，语气要诚恳，面带微笑，切勿大声斥责客户或者挖苦客户。下述销售人员的一段话显然不妥："如果贵公司坚持这个价格的话，请为我公司的员工准备过冬的衣服和食物，总不能让我们的员工饿着肚子、瑟瑟发抖地为你们干活吧。"

（2）对事不对人。在直接反驳客户时，最忌讳的就是伤害客户的自尊。在销售人员委婉说话时，要考虑客户的感受，并尽量让反驳意见针对事情本身，而不要针对客户，这样可以尽可能减少客户不良的心理感受。

（3）针对性询问。如果客户的异议是以问话形式提出的，运用直接反驳法还是比较好的，这样容易给对方一个肯定自信的感觉，而且因为对方是问话形式，所以在语气上并不会给对方造成多大的心理伤害。

（二）用间接反驳代替直接反驳

直接反驳客户，容易使双方谈话氛围僵化而不友好，虽然可以说服客户，但容易使客户产生敌对的心理，不利于客户接纳销售人员的意见和建议。如果可能的话，销售人员应尽量采用间接反驳法来代替直接反驳。间接反驳客户，指的是销售人员在听完客户的异议后，先肯定对方异议的某一方面，再陈述自己的反对意见，这种方法又称迂回否定法。例如，客户说："你们这个项目，并不如你说得那么完美，其中存在不少的漏洞。"如果销售人员直接反驳："孙经理，您错了。您根本没有听明白我的意思。"必然会引起对方的不快，给对方造成心理压力。如果销售人员说："孙经理，您说得对，一般客户在看待这个问题时，会有和您相同的看法。即使我自己，也会这样想。但如果仔细想一想，再深入研究一下，您就会发现……"这样对客户说，就容易改变客户的想法，逐渐让客户同意你的说法。

使用间接反驳法，可以采用以下两种方法：

（1）转化异议。这种方法指的是利用客户的异议为说服客户购买的理由，虽然也是反驳，但其表达在感觉上不容易被客户注意，而是直接转入问题。例如，客户说："很抱歉，我财力有限，现在没钱购买。"

销售人员："孙经理，可不要这么说，我想正因为财力有限，现在才是更好的机会。现在房价涨得这么快，能赶早就不赶晚啊！"

（2）肯定形式，否定实质。每个人都渴望被理解和认同，间接反驳客户，可以先从对方的意见中找出彼此同意的内容，予以肯定，产生共鸣。之后，再借势说出你的不同看法。这里肯定的只是次要的部分，否定的才是问题的本质，但这样一来就容易被对方接受和认同。

八、引导客户说出真实想法

针对客户的异议与拒绝，销售人员应该充分发挥个人的口才，引导客户向你设定的预期方向转化。

（一）提前进行巧妙的暗示

销售人员在开始同客户会面时，就应留意向客户做些对商品的肯定暗示，从而使对方说不出拒绝的理由。例如："夫人，您的家里如果装饰上本公司的产品，那肯定会成为小区中最漂亮的房子！”“本公司的储蓄型保险是您最好的投资机会，5年后开始返还，您获得的红利正好可以支付您儿子的大学生活费！”在暗示之后，要给客户一些充分的时间，以便这些暗示逐渐渗透到客户的思想里，进入客户的潜意识。当你认为已经到了探询客户购买意愿的最好时机时，你可以这样说：“夫人，您刚搬入新建成的高档住宅区，难道不想买些本公司的商品，为您的新居再增添几分现代情趣吗？”“为人父母，都要尽可能地让儿女受到最良好的教育，怎么样？您考虑过筹集费用的问题吗？我劝您向本公司投保。”“您有权花钱买到最佳商品，但您可别错过这个机会，买我们的商品吧！”

利用这些方法给客户一些暗示，客户的态度就会变得积极起来，等到进入推销过程中，客户虽对你的暗示仍有印象，但已不认真留意了。当你稍后再试探客户的购买意愿时，他可能会再度想起那个暗示，而且还会认为这是自己思考得来的呢！客户经过商谈过程中长时间的讨价还价，办理成交又要经过一些琐碎的手续，所有这些，都会使得客户在不知不觉中将你预留给他的暗示，当做自己所独创的想法，而忽略了它是来自于他人的巧妙暗示。因此，客户的情绪受到鼓励，就会更热情地进行商谈，从而避免了那些节外生枝的拒绝与异议的提出，直到达成交易。

（二）设法让客户说“是”

尽量避免涉及让对方说“不”的问题，而在谈话之初，就要让他说出“是”。推销时，刚开始说的那几句话是很重要的，请看下面的这个例子：

“有人在家吗？我是汽车公司的。今天，我是为了轿车的事情前来拜访的”

“车？对不起，现在手头紧得很，还不到买车的时候。”

很显然，对方的答复是“不”。而一旦客户说出“不”后，要使他改为“是”就很困难了。

因此，在拜访客户之前，首先就要准备好让对方说出“是”的话题。例如，对方一出现在门口，你就递上名片，表明自己的身份，同时说：“在拜访您之前，我已看过您的车了，这间车库好像刚建好没多久嘛。”只要你说的是事实，对方必然不会否认，而只要对方不否认，自然也就会说“是”了。就这样，你已顺利得到了对方的第一句“是”。这句话本身，虽然不具有太大意义，但却是影响销售进程的一个关键。“那您一定知道，有车库比较容易保养车子喽？”除非对方存心和你过意不去。否则，他必然会同意你的看法。这么一来，你不就得到第二句“是”了吗？如果对方真的要拒绝，那不仅仅是口头上的一声“不”，同时，他所有的生理机能（分泌腺、肌肉等）也都会进入拒绝的状态。然而，一句“是”却会使整个情况为之改观。所以说，比“如何使对方的拒绝变为接受”更为重要的是，如何不使对方拒绝。

（三）引出客户的真心话

“考虑一下，看看再说”是客户经常使用的拒绝理由之一，话虽然说得婉转，但真正的想法可能是：“我听腻了你那一套说辞，反正我又不打算买，随便敷衍一下，使一下缓兵之计。”在这种情况下，推销员倘若认为目前时机尚未成熟，真的请客户好好考虑一下，日后再来听取佳音，就未免太过“死板”了！要处理这种状况是有点棘手，因为客户会说出这句话，多半是在推销员已经做了相当程度的说明后，就算勉强再运用其他拒绝语言处理，效果也不会很好。

推销员："可是您先前也说过孩子的教育费用。"

客户："所以我才说要再考虑一下！"

推销员："但是……"

客户："你实在很烦！让我多考虑一下不行吗？"

即使客户先前一直表示赞同，但是面临重要关头却又退缩时，重提此事只会增加客户的厌恶。所以，必须改变一下方式，从另一个角度去引出客户真正的想法，比如说"您是很想买，但是缴费负担太重"，若能让客户说出真心话，就有希望进一步促成交易。

所以，推销员要懂得调适自己的心态，要有"被拒绝是当然的事"的心理准备，不能恐惧被拒绝，要坚强地面对客户的拒绝，引导客户说出真心话。

九、有些异议不必太当真

销售人员被客户直接拒绝是很正常的事，在销售过程中，销售人员碰到客户拒绝的可能性远远大于销售成功的可能性。因此，如何应对客户的拒绝，是销售人员必须面对的问题。客户拒绝销售人员的原因是很多的，许多原因也是销售人员无法改变的。销售人员能做的事情，就是通过沟通越过双方之间的心理障碍，激发客户的兴趣，激发客户的购买欲望，促成交易。在很多情况下，销售人员的不当销售是遭受客户拒绝的关键因素。如果销售人员能够改变自己和客户沟通的方式，抓住客户的心态，被客户拒绝的可能性就会明显减少。销售人员在和客户沟通的过程中，要排除客户习惯性地拒绝，绕开这些不必当真的拒绝。

在以下拒绝方式中，大部分都是客户习惯性的抗拒方式，销售人员不要一遇到这类问题就直接放弃，而应该深入进去，找到客户真正拒绝的原因。

（一）我不需要

这是销售人员经常碰到的拒绝方式，也是人们最习惯性说出的一句话。有统计数据表明，将近80%的客户对现有的产品或者服务感到不满意，但却不想采用任何措施去改变现状；有85%的客户实际上没有非常明确的需求。由此可以看出，在大多数情况下，客户说出"我不需要"并不是表明沟通就无法进行了，而是在大多数情况下，销售人员喋喋不休地介绍，让客户产生了抵触心理。

不过，"我不需要"是最容易克服的，良好的开场白可以避免客户的排斥心理，虽然客户嘴上说着"我不需要"，其实心中可能已经蠢蠢欲动了。只要你能够讲得足以吸引他的兴趣，就等于有了打开成功大门的钥匙。

（二）我没钱

比起"我不需要"的使用频率来讲，"我没钱"紧随其后。这种拒绝实在让人烦恼，销售最终的障碍也出现在这里。但是，这句话在更多的时候，也只是一种借口。如果客户对产品的需求是强烈和必需的，由此产生一种"紧迫"的需求，没钱的借口就不攻自破了。因此，销售人员不必因为客户提出“没钱”的异议就否定这次推销。如果出现了这种情况，只说明你对客户的需求启发不够，对产品给客户带来的利益让客户明白得不多。

（三）不必回答的问题

在销售人员和客户沟通的过程中，往往会遇到很多问题，比如一位客户似乎对一款家电感兴趣，但在购买决定做出前，突然指责家电上的一些小问题，销售人员和他争辩的过程中，客户愤然离去。其实在这个案例中，客户所指的问题，最大的可能是他想要压价的借口，而不是问题本身。这样的异议是不需要回答的，解释和争辩只能使问题越来越乱。同样，很多问题是不需要回答的。客户提出的异议会随着业务洽谈的进行而消失，如一些自我表现性的问题、容易造成争论的问题、明知故问的发难。对于这些问题，销售人员可以不予回答，最好采用的方式是：沉默、假装没有听见、答非所问、转移对方的话题。当客户真正对产品发生兴趣时，他们即使提出一些异议，这也并非表明他们是在真正地拒绝，大多数情况下，这只是他们采用的一种手法。销售人员必须要有足够的承受能力，千万不要让客户的一个“不”字就把你给击垮了。

第六节　促成交易

促成交易是人员销售过程的重要一环，也是销售人员的梦寐以求。事实上，每一个销售人员都希望自己洽谈的每一笔销售业务最终能达成交易。对销售人员来说，能否有效地促成交易直接关系到其销售业绩的好坏。那么，如何才能有效地促成交易呢？有哪些策略和技巧可以帮助销售人员有效促成交易呢？在促成交易的过程中又有哪些注意事项呢？

一、有效促成交易

促成交易是销售人员将潜在客户转变为客户的一个重要过程，同时也是销售人员对此前长时间接触客户，与客户沟通、提案并谈判之后希望获得的一个结果。从循序渐进的销售过程来看，促成交易是销售过程的最高、最后阶段；通过对促成交易这个环节的分解可以发现，促成交易本身又是由若干步骤或细节所组成。如何协调好这些步骤或兼顾到相关细节，对于有效促成交易具有重要意义。

研究发现，成功的销售人员总是在“以客为尊”的营销理念指导下，利用关系营销方式循序渐进地促成潜在客户作出购买决策并最终达成交易。成功的销售人员将自己的销售过程定义为发现潜在客户的需要与需求的过程，他们尽其所能向潜在客户提供各种及时的帮助，整个销售过程中贯穿了关系销售的核心原则。不仅如此，成功的销售人员还具有强烈的达成每笔交易的愿望，他们对自己的促成交易的能力持有信心并直面事实。他们对潜在客户的需要与需求了如指掌，对其自身的产品或服务如数家珍。他们能根据潜在客户的需要、需求及特点设计出个性化的演示方案与演讲内容。

他们能在紧张、激烈的项目竞争中泰然处之，绘声绘色地陈述演示方案并游刃有余地回答客户提出的各类问题。

在细节方面，成功的销售人员能够敏锐地识别出潜在客户的购买信号并且知道在必要的时候保持沉默可能胜过大声的推销。研究结果表明，当经历过提案和一系列的谈判之后，潜在客户在最终作出购买决策时，往往会通过一些非语言的行为符号表现出来，若此时销售人员能及时、准确地识别潜在客户的购买信号，抓住时机提议就能有效促成协议的签署，并最终达成交易。大量的人员销售实战案例显示，潜在客户在作出最终的购买决策后通常会发出如下几种明显的信号：放松身体、微笑着征询购买建议、快速地浏览订单。如果有样品，则可能对样品进行检查或把玩等。

总之，为了能够有效地促成交易，除了上述各方面外，销售人员还需要从职业态度、销售理念以及行为举止等方面去提高，以使自己表现得更加专业化，同时保持更多的热情、更大的信心，而且还要更加积极主动！

二、促成交易的策略与技巧

对于销售人员来说，具备有效促成交易的基本功自然十分重要。然而，如果还能掌握有效促成交易的一些策略与技巧，则无异于如虎添翼，对于提高销售业绩，可以起到更为明显的促进效果。常见的促成交易的策略与技巧有数十种，比如以退为进策略、循序渐进策略、对比平衡策略等。当然，因销售人员性格、个性、教育背景等不同而又有不同的偏好。销售人员在具体的使用中，若能结合自身个性及公司的实际情况融会贯通，灵活应用，则必将产生较好的收益。

（一）以退为进策略

顾名思义，以退为进的策略就是指销售人员在暗示或示意潜在客户尽快达成一致以促成交易的时候，遭遇潜在客户或模糊或明确的抵制或拒绝后，所采取的一种继续寻求合作的进攻策略。

销售人员要么没有把握好时机向潜在客户提出了达成交易的提议，要么就是潜在客户对销售人员的销售方案在某些方面还存在疑问或者销售方案价格过高等，这些都可能遭到潜在客户的拖延、抵制或拒绝。在这种时候，销售人员要迅速思考并努力找到潜在客户究竟因为何种原因作出这种拖延、抵制或拒绝，以便有的放矢地采取应对措施。

在大多数情况下，销售人员可以通过打探潜在客户的不满而获得相关的原因，进而采取措施，比如修订方案、降低对潜在客户的配合要求或者缩减项目造价等。修订后的方案，即使仅做了微小的调整，在潜在客户看来，销售人员都是根据其暗示或不满作出了让步，这样以退为进就很容易地促成交易合作了。以退为进促成交易的策略，其基本出发点是由于社会成员间存在着互动共荣的特点。该策略最适用于平易型的潜在客户。

（二）循序渐进策略

所谓循序渐进策略，就是指销售人员与潜在客户首先通过小额、小范围或短期的合作尝试后来逐步扩大合作的金额、领域或合作期限等的一种试探性销售策略。循序渐进策略特别适合于那些对于销售人员所在公司不是十分了解，但又对销售人员所销售的产品或服务有明确需求的客户。

对于销售人员来说，如果在销售过程中遭遇到上述类型的客户，若事先预估不能首次就实现大额、大范围或长期的合作，那么改用循序渐进的策略则可能是一种更有效的促成交易的手段。因为循序渐进的策略对于潜在客户来说，可以做到有效降低风险，因而容易达成一致，尽早促成交易。循序渐进策略的顺利推进，需要销售人员确保与潜在客户的首次合作能够得到客户的高度认同。

（三）循循善诱策略

循循善诱策略，遵循内在的逻辑一致性推导潜在客户的惯性思维。如果销售人员在与潜在客户的接触、沟通中，已经知悉潜在客户的思维习惯，即只要符合逻辑的推导，就会认可推导的结果。那么，在这种情况下，销售人员就可以向潜在客户提出一系列精心设计、策划的问题，这些问题要求覆盖了影响潜在客户作出购买决策的关键因素。如果销售人员能够确保潜在客户对这些问题的回答都是肯定的，那么顺理成章地最后提出要求尽早达成交易的问题，潜在客户也就不好推迟或拖延了。

使用循循善诱的策略，要求销售人员具有较高的逻辑推导能力；而对于精心设计与策划的问题，也要求做到天衣无缝，至少让潜在客户不会有认为牵强附会的感觉。而销售人员在向潜在客户提问的时候也需要温和，注意把握好节奏，这样才不至于让潜在客户感觉到销售人员咄咄逼人的气势。

（四）实证借鉴策略

实证借鉴策略，就是指销售人员事先预估潜在客户可能在要求促成交易的时候会在哪些方面提出问题或异议，而就这些问题或异议的解决准备的实证事实依据。若实证事实依据能够迅速地消除潜在客户的种种顾虑，则能促使潜在客户快速地作出购买决策，尽早促成交易的达成。该策略适用于谨小慎微的平易型与思维型潜在客户。

（五）对比平衡策略

该策略又称为“T”型策略，即运用对比平衡方式来促使潜在客户作出购买决策。销售人员需要在潜在客户参与的情况下，在一张纸上画出一个“T”型分区，销售人员与潜在客户一道来完成对比分析，将潜在客户购买的原因一一列举在“T”型分区的左边，同时将不购买的原因列举在“T”型分区的右边。

运用“T”型策略，要求销售人员根据轻重缓急对需要解决的问题进行排序，客观而全面地列出购买或不购买的原因。虽然潜在客户不在场也可以做“T”型分析，但建议最好能有潜在客户的积极参与，这样不仅能加快“T”型分析，而且能使“T”型分析更为深入，进而激发潜在客户的购买愿望。这种方法特别适合于分析型的潜在客户，因为这符合他们强调理性的沟通风格。

（六）综合提炼策略

在促成交易阶段，使用综合提炼策略，就是将销售人员以前拜访潜在客户时双方已经达成的共识一一加以复述，从而促成潜在客户尽早作出购买决策的一种手段。采用这种策略，可以从正向和反向进行归纳，利用逻辑性的特点，便于潜在客户进行回忆与联想。不过，采用这种策略需要注重首要性、重复性与深刻性。所谓首要性，就是开始就要开宗明义地提出重要内容与关键要点；重复性，就是将可能合作的重要内容，从不同角度多次提出并与潜在客户不断探讨；深刻性，则是用不同的措辞描述关键要点与重要内容，用相关案例与潜在客户交谈，以使潜在客户留下深刻的印象。

（七）稀缺性策略

所谓稀缺性策略，就是指向潜在客户表明销售人员所在公司的产品或服务的稀缺性，以此暗示潜在客户，如果不尽早作出购买决策，就可能“过了这个村，就没有这个店”的印象或者晚了作出决策，就可能排队等待产品或服务。使用稀缺性策略，需要销售人员对自身公司的产品或服务有一个客观的认识，且在与潜在客户的沟通中注意语气、气氛，避免给潜在客户一种要挟的感觉。

（八）投石问路策略

该策略与循循善诱策略有相似的一面，也是通过设计提问来激发潜在客户尽早作出购买决策。但不同的是，该策略中的提问不是直接针对影响潜在客户作出购买决策的关键问题或因素而设计，或者说该策略中的提问并不直接促成交易，而仅仅是探测潜在客户对于销售人员即将努力促成的交易的思想准备或反应。如果潜在客户对试探的反应是积极的，则销售人员就可以建议早日达成合作；若潜在客户的反应较为谨慎，则销售人员应在不令对方尴尬或者抵触的前提下，帮助潜在客户梳理思路，消除潜在客户的担忧或顾虑。

（九）一诺千金策略

该策略的动人之处在于销售人员向潜在客户作出的庄重承诺。使用该策略的注意事项是销售人员需要知道自己究竟能在哪些方面作出承诺以及能作出那种程度的承诺等，以避免不了解事实而作出不能达到的承诺。对销售人员来说，做事先做人，销售产品之前先推销自己，销售人员一旦向潜在客户作出承诺，就一定要努力兑现，这样当销售人员向潜在客户提议尽早达成交易的时候，潜在客户也才会爽快地同意。

（十）特殊服务策略

特殊服务策略，包括特殊供货、特殊付款条件、特殊结算方式以及特殊售后服务等若干种。该策略针对那些犹豫不决、拖拖拉拉不愿尽快作出购买决策的潜在客户很有用。因为采用特殊服务策略，意味着销售人员向潜在客户暗示，现在决定购买，就能享受某种特殊的服务，这往往是销售人员为争取某些重要客户而作出的一种政策性倾斜。对潜在客户来说，特殊服务策略，让他们感到在与销售人员的持续谈判中占据了主动，获得了更多，因而能很快地促成交易，达成合作。

事实上，除了上述的策略之外，有效促成交易的策略还有不少，比如赞美、总结利益、分享合作远景等。对销售人员来说，熟知这些策略，并能根据自身情况及潜在客户的不同类型而灵活应用才是最为重要的。

三、销售异议及其处理策略

为了能有效地促成交易，销售人员需要正确认识销售异议并采取恰当的策略处理。然而，在销售实践中，不少的销售人员对潜在客户的异议表现出不理解，甚至认为潜在客户的异议无外乎就是拒绝合作的信号。不过，成功的销售人员对销售异议的认识迥然不同，他们会认为销售异议是潜在客户对其所销售的产品或服务感兴趣的信号；成功的销售人员正视销售异议并理性地处理销售异议。那么，什么是销售异议呢？有哪些有效处理销售异议的策略方法呢？

所谓销售异议，就是指潜在客户在与销售人员接触、沟通、提案、谈判等过程中所表现出来的对销售人员的产品或服务的质疑、抵触或否定、拒绝等。在大多数情况下，销售异议是潜在客户推迟决策的缓兵之计。因此，对销售人员来说，以积极、开放、诚恳的合作心态来面对并处理潜在客户的异议就为后续的促成交易打下了坚实的基础。

潜在客户的异议随时会出现，尤其越是临近展示与成交阶段，潜在客户的异议会越来越频繁。销售人员可以通过对产品或服务的 FAB 分析，对潜在客户的购买影响力的把握以及对五种竞争力和竞争者的分析，对随时可能出现的各种异议进行得心应手的及时处理。事实上，处理销售异议的策略方法有很多。销售人员需要根据自己的沟通风格以及潜在客户的类型来选择合适的策略。

（一）直截了当策略

当异议来自潜在客户对产品或服务的误解时，销售人员可以运用直截了当的策略告知潜在客户他们的担心可能是错误的。不过，绝大多数潜在客户都不会轻易承认自己的担心是错误的，因而销售人员务必小心谨慎，措辞尽可能委婉，不能有刺伤潜在客户的感觉或让其感到尴尬等不适。在这种情况下，销售人员首先可以肯定潜在客户的异议是正常的，但随后销售人员可以提供一些证据如测试报告、证明文件或成功案例等委婉地转告潜在客户，此前其他客户也有过类似的异议，不过现在他们已经认可了我们的产品或服务等。

（二）感同身受策略

该策略就是销售人员通过讲述其他客户使用该产品或服务而获得满足的办法来劝导目前的潜在客户，就像是一种推荐。这种处理异议的策略适用于情感化与敏感型的潜在客户。

（三）因势利导策略

该策略就是销售人员利用潜在客户的异议因势利导地将其转变为潜在客户采购的策略，这种策略也用来处理部分正确的异议。运用因势利导的策略时，销售人员需要避免过于圆滑，过于圆滑可能让人感觉到像一个程式化的销售人员。因此，销售人员需要注意运用非语言的沟通技巧，同时避免出现委曲求全的心理暗示。不过，因势利导的策略对销售人员的要求较高。

（四）捷足先登策略

如果销售人员在不同的潜在客户那里一而再、再而三地听到潜在客户的某些异议时，销售人员就需要预先准备如何处理这些异议。捷足先登的策略就是销售人员在潜在客户的异议提出之前就有针对性地将那些可能的异议阐释清楚，这样，潜在客户就可能减少提出异议，进而更容易达成合作。

四、销售异议类型及其处理技巧

销售异议的表现形式多种多样，不同的销售异议反映了潜在客户的不同关注点。因此，销售人员需要区分不同的类型，采取不同的应对措施与处理技巧。常见的销售异议类型及其处理技巧如下：

（一）价格异议

许多销售人员认为价格异议是最棘手，但又不得不面对的销售异议。事实上，的确如此，价格异议迟早会在销售人员与潜在客户之间发生。因此，销售人员应该正确认识这个问题，尽早考虑应对措施。不过，销售人员不必对有关产品或服务的价格耿耿于怀。研究表明，大多数潜在客户同样会考虑产品或服务的其他特征，诸如质量、性能、售后服务、品牌等。因此，销售人员需要对潜在客户的关注点有深刻的了解，才能在其提出价格异议时采取有针对性的措施，比如潜在客户看重产品性能，那么销售人员可以通过强调产品性能来缓解或降低潜在客户对价格的异议，进而达到为自身争取更多的利益。通常情况下，当销售人员遇到潜在客户的价格异议时，可以有选择地采取如下一些措施应对：

（1）重价值、轻价格：销售人员通过强调产品或服务的特性、性能等不同之处来体现更高的附加价值。因为在很多时候，潜在客户的价格异议并非在于价格本身，而是在于他们对其产品或服务的特性或性能、价值的不全面理解。

（2）进行对比分析：销售人员应该尽可能清晰地向潜在客户宣传产品或服务所具有的特性并以具体数字来说明。由于产品很少是完全雷同的，因而确定本公司的产品优于低价竞争产品的特性并不复杂。销售人员可以采用定点超越方法或 SWOT 分析方法，对相同产品或替代产品作出全面的对比分析。让潜在客户明白当前产品或服务的价格是物有所值，并且还做到了物超所值！

（3）将价格进行分解：销售人员可以将产品或服务的总价格按照使用期限进行分解，通过分解到每年、每月甚至每天来看，潜在客户就会发现单位时间内负担的成本非常之低。然后结合产品或服务的性能进行阐述，潜在客户就更容易接受当前的价格或者即使要求降价，降价幅度也会大大缩小。

（二）拖延异议

几乎所有的销售人员都遭遇过潜在客户通过拖延来拒绝一笔业务。事实上，这是非常正常的事情，在很多情况下，潜在客户可能并不想直接回绝销售人员，于是便找出若干冠冕堂皇的理由来拖延销售人员尽早达成交易的提议。在这种时候，销售人员一定要认真检查潜在客户拖延究竟是什么原因，是因为人员出差、离职、需求还未最终确定还是潜在客户实际上想要拒绝等？只有清楚地了解潜在客户的拖延异议，才能有针对性地采取应对措施。

（三）怀疑

潜在客户对公司的产品或服务表示怀疑，说明他们对其还不够了解。处理这种异议会使潜在客户获得销售人员对产品或服务疑惑的澄清与承诺。销售人员的基本策略就是提供证明，比如产品说明书、技术手册、品质或使用保证书以及研究数据或报刊文章、证明文件、第三方的参考文件等资料。

（四）冷漠

当潜在客户对销售人员的方案表现冷漠时，最好的处理方法就是借助提问来引导潜在客户意识到潜在利益与内在价值的重要性。如果潜在客户向销售人员暗示他们对当前的供应商表示满意，那么销售人员可以使用下面的几个策略来开启继续谈判的话题：

（1）销售人员可以提一些开放式问题，比如请求潜在客户就其对目前供应商满意的原因发表些意见或看法等。

（2）销售人员可以鼓励潜在客户打破“供货垄断”，向潜在客户指出“独家经营”的风险所在。

（3）销售人员可以与潜在客户探讨竞争的积极意义。

（4）销售人员可以寻找供货缝隙，即从竞争者短缺的产品开始入手，通过这种先小后大的策略，就可以用自己的独家专有产品作为敲门砖，打开潜在客户的需求之门，随着潜在客户满意度的提高而不断寻求新品的订货与数量的增加。

（五）表面异议

研究发现，潜在客户表示异议常常只是避免自己被认为是容易争取的客户。另外，许多潜在客户的所谓异议常常带有炫耀的成分，精明的销售人员需要敏锐地意识到潜在客户的这种倾向并因势利导而获益。销售人员可以通过赞美他们来显示他们的聪明，这样的话，销售人员就更容易在提出尽早达成交易提议时获得这些潜在客户的认同。

第七节　售后服务

售后服务，就是在商品出售以后所提供的各种服务活动。从推销工作来看，售后服务本身同时也是一种促销手段。在追踪跟进阶段，推销人员要采取各种形式的配合步骤，通过售后服务来提高企业的信誉，扩大产品的市场占有率，提高推销工作的效率及效益。

一、售后服务的定义

售后服务（After - sale Service；After Service），是指生产企业、经销商把产品（或

服务）销售给消费者之后，为消费者提供的一系列服务，包括产品介绍、送货、安装、调试、维修、技术培训、上门服务等。

在市场激烈竞争的今天，随着消费者维权意识的提高和消费观念的变化，消费者在选购产品时，不仅注意到产品实体本身，在同类产品的质量和性能相似的情况下，更加重视产品的售后服务。因此，企业在提供价廉物美的产品的同时，向消费者提供完善的售后服务，已成为现代企业市场竞争的新焦点。在中国，有海尔集团因售后服务做得好，而销售业绩稳步上升的案例。

二、售后服务的主要内容

（一）售后服务的服务内容

（1）代为消费者安装、调试产品；

（2）根据消费者要求，进行有关使用等方面的技术指导；

（3）保证维修零配件的供应；

（4）负责维修服务；

（5）对产品实行“三包”，即包修、包换、包退（现在许多人认为产品售后服务就是“三包”，这是一种狭义的理解）；

（6）处理消费者来信来访，解答消费者的咨询，同时用各种方式征集消费者对产品质量的意见，并根据情况及时改进。

（二）优质品牌

客观地讲，优质的售后服务是品牌服经济的产物，名牌产品的售后服务往往优于杂牌产品。名牌产品的价格普遍高于杂牌，一方面是基于产品成本和质量，同时也因为名牌产品的销售策略中已经考虑到了售后服务成本。

（三）服务体系

从服务体系而言，产品的售后服务，既有生产厂商直接提供的，也有经销商提供的，但更多的是以厂家、商家合作的方式展现给消费者的。无论是消费者还是商家，都应该遵守诚信的原则。

三、售后服务的主要原则

（一）礼尚往来的原则

每次当你帮了顾客的忙，那位顾客就会感觉到自己也应该替你做些什么似的，每当你对顾客要求做了个让步，顾客内心就会感到对你好像有种亏欠，增进了你俩的关系，就有了做成下一次生意的可能。这叫做礼尚往来原则。

（二）承诺与惯性原则

它是指人们对过去做过的事情有一种强烈连贯性的需求，希望维持一切旧有的形式，使用承诺来扩充观念。

（三）社会认同原则

威力无穷的潜意识影响称之为社会认同原则。

（四）同类认同

假如今天的顾客是个医生，大家都在使用这个产品，或接受这样的服务，如给护士推销，护士便可以接受。假如律师都用这种产品，那么向其他的律师再推销这种产品时，其他律师也会接受，这就叫社会认同或同类认同。

（五）使用者的证言

这也是促使顾客购买产品的一种因素，利用曾经买过我们的产品的人，或使用我们产品的人，用他们的一些见证，告诉我们的顾客，这也是影响顾客购买决定的一种方法。

（六）喜爱原则

比如一种化妆品，某某明星在用，所以我也想去用它，因为我喜欢那个明星；那个明星穿什么样的衣服，我也想买什么样的衣服。很多促销广告，都找一些名人，也就是在运用这种喜爱原则去激发顾客采取购买行动。

（七）友谊原则

客户介绍的潜在客户比全新的顾客更为有利，因为它的成功几率是全新顾客的 15 倍，一个拔尖的销售人员，他永远知道在培养他的老顾客，同时他也在不断地开发他的新顾客，而最好的方法就是由老顾客介绍开发新顾客来源。而这种老顾客的介绍，就是人们在运用友谊的原则。

四、售后服务的感谢函

（一）初次访问的顾客反应不错时

我们要在适当的时期致以感谢函，一个顾客无论有没有做出购买的决定，有没有买你的东西都不重要，重要的是要在访问的时候让顾客反映不错，这就需要你在顾客拜访过后马上要发感谢函给他。现在发感谢函的方法都很简便，电子邮件几分钟就过去了，可以省下你很多的时间。

（二）签订契约的时候

当你与顾客见面或顾客买了东西以后，你一定要心存感恩的心态，感谢顾客。客户的第一印象来自于销售人员。

销售商品的效用或价值时，下一个阶段是销售商品、销售你的服务，所以在写感谢函的时候，一定要把这种心存感恩的心境告诉你的顾客，因为每个人都有一种感觉，当你写了一封信给他，或者说是寄一张贺卡给他时，他通常是不太容易把它忘掉的，这样可以加深顾客对你的信任。

（三）承蒙顾客帮忙时

还有一种需要写感谢函的情形是承蒙顾客帮忙时，去拜访顾客，不管他是否买过你的产品，因为你有一点小小的礼物送给他，他会在礼尚往来的触动之下，觉得心里有点内疚，所以他一定会帮你的忙。你要永远对顾客心存感恩。

（四）从旅游地向平日惠顾的顾客致谢

你可以告诉你的顾客，什么地方休闲不错，可以提供给顾客；什么地方有一场足球赛，你有票，会在什么时候叫快递给他送过去……这样顾客就觉得，有这么一个人时时在关心着他，他一定很感动。同时，你也会收到很多回馈、很多关心。你去玩的时候，你别忘了带回一些小纪念品送给你的顾客，这样可以增加你和顾客之间一种信赖的关系。

五、售后服务的顾客组织化

（一）建立影响力中心

每个顾客都有很多的朋友，我们都希望顾客向我们介绍他周边的一些人，有时候相处很好的顾客会把他的一些亲戚和朋友也介绍过来购买产品，这样就建立了影响力中心。

（二）举办研讨会

选择一个适当的时机，将使用过你的产品的顾客请来参加研讨会，请他们为公司提合理化建议，同时也可以让这些顾客去认识更多的人，这是一项利人利己的工作。举办研讨会最主要的目的，就是让这些顾客们相互认识，同时也是你对顾客真诚的一种展现。

六、售后服务的商讨对象

（一）从头到尾聆听顾客的倾诉

对顾客所说的话要从头到尾耐心地听。一般人如果听到对方重复话题，不免都想阻止对方，于是就说“我知道了”，不想让对方再说下去。但是请你一定把这些反复的话当做重要的环节来耐心地听完。

（二）从倾诉中听出真意

在与顾客谈话的过程中或者是了解、商讨对策的过程中，你要注意的去听，听出顾客真正的用意在哪里，看他们有什么不满或者抱怨的情形。如果你遇到的顾客能力不是特别好，对此你一定要有耐心，让顾客把他的问题说出来，听出他的真实想法，让他说出不便说或不敢说的话才是重要的。

（三）让顾客想出对策

如果商品问题实在没有办法解决，也可以让顾客帮你想出对策。当你用心地去为顾客服务，用心地关心顾客，顾客会发自内心地感谢你，还会做出更大、更好的回报，为你想出解决烦恼的好对策来。

七、处理售后服务的不满

（一）要耐心倾听

顾客购买你的东西，总是有不满意的时候，所以常常会打电话到公司告诉我们他对这个事情的不满。无论是打电话还是当面跟你说，永远记住，不要争辩，要耐心地倾听，尽量地学会多听别人的，然后在适当的时机才表达你的观点。

（二）只需认错

千万不要和你的顾客发脾气，要学会控制情绪，做一个高 EQ 的销售人员。顾客可能很生气，但是你一定要耐心地接受，不要做过多地辩解，只需要认错。尊重顾客是一个称职的销售人员必须具备的素质，即使你知道这个顾客有误会，或者是平白无故地被这个顾客骂了，你仍然要静静倾听，让顾客吐苦水。有时在你耐心地倾听之中，顾客的怒气就消了，对顾客的不满也就不知不觉解决了。许多人在顾客尚未表露不满时，就很焦急地想找借口应付他，如果你一再地辩解，顾客会情绪性地产生反感。他的不满一旦严重表现出来，就会带走更多的顾客。

（三）了解不满的原因

由于商品本身的问题而引来的不满，只要了解了顾客不满的原因，然后直接替顾客解决了问题就没事了。

八、提高售后服务的口才

提高你的口才，提高感性原则很重要，要学会观察人，要学习别人的长处。你的顾客也是你的老师。要学会善于思考，思考的简单方式就是自问自答，“我这样做对吗，可以满足别人，有没有要改进的地方?”平时要多观察、多问、多阅读、多交谈，锻炼自己的口才，然后把这些零碎的片断组合起来，经过分析后提炼一些更有品质的内容。提高应对的能力就需要模仿那些有经验的人，看看他们是怎么做的，你同时要反复地练习，才能提高自己的口才。

九、售后服务的影响

（一）树立企业形象

在产品同质化日益严重的今天，售后服务作为市场营销的一部分已经成为众厂家和商家争夺消费者心智的重要领地，良好的售后服务是下一次销售前最好的促销，是提升消费者满意度和忠诚度的主要方式，是树立企业口碑和传播企业形象的重要途径。

（二）顾客满意度

售后服务作为顾客提出来的要求，厂家或商家提供的售后服务的好坏程度将与顾客的满意程度成正比的关系。售后服务做得好，若能达到顾客提出的要求，顾客的满意度自然会不断提高；反之售后服务工作做得不好或者没有去做，顾客的满意度就会降低，甚至产生极端的不满意。

（三）顾客传播

顾客满意后通常会持续购买自己满意的产品，进行口碑宣传或以积极的方式进行传播，对提高产品的市场占有率和品牌的美誉度起到强有力的促进作用。据实证研究结果表明：96%的消费者遇到服务不周到的情况是不会投诉的，但90%的不满意消费者是不会再购买该公司的产品和服务，或将他们的经历告诉至少另外9个人，13%有过不满意经历的消费者会将他们的经历告诉20个人以上。

章末案例或相关衔接

雅芳公司，1886年创立于美国纽约。目前在45个国家和地区有直接投资，拥有300余万名独立营业代表，业务遍及137个国家和地区，年销售额达52亿美元。现有产品2万余种，涉及护肤品、化妆品、个人护理品、香品、流行首饰、女性内衣/时装、健康食品等，是全美最大的500家企业之一。

一、专柜销售

每个城市总有几个大的商厦或超市，这些商厦和超市就成了消费者光顾最多的地方。占据了这个市场，一方面可以给雅芳带来不小的经济利润，另一方面也能将雅芳的品牌深入到消费者心中。

到目前为止，雅芳在中国拥有1600多个美容专柜，100多个仓储式的雅芳专柜，已全面进入全国各大城市的著名商厦、百货公司、大型超市和连锁店。

雅芳美容专柜的申请条件并不苛刻。如果你想在某家大商场经营雅芳美容专柜，你可以到雅芳当地分公司去申请、洽谈，分公司会派人对该商场进行考察，如果符合条件，分公司人员会和你一起去商场商谈、签订合同，开设专柜。如果你有自己的店面，想在自己的店面里开设雅芳美容专柜，也可以到当地分公司申请，只要符合条件，便可开张。

二、专卖店销售

雅芳美容专柜的服务对象是经常逛商场的女士，而雅芳专卖店，则针对的是另一群女性消费者。

雅芳专卖店，与其说是专卖店，不如说是美容店更为恰当，只不过，美容用品都是雅芳的产品，针对顾客则是雅芳产品的消费者，或是准消费者。

如果你到雅芳专卖店去消费，业务员会根据你的肤色、肤型，给你推荐适合的雅芳产品，适合的美容方案。你也可以免费咨询美容知识。如果你成了雅芳产品的顾客，雅芳业务员会为你免费做美容。也正是雅芳这样周到的服务，才会有目前这样庞大的市场。雅芳在全国现拥有5000多家产品专卖店。

雅芳专卖店的申请，申请人先要和片区经理联系，片区经理看申请人是不是适合做雅芳的专卖店，然后考虑选址上会不会和别的专卖店发生销售重复或冲突，然后是指导门面的租赁、装修、货柜的摆放位置等，其中有很多的讲究。

三、人员推销

雅芳同样有自己的直销员，所不同的是雅芳的直销员有个好听的名字：雅芳小姐。

雅芳小姐的门槛不高：凡年满十八周岁的公民均可以成为雅芳直销员。但下列人员除外：列入国家公务员管理的工作人员；现役军人；法律、法规规定不得兼职经销的其他人员。如果你符合雅芳直销员的条件，又想成为一名雅芳直销员，你就可以带上你的身份证去找雅芳当地分公司。雅芳分公司的工作人员会详细地和你商谈直销员的注意事项、工作范畴和待遇问题。

四、互联网销售

互联网从诞生到现在，曾孕育过多少美丽的梦想，有的实现了，有的失败了。但互联网在短短的几年时间里，就“网”住了以亿计的用户，而随着时间的推移，这个数字还在不断的飙升。

网络是个深不可测的巨大市场，雅芳对此并没有忽视。2000 年 11 月，雅芳在中国的第一个网上产品专卖店在“北京 263 在线”开张，为顾客提供了新的购物渠道选择；同时，雅芳运用高科技手段对产品专卖店实施了现代化的电脑管理，使产品专卖店销售渠道的“进、销、存、资金、店员和客房管理”实现了电子化和网络化；雅芳还通过大量的网络广告、在线调查、网上路演、发散式电子营销来丰富在电子商务领域的实战经验。或许，在未来的某个时候，雅芳又将在网络上掀起一股不可预知的狂潮。

五、忠诚客户俱乐部

市场永远是无限的，仅会开拓不会留守，是市场的大忌。雅芳在不断扩大自己用户群的时候，也想方设法地留住消费者。除了在产品质量上、产品更新上下工夫外，雅芳还推出顾客俱乐部。

2001 年 1 月 1 日，雅芳忠诚客户俱乐部正式成立，至今已遍布全国 74 个大中城市，会员人数达到 10 万余人。俱乐部定期给会员派发新产品试用装和会员月刊“Let's AE sTalk”，赠给精美的会员生日贺礼，并不定期地举办各种美容讲座、会员沙龙、节日聚会和抽奖活动等，这些措施对雅芳巩固自己的顾客，有很大的促进作用。

（案例来源：作者根据有关资料整理）

复习思考题

1. 为什么需要加强客户资源利用与销售过程管理?
2. 中小企业的客户关系管理解决方案有哪些?
3. 在销售过程中，销售准备工作内容包括哪些方面?
4. 寻找潜在顾客的渠道有哪些?
5. 商品的兴趣点主要有哪些特征?
6. 销售人员如何向客户介绍产品?
7. 在销售实践中，客户的异议主要表现为哪几种类型?
8. 如何才能有效地促成交易?
9. 有哪些策略和技巧可以帮助销售人员有效促成交易?
10. 在促成交易的过程中有哪些注意事项?

第六章 客户关系管理

第一节 客户关系管理定义

对客户关系管理应用的重视来源于企业对客户长期管理的观念，这种观念认为客户是企业最重要的资产并且企业的信息支持系统必须在给客户以信息自主权的要求下发展。成功的客户自主权将产生竞争优势并提高客户忠诚度最终提高公司的利润率。客户关系管理的方法在注重“4p”关键要素的同时，反映出在营销体系中各种交叉功能的组合，其重点在于赢得客户。这样，营销重点从客户需求进一步转移到客户保持上，并且保证企业把适当的时间、资金和管理资源直接集中在这两个关键任务上。

西方工业界不断用各种工具和方法进行产业升级：流程、财务、IT 和人力资源，目前进展到最核心的堡垒——营销，而 CRM 就是工业发达国家对以客户为中心的营销的整体解决方案。同时，客户关系管理（Customer Relationship Management，CRM）在近年的迅速流行应归功于 IT 技术的进步特别是互联网技术的进步，如果没有以互联网为核心的技术进步的推动，CRM 的实施会遇到特别大的阻力。可以说，互联网是 CRM 的加速器，具体的应用包括：数据挖掘、数据仓库、CALLcenter、基于浏览器的个性化服务系统等，这些技术随着 CRM 的应用而得到飞速发展。

CRM 概念引入中国已有数年，其字面意思是客户关系管理，但其深层的内涵却有许多的解释。主要是国外研究 CRM 的几位专家对 CRM 的不同定义，通过这些定义让我们对 CRM 有一个初步的认识。

第二节 客户关系管理（CRM）

最早提出该概念的格特·格若布（Gartner Group）认为：所谓的客户关系管理就是为企业提供全方位的管理视角；赋予企业更完善的客户交流能力，最大化客户的收益率。CRM，即客户关系管理。这个概念最初由 Gartner Group 提出来，而最近开始在企业电子商务中流行。CRM 的主要含义就是通过对客户详细资料的深入分析，来提高客户满意程度，从而提高企业的竞争力的一种手段。它主要包含以下几个主要方面（简称 7P）：客户概况分析（Profiling）包括客户的层次、风险、爱好、习惯等。

客户忠诚度分析（Persistency）指客户对某个产品或商业机构的忠实程度、持久性、变动情况等；

客户利润分析（Profitability）指不同客户所消费的产品的边缘利润、总利润额、净利润等；

客户性能分析（Performance）指不同客户所消费的产品按种类、渠道、销售地点等指标划分的销售额；

客户未来分析（Prospecting）包括客户数量、类别等情况的未来发展趋势、争取客户的手段等；

客户产品分析（Product）包括产品设计、关联性、供应链等；

客户促销分析（Promotion）包括广告、宣传等促销活动的管理。

（1）CRM 是一项营商策略，透过选择和管理客户达至最大的长期价值。CRM 需要以客户为中心的营商哲学和文化来支持有效的市场推广、营销和服务过程。企业只要具备了合适的领导、策略和文化，应用 CRM 可促成具有效益的客户关系管理。

（2）CRM 是关于发展和推广营商策略和支持科技以填补企业在获取、增长和保留客户方面目前和潜在表现的缺口。它可为企业做些什么？CRM 可改善资产回报，在此的资产是指客户和潜在客户基础。

（3）CRM 是信息行业用语，指有助于企业有组织性地管理客户关系的方法、软件以至互联网设施。比如说，企业建造一个客户数据库充分描述其关系。因此管理层、营业员、服务供应人员甚至客户均可获得信息，提供合乎客户需要的产品和服务，提醒客户服务要求并可获知客户选购了其他产品。

（4）CRM 是一种基于 Internet 的应用系统。它通过对企业业务流程的重组来整合用户信息资源，以更有效的方法来管理客户关系，在企业内部实现信息和资源的共享，从而降低企业运营成本，为客户提供更经济、快捷、周到的产品和服务，保持和吸引更多的客户，以求最终达到企业利润最大化的目的。

（5）CRM 是一项综合的 IT 技术，也是一种新的运作模式，它源于“以客户为中心”的新型商业模式，是一种旨在改善企业与客户关系的新型管理机制。是一项企业经营战略，企业据此赢得客户，并且留住客户，让客户满意。通过技术手段增强客户关系，并进而创造价值，最终提高利润增长的上限和底线，是客户关系管理的焦点问题。当然 CRM 系统是否能够真正发挥其应用的功效，还取决于企业是否真正理解了“以客户为中心 ”的 CRM 理念，这一理念是否贯彻到了企业的业务流程中，是否真正提高了用户满意度等等。

（6）客户关系管理（CRM）：是企业为提高核心竞争力，达到竞争制胜，快速成长的目的，树立客户为中心的发展战略，并在此基础上展开的包括判断、选择、争取、发展和保持客户所需的全部商业过程；是企业以客户关系为重点，通过开展系统化的客户研究，通过优化企业组织体系和业务流程，提高客户满意度和忠诚度，提高企业效率和利润水平的工作实践；也是企业在不断改进与客户关系的全部业务流程，最终实现电子化、自动化运营目标的过程中，所创造并使用的先进的信息技术、软硬件和优化管理方法、解决方案的总和。

（7）CRM 通过对客户详细资料的深入分析，来提高客户满意程度，从而提高企业的竞争力。客户关系是指围绕客户生命周期发生、发展的信息归集。客户关系管理的核心是客户价值管理，通过“一对一”营销原则，满足不同价值客户的个性化需求，提高客户忠诚度和保有率，实现客户价值持续贡献，从而全面提升企业盈利能力。

CRM 它不仅仅是一个软件，它是方法论、软件和 IT 能力综合，是商业策略。在国内，当一个企业开始关注客户关系管理时，往往也伴随着业务流程的调整，通过引入先进的营销管理理念和可借鉴的流程制度以及自动化工具，来实现企业的战略目标。

客户关系管理的工具一般简称为 CRM 软件，实施起来有一定的风险，超过半数的企业在系统实施一段时间之后就会将软件束之高阁。

从软件关注的重点来看，CRM 软件分为操作型、分析型两大类，当然也有两者并重的。操作型更加关注业务流程、信息记录，提供便捷的操作和人性化的界面；而分析型往往基于大量的企业日常数据，对数据进行挖掘分析，找出客户、产品、服务的特征，从而修正企业的产品策略、市场策略。

从软件的技术层面来看，CRM 软件分为预置型和托管型两类，如何解决数据安全方面的担忧，是托管型 CRM 面临的最大难题。如何说服一个成熟企业将核心数据放置在企业可控制范围之外，是托管型 CRM 能走多远的重点。

第三节　客户关系管理中的管理理念

客户关系管理是伴随着因特网和电子商务的大潮进入中国的。

最早发展客户关系管理的国家是美国，在 1980 年年初便有所谓的“接触管理”（Contact Management）专门搜集客户与公司联系的所有信息。到 1990 则演变成包括电话“4 服务中心”支持资料分析的客户关怀（Customer care）。

从管理科学的角度来考察，客户关系管理源于市场营销理论；从解决方案的角度考察，CRM 是将市场营销的科学管理理念通过信息技术的手段集成在软件上面，得以在全球大规模的普及和应用。

市场营销作为一门独立的经济学科已有将近百年的历史。近几十年来，市场营销的理论和方法极大地推动了西方国家工商业的发展，深刻地影响着企业的经营观念以及人们的生活方式。近年来，信息技术的长足发展为市场营销管理理念的普及和应用开辟了广阔的空间。我们看到，目前信息技术正在迅猛地扩张其功能，正在用科幻小说描写过的方式进行思维推理。在有些方面，信息技术的智能正在取代人类的智能。

一、在 CRM 中客户是企业的一项重要资产

在传统的管理理念以及现行的财务制度中，只有厂房、设备、现金、股票、债券等是资产。随着科技的发展，开始把技术、人才视为企业的资产。对技术以及人才加以百般重视。然而，这种划分资产的理念，是一种闭环式的，而不是开放式的。无论是传统的固定资产和流动资产论，还是新出现的人才和技术资产论，都是企业能够得以实现价值的部分条件，而不是完全条件，其缺少的部分就是产品实现其价值的最后

阶段，同时也是最重要的阶段，在这个阶段的主导者就是客户。

在以产品为中心的商业模式向以客户为中心的商业模式转变的情况下，众多的企业开始将客户视为其重要的资产，不断地采取多种方式对企业的客户实施关怀，以提高客户对本企业的满意程度和忠诚度。我们看到，世界上越来越多的企业在提出这样的理念，例如："想客户所想"，"客户就是上帝"，"客户的利益至高无上"，"客户永远是对的"等。

二、客户关怀是 CRM 的中心

在最初的时候，企业向客户提供售后服务是作为对其特定产品的一种支持。原因在于这部分产品需要定期进行修理和维护。例如，家用电器、电脑产品、汽车等。这种售后服务基本上被客户认为是产品本身的一个组成部分。如果没有售后服务，客户根本就不会购买企业的产品。那些在售后服务方面做得好的公司其市场销售就处于上升的趋势。反之，那些不注重售后服务的公司其市场销售则处于不利的地位。

客户关怀贯穿了市场营销的所有环节。客户关怀包括如下的方面：客户服务（包括向客户提供产品信息和服务建议等），产品质量（应符合有关标准、适合客户使用、保证安全可靠），服务质量（指与企业接触的过程中客户的体验），售后服务（包括售后的查询和投诉以及维护和修理）。

在所有营销变量中，客户关怀的注意力要放在交易的不同阶段上，营造出友好、激励、高效的氛围。对客户关怀意义最大的四个实际营销变量是：产品和服务（这是客户关怀的核心）、沟通方式、销售激励和公共关系。CRM 软件的客户关怀模块充分地将有关的营销变量纳入其中，使得客户关怀这个非常抽象的问题能够通过一系列相关的指标来测量，便于企业及时调整对客户的关怀策略，使得客户对企业有更高的忠诚度。

客户关怀的目的是增强客户满意度与忠诚度。国际上一些非常有权威的研究机构，经过深入的调查研究以后分别得出了这样一些结论，"把客户的满意度提高五个百分点，其结果是企业的利润增加一倍"；"一个非常满意的客户其购买意愿比一个满意客户高出六倍"；"2/3 的客户离开供应商是因为供应商对他们的关怀不够"；"93% 的企业 CEO 认为客户关系管理是企业成功和更有竞争能力的最重要的因素"。

如同企业的产品有生命周期一样，客户同样也是有生命周期的。客户的保持周期越长久，企业的相对投资回报就越高，从而给企业带来的利润就会越大。由此可见保留客户非常非常重要。保留什么样的客户，如何保留客户是对企业提出的重要课题。

企业的客户成千上万，企业对如此多的客户又了解多少呢？不了解客户就无法对客户加以区别。应该采取何种措施来细分客户，对细分客户应采取何种形式的市场活动，应采取何种程度的关怀方式，才能够不断地培养客户的满意度，这是企业传统客户关系管理面临的挑战。

三、应用 CRM 给企业带来的好处

成功应用 CRM 系统将给企业带来可衡量的显著效益。美国独立的 IT 市场研究机构

(Information Systems Marketing，ISM) 持续13年跟踪研究应用CRM给企业带来的影响，通过对大量实施CRM企业的跟踪调查，得出了详细的、可量化的利益一览表，从而证明在CRM系统上的资金、时间、人力的投入是恰当的。

(1) 在实施系统的前三年内，每个销售代表的年销售总额至少增长10%。之所以能够获得这样的收益，是因为销售人员提高了工作效率（例如：有更多时间去拜访客户和实施策略)，工作更富成效（例如：因销售人员更加关注有价值的客户、更了解客户需求从而提高了他们的销售访问质量)。

(2) 在实施系统的前三年内，一般的市场销售费用和管理费用至少减少5%。因为公司和市场人员可以更有针对性地对目标客户发放他们所需要的资料，选择沟通渠道，而不必像以往那样，去大量散发昂贵的印刷品和资料给所有的客户。由于传统方式针对性不强，必然会广种薄收，成本居高不下。

(3) 在实施系统的前三年内，预计销售成功率至少提升5%。因为销售员辨别和选择机会时可以更仔细，可以尽早放弃那些不好的机会，从而全力关注于那些高成功率的机会。

(4) 在应用系统的过程中，每笔生意价值至少增加1%的边际利润。由于销售员可以与那些经过仔细选择的客户群更紧密的合作，这些客户群像注重折扣一样注重价值销售，所以销售员趋向于更少打折。

(5) 客户满意率至少增加5%。因为那些能够更快得到所需信息的客户，获得了更好服务的客户和那些乐于建立关系营销而销售员又能够提供的客户感到更满意。

上述利益是基于以下测量得出的：

(1) 销售人员每天为现实的客户花的时间更多：为确知此利益，需要考虑计算销售人员每天拨打的服务电话或与现实的客户面对面接触的时间。

(2) 销售代表追求的客户数量的提高：请记住多数销售代表更愿意与现实的客户打电话，并与之发展关系。但是，未来新的客户也在不断增加。为落实客户数量，需要计算每人、每星期、每月、每季度销售代表接触的新老客户的数量。

(3) 销售经理与客户接触和就客户问题与销售代表一起工作的时间增多：培训销售人员很关键。经理们似乎从未有足够的时间。为此，需要考虑计算每天销售经理与新老客户接触的时间及与销售代表讨论客户问题的时间。

(4) 客户服务增加：客户服务是那些领先的公司和那些对此尚不知晓的公司之间的识别标志。为此，需要计算客户服务问题的解决时间以及由于错误信息导致的客户服务误差的数量。

(5) 与客户和有望成为客户的人的联系的及时性增强：应计算与客户和有望成为客户的人联系所间隔的时间以及给他们送发信息所间隔的时间。

(6) 每一销售代表每月收入的增加：由于自动化而节省了大量时间，为了确保因此而能有效地销售得更多，谨慎的管理是需要的。尽管如此，每个销售代表每月收入增多仍是CRM最重要的好处。为此，需要计算每月每一代表的基本收入所增加的数额。

(7) 总体业绩的提高：在一个ISM曾共事的公司，销售经理基于CRM系统的使用在销售人员之间开展竞争，结果是惊人的。销售人员之间的良性竞争导致总体销售业绩的显著提高。为此，可计算一下每月整体销售队伍所增加的销售额。

（8）您公司的名字在您的客户和有望成为客户的人的面前出现的频率将会提高：所谓“眼不见，心不烦”是很有害于您的销售努力的。为此，可计算一下由销售和市场营销人员给客户和有望成为客户的人发出信函的数量。

（9）顾客满意程度的提高：为此，可考虑使用关于顾客满意的调查评比，并将评比结果张贴公布以供所有员工了解。

（10）公司内部交流的增多：随着越来越多的员工在客户及潜在客户领域倾注时间，员工之间有效地交流的需要也在增强。为此，可计算在地区、区域及总部办公室之间提供和获取信息所花费的时间。

四、CRM 在技术上是如何实现的

（一）销售

在采用 CRM 解决方案时，销售力量自动化（Sales Force Automation，SFA）在国外已经有了十几年的发展，并将在近几年在国内获得长足发展。SFA 是早期的针对客户的应用软件的出发点，但从 20 世纪 90 年代初开始，其范围已经大大地扩展，以整体的视野，提供集成性的方法来管理客户关系。

就像 SFA 的字面意思所表明的，SFA 主要是提高专业销售人员的大部分活动的自动化程度。它包含一系列的功能，提高销售过程的自动化程度，并向销售人员提供工具，提高其工作效率。它的功能一般包括日历和日程安排、联系和客户管理、佣金管理、商业机会和传递渠道管理、销售预测、建议的产生和管理、定价、区域划分、费用报告等。

举例来讲，有的 CRM 产品具有销售配置模块，允许系统用户（不论是客户还是销售代表）根据产品部件确定最终产品，而用户不需知晓这些部件是怎么连结在一起，甚至不需要知道这些部件能否连结在一起。由于用户不需技术背景即可配置复杂的产品，因此，这种销售配置工具特别适合在网上应用，如戴尔（Dell）计算机公司，允许其客户通过网络配置和定购个人电脑。自助的网络销售能力，使得客户可通过互联网选择、购买产品和服务，使得企业可直接与客户进行低成本的、以网络为基础的电子商务。

（二）营销

营销自动化模块是 CRM 的最新成果，作为对 SFA 的补充，它为营销提供了独特的能力，如营销活动（包括以网络为基础的营销活动或传统的营销活动）计划的编制和执行、计划结果的分析；清单的产生和管理；预算和预测；营销资料管理；“营销百科全书”（关于产品、定价、竞争信息等的知识库）；对有需求客户的跟踪、分销和管理。营销自动化模块与 SFA 模块的不同在于，它们提供的功能不同，这些功能的目标也不同。营销自动化模块不局限于提高销售人员活动的自动化程度，其目标是为营销及其相关活动的设计、执行和评估提供详细的框架。在很多情况下，营销自动化和 SFA 模块是补充性的。例如，成功的营销活动可以得知很好的有需求的客户，为了使得营销活动真正有效，应该及时地将销售机会提供给执行的人，如销售专业人员。在客户生命周期中，这两个应用具有不同的功能，但它们常常是互为补充的。

（三）客户服务与支持

在很多情况下，客户的保持和提高客户利润贡献度依赖于提供优质的服务，客户只需轻点鼠标或打一个电话就可以转向企业的竞争者。因此，客户服务和支持对很多公司是极为重要的。在 CRM 中，客户服务与支持主要是通过呼叫中心和互联网实现。在满足客户的个性化要求方面，它们的速度、准确性和效率都令人满意。CRM 系统中的强有力的客户数据使得通过多种渠道（如互联网、呼叫中心）的纵横向销售变得可能，当把客户服务与支持功能同销售、营销功能比较好地结合起来时，就能为企业提供很多好机会，向已有的客户销售更多的产品。客户服务与支持的典型应用包括：客户关怀；纠纷、次货、订单跟踪；现场服务；问题及其解决方法的数据库；维修行为安排和调度；服务协议和合同；服务请求管理等。

（四）计算机、电话、网络的集成

企业有许多同客户沟通的方法，如面对面的接触、电话、呼叫中心、电子邮件、互联网、通过合作伙伴进行的间接联系等。CRM 应用有必要为上述多渠道的客户沟通提供一致的数据和客户信息。我们知道，客户经常根据自己的偏好和沟通渠道的方便与否，掌握沟通渠道的最终选择权。例如，有的客户或潜在的客户不喜欢那些不请自来的电子邮件，但企业偶尔打来电话却不介意。因此，对这样的客户，企业应避免向其主动发送电子邮件，而应多利用电话这种方式。

统一的渠道能给企业带来效率和利益，这些收益主要从内部技术框架和外部关系管理方面表现出来。就内部来讲，建立在集中的数据模型的基础上，统一的渠道方法能改进前台系统，增强多渠道的客户互动。集成和维持上述多系统间界面的费用和困难经常使得项目的开展阻力重重。而且，如果缺少一定水平的自动化，在多系统间传递数据也是很困难的。就外部来讲，企业可从多渠道间的良好的客户互动中获益。如客户在同企业交涉时，不希望向不同的企业部门或人提供相同的重复的信息，而统一的渠道方法则从各渠道间搜集数据，这样客户的问题或抱怨能更快地更有效地被解决，从而提高客户满意度。

四、CRM 出现的原因

（一）需求的拉动

放眼看去，一方面，很多企业在信息化方面已经做了大量工作，收到了很好的经济效益。另一方面，一个普遍的现象是，在很多企业，销售、营销和服务部门的信息化程度越来越不能适应业务发展的需要，越来越多的企业要求提高销售、营销和服务的日常业务的自动化和科学化。这是客户关系管理应运而生的需求基础。

（二）技术的推动

计算机、通信技术、网络应用的飞速发展使得上面的想法不再停留在梦想阶段。

办公自动化程度、员工计算机应用能力、企业信息化水平、企业管理水平的提高都有利于客户关系管理的实现。我们很难想象，在一个管理水平低下、员工意识落后、信息化水平很低的企业从技术上实现客户关系管理。有一种说法很有道理：客户关系管理的作用是锦上添花。现在，信息化、网络化的理念在我国很多企业已经深入人心，很多企业已有了相当的信息化基础。

电子商务在全球范围内正开展得如火如荼，正在改变着企业做生意的方式。通过因特网，可开展营销活动，向客户销售产品，提供售后服务，搜集客户信息。重要的是，这一切的成本是那么的低。

客户信息是客户关系管理的基础。数据仓库、商业智能、知识发现等技术的发展，使得搜集、整理、加工和利用客户信息的质量大大提高。在这方面，我们可看一个经典的案例。一个美国最大的超市：沃尔玛，对顾客的购买清单的信息分析表明，啤酒和尿布经常同时出现在顾客的购买清单上。原来，美国很多男士在为自己小孩买尿布的时候，还要为自己的带上几瓶啤酒。而在这个超市的货架上，这两种商品离得很远，因此，沃尔玛超市就重新分布货架，即把啤酒和尿布放得很近，使得购买尿布的男人很容易地看到啤酒，最终使得啤酒的销量大增。这就是著名的“啤酒与尿布”的数据挖掘案例。

（三）管理理念的更新

经过20多年的发展，市场经济的观念已经深入人心。当前，一些先进企业的重点正在经历着从以产品为中心向以客户为中心的转移。有人提出了客户联盟的概念，也就是与客户建立共同获胜的关系，达到双赢的结果，而不是千方百计地从客户身上谋取自身的利益。

现在是一个变革的时代、创新的时代。比竞争对手领先一步，而且仅仅一步，就可能意味着成功。业务流程的重新设计为企业的管理创新提供了一个工具。在引入客户关系管理的理念和技术时，不可避免地要对企业原来的管理方式进行变革，创新的思想将有利于企业员工接受变革，而业务流程重组则提供了具体的思路和方法。

在互联网时代，仅凭传统的管理思想已经不够了。互联网带来的不仅是一种手段，它触发了企业组织架构、工作流程的重组以及整个社会管理思想的变革。

（四）在线 CRM

在线 CRM 是基于互联网模式 、专为中小企业量身打造的在线营销管理、销售管理、完整客户生命周期管理工具，通过整合多种网络化、低成本营销手段和沟通方式，帮助企业建立与客户之间通畅的交流平台，全方位管理客户资源，多角度查询和分析客户特征、客户业绩贡献、客户获取和客户维持的成本。

在线 CRM 与传统 CRM 相比的优势：

（1）价格：在线 CRM 一年只需要几百块钱，比传统 CRM 便宜很多。

（2）无须升级维护：在线 CRM 一次购买可以省去以后的升级维护费用。

（3）随时随地办公：只要能上网的地方就能办公，这是传统软件所达不到的。

章末案例或相关衔接

IT 经理世界：跟随者八百客

作为美国撒拉费斯（Salesforce）模式的模仿者，2004 年创业，中国公司八百客如何走上真正属于自己的路？2010 年公司销售额数千万元；客户从小型公司做到中华英才、尚德机构、航港发展等中型公司；搬过不下 3 次家，现安家北京中关村腹地的天创科技大厦。

这是李智自创业以来的几个敏感事实。李智是八百客（北京）软件技术发展有限公司的创始人兼总经理，作为国内最大的在线 CRM 厂商，最近两年，八百客逐渐熬过了最艰难的生存期，业务开始被用户认可。云计算的日渐流行，使其逐渐被企业 IT 管理者认知并接受是这一变化的主要原因。不过，李智认为，这个市场还远未到最好的时候。

模仿

李智在 2004 年所进行的创业思考，着实花了他一番工夫。当年，业界公认的“老大哥”是 1999 年创立的美国公司撒拉费斯，提供在线 CRM 服务，在北美和欧洲市场做得风生水起，其 2004 年的收入已达到 1.75 亿美元。但在线 CRM 对于 2004 年的中国公司却有些冷门，更多的公司将资金投资在财务软件或 ERP 上。市面上出售套装 CRM 软件的公司有几家，但价格昂贵、功能复杂、客户主要集中在大公司。而对于大多数正处于粗放管理成长型的中国中小企业而言，有关销售管理方面的投资并不足以引起他们的兴趣。不过，眼看 SaaS 模式在美国逐渐盛行，当时身在美国的李智决定回国创业。八百客的盈利模式也很简单：曾经要几百万元的套装软件，被八百客用一种服务的方式分解，只要每人每月 60 元即可，公司的收入来源主要靠这种月租形式的服务费和在上线系统时收取的实施费。

公司创立之后，用了 5 个月，八百客才谈下第一家客户。开局的艰难一直持续了 3 年，八百客始终在惨淡经营。直到 2007 年，随着 SaaS 的概念逐渐被国内的 CIO 们接受，市场局面慢慢被打开。2008 年，八百客的业务量开始走向千万级，摆脱了生存期的诸多困扰。此后，在线 CRM 的生意吸引了中国电信、阿里软件、金蝶、用友等国内软件巨头进入这一领域，但却都因为各种原因而悄然撤离。

八百客的坚持正在慢慢得到回报。现在来看，李智觉得八百客最大的收获是赢得了市场先机，“进入市场早，拥有足够的时间不断完善产品”。由于一开始，八百客走的就是全面模仿撒拉费斯模式的路线，不仅是商业模式，而且也有底层技术，但“在核心技术上会滞后几个月”。为了弥补这一点，八百客决定在美国设立相关技术实验室，做一些技术调查以及捕捉最新的技术架构动态信息。

撒拉费斯早已经注意到了一直紧跟在身后的这位模仿者。2010年12月下旬，李智意外地收到了撒拉费斯来自美国的律师函，意在通过阻止八百客对美国市场的开拓。不过从目前形势看，八百客很长一段时间还在国内市场的耕耘期，对于撒拉费斯的紧张应对，李智一笑置之，毕竟中国市场还尚在开发阶段，美国市场远不能顾及。而在软件行业，学习和模仿是必不可少的，大多数的公司都是在模仿先行者的产品过程中做起来的，法律的边界问题一向模糊。在国内市场上，虽然撒拉费斯设立了相关机构并出售其服务，但是规模一直不大，究其原因，除了产品很难做到本土化的问题，另一个很重要的原因是价格。

一家美国跨国公司的中国公司的IT经理对记者表示，虽然从产品层面看，撒拉费斯显然优于八百客，但高昂的价格还是促使他们最终选择了八百客的产品。相比撒拉费斯，八百客的价格仅是其同类产品的1/10，有十几元到几十元的各种版本系统。自2008年开始的金融危机，使得价格因素变得格外敏感，也正是在此期间，不少撒拉费斯的中国客户开始转向八百客。

李智说，在撒拉费斯没有进一步的大动作之前的宝贵平静期，八百客会拼命完善自己的产品，扩大市场影响力。在八百客成立之初的几年里，八百客几乎每3个月就会推出一款新产品，后来，由于技术容量的增大，曾经的产品周期越来越长。“一般而言，准备期在一年左右，开发时间则需要半年”。现在，八百客的产品已经开发到了第九版，拥有较高的产品成熟度。这主要表现在两方面：“一是用户体验，比如访问速度更快；一是自定制，CRM用户需要量体裁衣用户体验才会更好。”对于云计算的服务厂商而言，这两项是很重要的指标，李智和他的开发团队需要对底层的架构不断进行优化，同时需要快速响应不同客户的需要，对同一行业的需求进行总结，以做到快速响应客户，进行相关的定制开发。

障碍

不过从现在的业务量看，八百客遇到了两个很难逾越的障碍：除了整个业界对云计算这一模式的认知仍处于初级阶段，另一个则是国内软件业的生存环境问题。6年的时间过去了，中国的公司正在逐步成熟。不过在对客户关系的管理上，仍然表现出显著的行业差异，市场化越充分的行业越需要CRM的服务。现在，八百客的客户主要来源于软件行业、文化教育行业等服务行业。而受制于数据量的规模，这一模式主要承载的是中小型企业的需求。对于这部分企业而言，往往对云计算这一模式尚处于认知阶段。不少客户靠口碑传播自己找上门。从目前看，八百客已经过了生存期，现金流状况不错，但是苦于市场仍然处于预热阶段。2009年，八百客融资1700万美元，不过李智声称，这笔钱全部都花在了教育市场上，他期望“在市场层面上有更多的竞争对手进来”。在国外的工作经历告诉他，在软件市场上，在线CRM这个市场首先是由IBM、微软这类IT巨头先炒起来，随后由撒拉费斯这样的小公司来进行颠覆，这才是最完美的方式。不过国内的情况却完全不一样。大公司一般不做CRM，国内大型软件公司的核心业务仍然以出售ERP等套装软件产品为主，如果推出云计算相关服务，原有的服务模式将面临革命性的颠覆，这也是国内的云计算市场大多是国外公司在摇旗呐喊，国内IT公司集体沉默的原因。用友、金蝶虽力推过这一市场，但是其实际的力度却并不大。李智称："大公司不使劲，我们的力量毕竟有限。"他自己偶尔甚至会有独孤求败的感觉。

对于八百客未来的发展，李智说他们几个公司高层曾经在董事会上讨论过这个问题，在市场未出现强劲竞争者的阶段，他们会把最主要精力投放在为客户提供更好的服务上。李智说："这是一个过程，等到大家都理解了，那么对不理解的潜在竞争对手来说也晚了。云计算是一个很实在的概念，很多人不懂。"

（案例来源：作者根据有关资料整理）

复习思考题

1. 客户关系管理的本质意义有哪些？
2. 怎样理解"CRM 的主要含义就是通过对客户详细资料的深入分析的"？
3. 客户关系管理的管理理念包括哪些方面？
4. 怎样理解客户关怀就是 CRM 的中心
5. CRM 在技术上是如何实现的？

第七章 应收账款管理

美国管理协会专家们在分析我国企业目前的管理状况时指出：中国企业在管理上普遍存在两个半缺陷，一个是预算管理，大多数企业不懂得如何进行预算；另一个是信用风险管理，目前几乎还是一个空白；剩下的半个是人力资源管理，大多数企业实行的是人事管理，离人力资源管理还有一定距离。这一分析是否全面尚有待评说，但我国企业普遍缺乏专业化的高风险管理，却是不争的事实。

目前在企业中普遍流行一种说法："不赊销是等死，赊销是找死。"这一方面表明了赊销（信用销售）已成为一种市场竞争的必然趋势，另一方面又表明了企业在信用风险管理能力上的不足。尤其是在我国加入 WTO 之后，面对竞争更为激烈的国内外市场，采用更具有吸引力的信用销售方式和实行有效的信用风险管理将是我国企业能否获得市场竞争力的重要因素。

第一节 赊销与信用管理

一、赊销的产生

赊销产生于古代，是商品流通发展的产物。在中国古籍《周礼》的《地官·泉府》中，就已经有了春秋战国时期关于"赊"的记载。在封建社会中，随着商品经济的发展，"赊"逐渐成为商业习惯。在宋代，商贾贩卖的惯例，多是一年后付货款。

在资本主义社会中，赊销更为普遍，一种是消费信用，另一种是企业间的商业信用。前者主要是在资本主义经济出现生产过剩，消费者的购买力低，销售困难的情况下，资本家用作招徕顾客、扩大推销的手段，通常采用分期付款形式。后者除了新商品试销外，也多是因资本主义市场不景气、商品滞销、竞争激烈所致。

在社会主义条件下，为了扩大商品销路，活跃市场，赊销也是一种可以适当利用的方法。

二、赊销的功能和目的

（一）对于买方来讲，赊销的好处

（1）赊销购买能够缓解其资金周转的压力。如果买方目前资金紧张，而又急需购进一批原材料或设备，赊销正好能解决其资金周转的困难，避免其因资金紧张而错失商机。

（2）赊销能够给买方发现产品质量问题的时间，在付款问题上占据主动地位。假如担心产品质量存在问题，买方就有理由拒绝或部分拒绝付款或延期付款，避免损失。

（3）从某种意义上讲，买方是通过赊销的方式，利用他人的钱来赚钱，先将卖方的货赊过来，卖出后再付钱，自己不投资或少投资，从而减少银行贷款，降低利息成本，何乐而不为呢。

（二）对于卖方来讲，赊销的有利方面

相比之下，赊销对卖方来讲就显得有些迫不得已。任何一家卖方当然都希望现金交易，即一手交钱，一手交货，既无风险，又可尽快回笼资金。然而，面对竞争日趋激烈的市场，企业又不得不接受对它来说看似苛刻的条件——赊销。其实仔细分析，赊销对卖方并非全都是弊，正像所有的事物都有正反两方面一样，赊销对卖方也存在有利的方面。

（1）赊销能够刺激购买力。对于那些资金暂时有困难的买方，赊销无疑具有强大的诱惑力。北京百盛大厦推出“大型家电分期付款”，一周以来咨询者数万，电器销售数量明显增加，就充分说明了这一点。

（2）赊销能够提高卖方的竞争力。一家有能力赊销的企业显然比没有能力赊销的企业具有更强的市场竞争力。如果企业有雄厚的资金作后盾，那么它就有条件对客户进行赊销，经受得起由赊销带来的资金周转的负担。

（3）赊销能够起到稳定客户的作用。对信誉好、实力强的客户提供赊销作为优惠条件，为保持长期稳定的客户关系提供了保障。对相互了解而又暂时没钱的老客户进行赊销，帮助其缓解资金周转困难，客户会因此加深与供应商的“感情”，今后将与其保持长期的商业合作关系。

（4）赊销能够减少企业的库存。目前，很多企业的产品积压严重，资金大量占用，无法变现，在很大程度上阻碍了企业的发展，有些企业甚至面临破产倒闭的危险。赊销虽然不能使企业的资金马上回笼，但是起码使其成为可能。

三、赊销风险的防范

由于赊销赖以形成的信用基础在客观上存在不确定性和多变性，增大了赊销的风险，往往使企业处于两难的境地。所以如今对赊销商品和应收账款的管理，特别重视赊销风险的防范，并制定了一系列措施和办法。

（一）树立法制观念，强化防范意识

市场经济是法制经济，在赊销和应收账款的管理上，要树立法制观念，增强法规意识。既要遵纪守法，还要善于运用法律保护自身的合法权益。

1. 应依法经营

经营行为必须符合法律、法规和有关政策规定，否则就会增加赊销风险，而一旦出现纠纷就可能导致企业“哑巴吃黄连，有苦说不出”。

2. 应重视赊销协议或赊销合同的签订

合同的形式和内容必须符合法律、法规的规定。必要的条款应当严谨、完整，措

辞严密，表述准确，减少出现纠纷的可能性。同时，为一旦出现纠纷时寻求法律保护拟订准备性条款。

3. 赊销的手续应当符合法律诉讼证据的要求

赊销手续的设计要科学、合理、严密、完整，应有的内容和项目必须设置齐全，不得遗漏，减少出现债务纠纷的可能性，并为顺利解决可能出现的债务纠纷奠定必要的保障基础。

4. 防止未收回的货款超过诉讼时效

一是可要求对方先支付货款的一部分，取得诉讼时效期间催收的证据；二是通过企业的法律顾问向对方发出律师函催收而取得证据。

（二）实行合同管理

对赊销业务实行合同化管理，用合同来规范赊销行为。合作双方就重要事项协商一致后，一律签订销售合同，明确双方的权利义务。为此，应当注意以下问题：

1. 合同的条款应当严密、完整

必须明确标的物的名称、品种、规格、型号、单价和金额，明确还款期限和计算期限的起点，明确标的物应达到的质量标准，明确损害赔偿办法和违约责任等内容。

2. 合同的手续必须完备

合同的签字、盖章以及签署时间等必须正确、齐全、完整。

3. 对签订的合同进行登记管理

及时检查和监督合同履行情况，记录出现的问题。要把购货方的履约情况及时反馈给有关负责人，以便掌握情况，制定对策。

（三）建立规章制度，完善基础工作

1. 建立赊销管理制度，实行规范化管理

赊销管理制度应当包括如下内容：赊销前对业务单位信用进行考察和评估；赊销金额及对应的审批权限；赊销经办人员及赊销审批人员的责任认定和相应的处罚措施；赊销手续的办理程序等。制度应当体现前款不清，后货不赊的原则，既要为诚实守信的客户提供适当充分的赊销货物，增加收入，又要对信用不良的客户进行限制或停止赊销，减少呆账和坏账损失。

建立赊销管理制度，使赊销工作更加规范、有序，使赊销工作有法可依，有章可循。

2. 认真做好基础工作。

（1）严格执行赊销审批制度。在分析和考察客户信用基础上，按照赊销金额及对应的审批权限进行审批，按照规定的程序办理赊销手续，严禁违规办理赊销业务，严禁擅自赊销商品。

（2）赊销手续格式应当统一、规范、科学、合理，填写要正确、完整，签字和盖章必须齐全，不得有遗漏。对不符合规定的赊销手续，不得办理赊销业务。

（3）及时核对账目。要及时同购货方核对账目，核对完毕必须签字盖章，予以确认。济南冶达公司的一笔长期应收账款在处理过程中，经过对方确认的对账单成为后

来诉讼中的直接和有效证据，促成诉讼成功，顺利地追回了货款。

做好赊销基础工作能在客户中树立良好形象，对货款的回收产生积极的影响。另外，作好基础工作容易核对账目，容易得到对方的认可而减少债务纠纷，即使出现纠纷也比较容易解决。

（四）做好信用的考察和评估工作

要深入了解客户、认识客户并掌握其信用状况，仅凭有关人员的印象是不够的，也是不可靠的，必须进行综合考察。首先，从内部搜集信息，建立客户信用档案，加强对客户信用信息的管理。企业应当安排专人管理信用档案。信用档案主要记录客户履行合同或协议的情况，如实反映履约中守信行为和不良行为。还应当考察客户合同之外的其他业务交往行为，对其中涉及信用的部分进行搜集和记录，从另一方面了解和掌握情况。其次，从外部搜集信用信息。要关注客户的经营状况，了解其他单位和有关部门等对客户的反映和评价，掌握全面的情况。最后，定期召开客户信誉评估会，客观、全面分析客户的资信情况。要观察客户在合作中是恪守信用、精诚合作，还是不守信用、难以合作；客户的违约是因为特殊情况偶尔为之，还是属于习惯行为乃至恶意欺诈，如此等等，对此应当作出客观的分析和正确的判断。

（五）制定和落实应收账款对策

赊销货款一旦不能按时足额收回，就应当及时制定应收对策，安排专人追收。首先，应当落实和划分责任。应收账款的追收坚持谁赊账谁要账的原则，落实和确定应收账款的责任人。直接责任人为赊销业务的经办人员，负责审批的负责人和经理分别承担相应的责任。其次，制定应收账款对策表。对策表应当明确对方单位名称、应收内容、应收金额、形成原因，明确应收账款形成的时间、赊销合同约定的货款回收时间以及本对策表规定的收款时间，还应当明确收款责任人应当承担的收款责任。再次，对长期不能收回的应收账款另行处理。长期未能收回的款项，停止该责任人对该项应收账款的回收工作。要制定鼓励政策，鼓励其他人员回收。由其他人员收回的，可以给予一定比例的提成奖励，调动收款人员的积极性。最后，应该严格执行应收账款对策表。负责应收账款回收的部门要及时催促和检查应收账款回收工作，每月进行一次考核，月底兑现。对于回款工作出色、业绩优秀的人员在年底给予一定的奖励。

（六）建立同客户的良好关系

重视文明礼貌与商业礼仪，树立良好的企业形象。诚实守信，坦诚相见，与人为善，与人为伴，建立互信合作、平等友好的关系。要及时进行信息沟通和感情交流，求同存异，增加互相谅解。还应当适当考虑回收货款的时间、地点、方式等因素，争取对方的理解和配合，以便顺利收回货款。

四、赊销存在问题

（一）代销、赊销与应收账款

在销售中，按照商品发出后所有权是否发生转移分为代销与赊销。

代销指商品发出后所有权不发生转移，仍属供货商，中间商按自己已售出商品的数量、金额向供货方结算，未售出的部分，所有权仍属供货方。

赊销指商品发出后所有权发生了转移，中间商拥有商品的所有权，承担向供货商付款的责任，供货商随即拥有向中间商收款的权利。在供货商的财务账上相应产生了应收账款，在货款未回收前，仅仅产生了债权，销售并未完成。

（二）赊销产生的问题

赊销的英文为 Open Account。无论如何定义它都是一项高风险投资，其回报就是在销售得到完全支付时赚取的利润。由于我国信用体制尚在建立的初期，因此在现阶段，赊销的方式给我们带来了很多问题。

1. 赊销使企业的经营成本上升

（1）赊销所占用的流动资金是企业自己的钱或企业借来要还的钱，因而产生了财务费用及利息成本。应收账款过大导致企业为了维持经营弥补拖欠不得不过度贷款或融资。由于激烈的竞争，企业进入微利时期，大量的借贷使企业沦为银行的打工仔。

（2）应收账款的催收会发生通讯费用、人工费用、差旅费用、交际费用等。有时小额欠款的金额甚至不足以抵偿上述催款的费用。此外，还会占用自有资金的存款利息、按税法规定提前开票时税金的占用及个别情况下为清欠发生的诉讼费用等。

2. 赊销使企业的经营风险上升

由于信用体系的不健全、赊销管理的不严格，造成了发生坏账的可能。起先仅有一笔欠款，为了不影响销售，前款未清又放一批货，导致欠款总额增加，此后害怕收不回欠款，只好一批批不断放货，进入恶性循环，最终导致血本无归。一笔 3 万元的坏账，账龄为一年，按银行贷款利率 5%、毛利 3% 计，则需要新增 156 万元的销售才可补回成本，而这 156 万元又会产生新的利息费用，由此产生的其他费用还未计入。

赊销使得中间商可以将人为因素造成的残、损商品退回厂家，此时厂家被逼无奈只得接收，总比收不回钱要好。

个别经销商认为：由于产品是赊来的，经销商没有资金压力，不能产生足够的推动力去销售产品，这种局面对厂家与经销商的销售都十分不利。如厂家催款压力大，为尽快回款，可能低价或跨区域抛货，导致市场秩序混乱，最终局面不可收拾。有的甚至被竞争对手乘虚而入，更有甚者在资金周转困难时将已回收的货款挪作他用。如果企业内部管理不善，业务员可能将在外的欠款回收后挪作己用，甚至以赊销的名义，挪用公司的商品，开展个人的业务，给职业犯罪提供了机会，这种情况在现实中时有发生。

此外，对经销商来说，没有资金的压力，对下家同样可能产生长期应收账款，造成资金周转困难，导致债务风险。某知名民营企业，由于管理不善，在拥有 2 亿元应收账款的情况下，因 5000 万元到期债务无法偿还而致倒闭就是一个典型例子。

3. 赊销使企业的经营效率低下

由于我国信用意识与信用体系的不完全，使企业产生大量的过期应收账款。为了收回这些欠款，造成业务人员将大部分时间用于催收欠款，一批欠款往往需要电话、信函、传真、出差反复催要，几乎没有精力去开发市场、帮助指导经销商，并害怕因催款与经销商或用户发生矛盾，影响了双方的合作关系。此外企业派出的催款人员往往是业务骨干，财务部门也必须参与其中予以配合，同样分散了精力，使得整个企业的经营效率低下。

五、赊销的管理

在我国，尽管赊销存在诸多问题，但在许多情况下，赊销还是存在的，因此必须对其严格管理。

（1）赊销的管理应从是否提供赊销的决策开始，应考虑以下因素：

a. 用户或经销商的付款习惯。该付款时就付款的；被提醒时才付款的；被多次催要才付款的；因无支付能力无款可付的；认账但有意拖延不付的；借口账目不清，反复要求对账拖延不付的；在付款前破产的。

b. 经销商的销售能力。

c. 支付能力及风险的评价。

d. 对负责人的人品、机构或人员的变动、新的投资意向及行为等其他因素在确定信用额度时同样应将上述因素进行综合评价。

（2）明确赊销条款中额度的正确措词应为信用额度。

（3）对信用额度中两个关键的量化指标：金额/数量、时间进行控制。其中超账龄导致的风险更大。一般情况下，其中之一达到限额即应停止供货并采取措施收回欠款后才可重新接受订单。

（4）如果商品（不适用于劳务）可以原封不动的收回，销售合同总是包括一项所有权保留条款，双方完全有权利协商一致，使所有权直到支付时才发生转移，尽管购买方在得到商品时已被赋予了占有权。

（5）所有必要的手续，如购货确认书、发货通知书、运单、收货确认书及符合信用额度的付款承诺书等必须完备，并有必要的审批手续，如用传真发送相关文件，必须提前在合同中明确其法律效力。因为相关手续不仅在管理中有用，诉讼时更是关键的证据。

（6）只接受对方有付款审批权的人所下的订单，即对方要货审批与付款审批是同一人。以往在销售实践中曾经碰到二者不一致时造成付款困难的情况。

（7）随时注意客户的状况，以免发生坏账的可能。

（8）应收账款的管理。在赊销管理中，应收账款的管理是十分关键的一环，必须在以下几个方面做好工作：

a. 对业务人员的教育：现金对公司的重要性；赊出的货是公司自己的钱或借来要还的钱；在得到实际付款之前销售并不是真正的销售，此时销售仅仅是作为一种会计分录，并且发生了成本；对已确定的客户，只会出货而无力回款的业务员对公司来说是不需要的；礼貌而坚决的付款要求是合理与必需的；提醒得越及时，得到的付款就越快……

b. 及时的核销与对账。

c. 按订单回款，而不是按对方已售出的部分回款。

d. 建立到期前的提醒，到期日的确认，过期后的及时、反复的催要制度及超额度停止供货的合理措施。

e. 提前回款的奖励及拖延付款的惩罚，此时应有必要的手段。

f. 建立内部有效的赊销审批及与回款有关的考核与激励制度。

g. 建立对外的评价制度（对及时回款的肯定与拖延付款的恰当抱怨）。

h. 必要时的诉讼。

有关收款的方法在相关书籍中均有介绍，此处不再赘述。

六、赊销的其他

（一）坏账准备金

相关公司将应收账款定义为能在12个月内变现的流动资产。由于赊销带来的风险导致部分账户无法收回或无法在12个月内收回，因而有必要从利润中提取一部分作为坏账准备金。坏账准备金的提取增加了公司费用，减少了当期利润，但却很有必要。这样任何可疑的账款都有坏账准备金作后盾，以保证资产负债表中的应收账款净额具有可回收性，且账龄不到12个月。

坏账准备金提取的不同方式：

（1）根据账龄时间提取。如过期3个月的提取25%，6个月提取50%，9个月提取75%，12个月提取100%。

（2）按固定比例提取。如每月提取1‰或年提取1%。

（3）高风险账户的全额提取，当货款收到有关价款后再转回损益账户坏账准备金的冲销则根据公司的需要进行。

（二）力争现款交易

由于赊销方式在一个信用体系相对薄弱的国家，存在着诸多问题与较高的风险，一些国内外有条件的公司都是以现款的方式来处理订单的。

现款交易对于厂家来说可以减少借贷，加快资金周转，提高企业整体效率，降低经营成本及经营风险，有利于完全实现权责发生制。

而对经销商来说，虽然现款交易将资金变为了存货，但由此带来的压力利于更专注的销售和管理，并关心收益，使应收账款的金额减少，账龄缩短，从而加速了资金的周转。

在以往的销售实践中，曾有经销商在厂家实行现结后，资金占压反而降低了50%。同时由于没有信用方面的问题，消除了因应收账款导致的矛盾，有利于从供货商得到更多的支持，有充足的时间与精力共同探讨市场方面的问题，从而取得更好的收益。

并非所有供应商都有能力实行现款交易，实行现款交易须具备以下条件：

（1）应是行业的领先者；

（2）产品应最大限度地满足客户的需求；

（3）相对竞争对手的差异化优势；

(4) 有实力制定好的销售政策，并坚决实施；

(5) 销售部门或分支机构有能力与魄力。

供应商为实行现款交易，应做好以下工作：

(1) 向经销商说明现款交易对双方的好处，明确双方是平等的合作关系。由于从经销商品中得到了回报，因此相互间均应有义务进行投入（包括资金的投入），并各自承担风险。

(2) 对业务人员进行现款交易的教育与培训，树立信心，敢于并善于提出现款交易的要求。

(3) 将实行现款交易后预计节约的财务成本及经营成本（包括坏账损失）的一部分让利给经销商，制定现结的优惠价格。在现结价与赊销价并存的地区，严格执行价格政策以利于现结的执行。

(4) 在存在应收账款的情况下，不能享受现结的优惠价格，否则意味着经销商没有资金投入仍在用供应商的钱进行周转，没有达到现款交易的目的，却付出了赊销的成本。

(5) 承诺在商品原封不动的情况下可以回购，这种情况在实际操作中很少出现。

(6) 建立便捷周到的物流系统以减少资金占压的时间，保证在最短的时间内将商品送达。

第二节 信用（Credit）

一、信用的基本解释

信用（Credit；Trustworthiness）能够履行诺言而取得的信任。对此有以下详细解释：

(1) 谓以诚信使用人。《左传·宣公十二年》："王曰：'其君能下人，必能信用其民矣，庸可几乎？'"

(2) 谓信任和委用。韩愈《顺宗实录四》："吾谏官也，不可令天子杀无罪之人，而信用奸臣。"

(3) 相信和采用。裴松之注引（晋）司马彪《续汉书》："《石苞室谶》，妖邪之书，岂可信用?"《二十年目睹之怪现状》第55回："恰好这荀鹭楼是最信用西药的。"

(4) 以能履行跟人约定的事情而取得的信任。鲁迅《书信集·致李霁野》："听说未名社的信用，在上海并不坏。" 曹禺《日出》第四幕："我们都是多年在外做事的人，我想，大事小事，人最低应该讲点信用。" 沙汀《替身》："深恐坏了信用，以后没有人来投宿了。"

(5) 不需要提供物资保证，不立即支付现金，而凭信任所进行的。如：信用贷款；信用交易。

信用是长时间积累的信任和诚信度。信用是难得易失的。费十年工夫积累的信用，往往由于一时一事的言行而失掉。

言忠信而行正道者，必为天下人所心悦诚服。要有信用，信人也要信己。人人有信能使自己和他人的独立自尊得以实现。

做到言出必行，你的话才有信用。

年轻人不因一点小事而失去信用，因为是人生开头的时期，留下一道小小的伤疤，“亡羊补牢，为时未晚”。也正如伊索寓言——《狼来了》告诉了我们说谎是一种不好的行为，它既不尊重别人，也会失去别人对自己的信任。

信用是指我们过去履行承诺的正面记录，它还是一种行为艺术，是一种人人可以尝试与自我管理的行为管理模式。

在《新帕格雷夫经济大辞典》中，对信用的解释是：“提供信贷（Credit）意味着把对某物（如一笔钱）的财产权给以让度，以交换在将来的某一特定时刻对另外的物品（如另外一部分钱）的所有权。”

《牛津法律大辞典》的解释是：“信用（Credit），指在得到或提供货物或服务后并不立即而是允诺在将来付给报酬的做法。”

一些《货币银行学》教材对信用的解释是：信用这个范畴是指借贷行为。这种经济行为的特点是以收回为条件的付出，或以归还为义务的取得；而且贷者之所以贷出，是因为有权取得利息，后者之所以可能借入，是因为承担了支付利息的义务。

人类历史发展到今天，“信用”这个词已经包含着极其丰富的内涵。它可能是人类认识中最为复杂、最难以捉摸的概念之一，“一些事物仅仅存在于人们的头脑中，在所有的这些事物中，没有哪一件比信用更加古怪，更加微妙；信用从来不是强迫的，而是自觉自愿的，依赖于期望与担心这样一些感情；信用常常不用争取而自行出现，又总是无缘无故地消失；而且信用一旦丧失，就很难完全恢复……信用非常类似于，而且在很多场合就如同是，人们靠管理国家的才智以及战场上的勇猛和指挥才能赢得的声誉与名望。精明强干的政治家与杰出优异的船长，会因为一些倒霉的偶然事件，一时失误或运气不佳而名誉受损，失去众人的爱戴，但是只要他有卓越的才能、真正的本领，名誉迟早是会恢复的。同样，信用虽然会暂时黯然失色，但是只要它有可靠而坚实的基础，在某种程度上也能够得到恢复。”对信用的真正含义的认识，仁者见仁，智者见智，可以从不同的角度进行探究。综上所述，在通常意义上，我们至少可以从四个角度来理解“信用”：

（一）从伦理的角度

从伦理角度理解“信用”，它实际上是指“信守诺言”的一种道德品质。

人们在日常生活中讲的“诚信”、“可信”、“讲信用”、“一诺千金”、“答应的事一定办到”、“君子一言，驷马难追”实际上反映的就是这个层面的意思。从这个层面来看信用，它对一个国家、一个民族都是至关重要的。因为一个社会只有讲信用，才能够形成一个良好的社会“信任结构”（Trust Structure），而这个信任结构是一个社会正常运转的重要基础。人们会发现“相互信任同服从、仁爱、友谊和交谈一样，是把一国人民联系和维系在一起必不可少的条件”。齐美尔也指出：“没有人们之间相互享有的普遍信任，社会本身将会瓦解……现代生活是建立在对他人诚实的信任基础上的，这一点的重要性要远比人们通常认识到的程度大得多。”可以说没有一个社会不强调与褒奖伦理层面的守信的道德，在我国，崇尚信用的风尚有几千年的传统，《论语》中“信”字出现了38次，频次虽然低于仁（109次）、礼（74次）；但是高于描述道德规范的多数词汇，如善（36次）、义（24次）、敬（21次）、勇（16次）、耻（16次）。比如：“自古皆有死，民无信而不立。”“大德不官，大道不器，大信不约。”“言必行，行必果。”“与国人交，止于信。”在西方社会，守信同样也是人们奉行的道德主轴，《圣经》中关于信用、信任的词汇也出现了几十次之多。

从企业的商业伦理角度来看信用的含义，狄·乔治提供了独特的见解：他认为诚信（Integrity）行为既指与自身所接受的最高行为规范相一致的行为，也是指将伦理道德要求的规范加于自身的行为。他指出了诚信行为的最大特点是：道德规范是“自加的和自愿接受的”，所以对企业这个“非道德神话”的主体而言，“要强调商家及其最高管理层的自律”。更为重要的是，他限定了诚信行为的范围，至少要以伦理上“无可非议的、正当的正面价值”为最低的道德底线。也就是说企业“自身所接受的最高行为规范”至少要低于这个底线。

（二）从经济的角度

从经济的角度理解“信用”，它实际上是指“借”和“贷”的关系。信用实际上是指“在一段限定的时间内获得一笔钱的预期”。你借得一笔钱、一批货物（赊销），实际上就相当于你得到对方的一个“有期限的信用额度”，你之所以能够得到了对方的这个“有期限的信用额度”，大部分是因为对方对你的信任，有时也可能是因为战略考虑和其他的因素不得已而为之。从经济的角度理解信用有着丰富的层次，至少可以从国家、银行、企业、个人几个层次来理解。

国家信用至少包含着这样的两层意思，首先是国家和国家之间的借贷关系，即所谓的主权债务，如著名的布雷迪债券、美国20世纪80年代对拉美国家的贷款、我国对亚洲和非洲一些国家和地区的低息贷款、日本的海外协力基金贷款、世界银行贷款等。其次表现在国家政府与本国的企业与居民之间的借贷关系，政府发行国债，由企业和居民购买，这实际是政府先向企业和居民借到一笔钱，然后进行投资，并在到期时偿付本息。

银行与企业、个人之间的信用是相互的。银行要从企业与个人取得信用，也就是要向企业与个人借到钱，这是它们的生存之根基。同时，企业与个人也需要向银行取得信用，企业可用它解燃眉之急，或投资扩张等；个人可用它应不时之需，提高生活质量等。

企业与企业、个人之间的信用，主要体现在两个方面，一是商业信用（也称交易信用，即Trade Credit），或者可以称之为B—B的信用，它主要是指企业与企业之间的非现金交易，也就是人们常说的赊销，我们不要简单地将赊销对象只看成是一些有形的商品，如汽车零配件供应商提供的一批零件；它实际上也可以是一个工程，比如建筑公司完成了一幢大厦的建筑，工程款尚未完全收回，这时该建筑公司赊出去的不仅是在这幢大厦建筑中的预垫的资金、材料，同时还有在建筑过程中的劳动；甚至还可以是一些无形的服务、智力产品等，比如管理咨询公司提供的咨询服务等。二是企业与个人之间的信用，也可以称之为 B－C 信用，这种形式的信用在我们的日常生活中是很常见的，比如我们的手机消费通常都是一种信用消费，我们总是在本月缴纳上个月的费用，中国移动甚至可以允许你拖欠 2 个月的话费。

（三）从法律的角度

从法律的角度理解“信用”，它实际上有两层含义，一是指当事人之间的一种关系，但凡“契约”规定的双方的权利和义务不是当时交割的，存在时滞，就存在信用；第二层含义是指双方当事人按照“契约”规定享有的权利和肩负的义务。

在这个层面上理解信用有两点需要注意。一是这个“契约”，我们可以把这个契约看成是狭义的经济合同，小到两个企业之间的供货合同，大到两个国家之间的数以亿元计的债务；也可以看成是广义的社会契约，比如你和你的父母之间的契约关系，你的父母有抚养你成人的义务，你也有赡养你的父母的义务。二是“契约”的另外一个非常重要的特点，这是构成法律上的信用的必要条件，那就是非即时交割。如果权利和义务的实现是同时进行的，那么就不会构成信用，这两者之间必须存在一定的时间差才会出现信用。

（四）从货币的角度

在信用创造学派的眼中，信用就是货币，货币就是信用；信用创造货币；信用形成资本。

在货币金融学中有一个重要的流派，即以 18 世纪的约翰·劳为先驱，以 19 世纪的麦克鲁德·韩以及 20 世纪的熊彼特等人为代表的“信用创造学派”。在这一学派的眼中，信用就是货币，货币就是信用。其代表人物约翰·劳曾说：信用是必要的，也是有用的，信用量增加与货币量的增加有同样的效果，即它们同样能产生财富、兴盛商业。通过银行所进行的信用创造，能在一年之内比从事十年贸易所增加的货币量多得多。所以，法国如欲富庶，实在有求助于信用的必要；不然，比之于利用信用的其他列强，法国即将陷入贫弱的状况。只要货币丰富，即能够创造一国之繁荣；只要有信用设施（他主要指银行等），即可以供应丰富之货币，给经济以最初的冲击；依靠这种冲击，就能够为法国产出大量的财富。约翰·劳的基本逻辑是这样的：货币就是财富——货币不必是金银，而以土地、公债、股票等为保证所发行的纸币为最好——纸币是银行的一种信用——银行通过供给这种信用，就可提供丰富的货币——给经济以最初的冲击——依靠这种冲击，就可以使国家富强、经济繁荣。总之，信用即货币；货币即财富，即资本。

麦克鲁德在他的《信用的理论》中指出：“人们以生产物与劳务和人交换，而换得货币，此货币既不能用以果腹，也不能用以蔽体，然而人们却乐于用其生产物与劳务换取货币，这是为什么呢？就是因为换得货币以后，可在需要之时，凭此换取所需之物的缘故。所以，货币的本质不过是向他人要求生产物与劳务的权利或符号，从而实为一种信用。”“因此，金银货币也可以正确地称之为金属信用。”麦克鲁德认为信用与货币两者的本质是一致的，信用的创造就是货币的增加，两者可以统一于“通货”的概念之下，只是在程度上有所不同：①信用只有单一的价值，但是货币却有多数的价值或者一般的价值，信用只是对某个人的要求权，但是货币却是对一般商品的要求权；②信用只有特殊的不确定的价值（因为债务人死亡或者破产，信用就变得没有价值了），而货币则有持久的价值。

麦克鲁德被公认为信用创造理论的代表人物，他于1920年发表了《银行信用之国民经济的理论》，影响很大。他是这样论述信用就是货币的：“为了支付的目的，从一人转让给他人的支票或者存款划条，就法律的观点来看，自然只是兑取货币的凭证，但从经济的观点来看，只要它需要兑换成本位货币而完成货币的功能，则它就不只是兑取货币的凭证，而实是货币本身。”“向银行兑取货币的凭证，只要它确实可靠，为任何人所愿意接受，则它就被当做货币而流通了。”韩的理论重点在于阐明了信用能够形成资本。他认为信用愈扩，利率愈低，资本商品的生产就愈多，从而资本也就愈能形成；相反，信用愈缩，利率愈高，资本商品的生产愈少，从而资本即不易形成。他的著名命题就是：“资本形成不是储蓄的结果，而是信用提供的结果。”“假如说需求对生产是第一性的，那么信用提供对资本形成也是第一性的。若是没有信用提供则任何资本商品都不能够生产，因而资本形成就不可能。信用供给之能引起资本形成，恰如需求之引起生产一样。”

熊彼特曾指出：更有用的方法可能是从信用交易着手，把资本主义金融看成是一种清算制度，它抵消债权债务，将差额转移到下期——使得“货币”支付成为特殊情况，没有任何特殊的根本重要性。换言之，从实际和理论上来讲，一种信用货币理论可能要优于一种货币信用理论。

其他的一些著名经济学家也做过相似意义上的评说。罗宾逊夫人就曾经明确地指出：货币实际上就是信用问题。瑞典学派的代表人物魏克塞尔也认为：严格地说，我们可以断定，一切货币——包括金属货币——都是信用货币。这是因为直接促使发生价值的力，总是在于流动工具收受者的信心，在于他相信借此能够获得一定数目的商品。不过纸币只享有纯粹的地方信用，而贵金属则多少是在国际范围内被接受的。但是一切只是一个程度上的问题。”

二、信用的产生与发展

私有制出现以后，社会分工不断发展，大量剩余产品不断出现。私有制和社会分工使得劳动者各自占有不同劳动产品，剩余产品的出现则使交换行为成为可能。随着商品生产和交换的发展，商品流通出现了矛盾——“一手交钱、一手交货”的方式由于受到客观条件的限制经常出现困难。例如，一些商品生产者出售商品时，购买者却可能因自己的商品尚未卖出而无钱购买。于是，赊销即延期支付的方式应运而生。赊销意味着卖方对买方未来付款承诺的信任，意味着商品的让渡和价值实现发生时间上的分离。这样，买卖双方除了商品交换关系之外，又形成了一种债权债务关系，即信用关系。当赊销到期、支付货款时，货币不再发挥其流通手段的职能而只充当支付手段。这种支付是价值的单方面转移。正是由于货币作为支付手段的职能，使得商品能够在早已让渡之后独立地完成价值的实现，从而确保了信用的兑现。整个过程实质上就是一种区别于实物交易和现金交易的交易形式，即信用交易。后来，信用交易超出了商品买卖的范围。作为支付手段的货币本身也加入了交易过程，出现了借贷活动。从此，货币的运动和信用关系连结在一起，并由此形成了新的范畴——金融。现代金融业正是信用关系发展的产物。在市场经济发展初期，市场行为的主体大多以延期付款的形式相互提供信用，即商业信用；在市场经济较发达时期，随着现代银行的出现和发展，银行信用逐步取代了商业信用，成为现代经济活动中最重要的信用形式。总之，信用交易和信用制度是随着商品货币经济的不断发展而建立起来的；进而，信用交易的产生和信用制度的建立促进了商品交换和金融工具的发展；最终，现代市场经济发展成为建立在错综复杂的信用关系之上的信用经济。

三、信用的基本形式

下面将按受信对象的分类标准来说明信用的基本形式。

（一）公共信用

公共信用也称政府信用，是指一个国家各级政府举债的能力。政府为了对人民提供各种服务，诸如国防、教育、交通、保健及社会福利，需要庞大的经费支出。但是政府税收的增加往往赶不上支出的增加，因此，政府每年出现庞大的赤字。为弥补财政赤字，政府发行或出售各种信用工具。这些信用工具代表政府对持有人所做出的将来偿还借款的承诺。这种偿还债务的承诺来自公共机关，因此称为公共信用。

以美国为例，美国政府分为三级：联邦政府（中央政府）、州政府与地方政府（包括市政府与县政府）。各级政府每年要向外举债，才能应付各项庞大的开支。

联邦政府的财政出售下列信用工具举债以筹措资金：期限为 1 年内的，称为国库券；期限为 1 ~10 年的，称为国库票据；期限为 10 年以上的，称国库公债。由于联邦政府具有雄厚的经济为后盾，债信良好，因此这些证券发行以后，不但美国人购买，外国人甚至外国政府也争相购买。

各州宪法大多都规定，州政府的年度预算不能有赤字，以符合州宪法所规定的财政收支平衡的要求。尽管如此，在特殊情况下，州政府还是经常无法应付预算，从而也不得不发行公债来筹措财源。只是由于州政府和地方政府财力有限，信用风险较高，所发行的公债不如联邦政府公债那样容易出售。

（二）企业信用

企业信用泛指一个企业法人授予另一个企业法人的信用，其本质是卖方企业对买方企业的货币借贷。它包括生产制造企业在信用管理中，对企业法人性质的客户进行的赊销，即产品信用销售。在产品赊销过程中，授信方通常是材料供应商、产品制造商和批发商，而买方则是产品赊销的受益方，它们是各种各样的企业客户或代理商。买方以自己企业的名义取得卖方所授予的信用。企业信用还涉及商业银行、财务公司、其他金融机构对企业的信贷以及使用即期汇款付款和预付货款方式以外的贸易方式所产生的信用。

银行也是一种企业，而且是专门经营信用的企业。银行信用是由商业银行或其他金融机构授予企业或消费者个人的信用。在产品赊销过程中，银行等金融机构为买方提供融资支持，并帮助卖方扩大销售。商业银行等金融机构以货币方式授予企业信用，贷款和还贷方式的确定以企业信用水平为依据。商业银行对不符合其信用标准的企业会要求提供抵押、质押作为保证，或者由担保公司为这些企业做出担保。后一种情况实质上是担保公司向申请贷款的企业提供了信用，是信用的特殊形式。

(三) 消费者个人信用

消费者信用是指消费者以对未来偿付的承诺为条件的商品或劳务的交易关系。事实上，消费者信用作为市场经济中的交易工具已经有很长的历史了。第二次世界大战以后，科技突飞猛进，生产力大幅提高。为了推销商品，商人设计出许多创新推销方式，诸如分期付款、赊购证、信用卡等。消费者信用的出现扩大了市场的规模并使消费者可以提前享受到他们所要的东西。

如果以信用的使用目的为标准，消费者信用可以再分为零售信用和现金信用等。

1. 零售信用

零售信用是指零售商向消费者以赊销的方式提供产品与劳务，是消费者直接用来向零售商购买最终产品的一种交易媒介。通过这种方式，企业或零售商增加了销售，争取到了更多的消费者。在现代市场经济条件下，零售信用已经成为市场竞争的一种手段。

在零售信用中，具体可以划分为循环信用、分期付款信用以及服务信用。

循环信用是零售商与消费者之间的一种协定。依据协定，零售商允许消费者在事先约定的限额内，以信用交易购买各种商品。

零售分期付款信用的特点是要求受信方支付首付款，然后要在一定期间内按期支付固定的金额，直到还完全部款项为止。它与循环信用不同的是，消费者要与企业签订销售合同，在余款支付完后信用交易自动终止，所以它又称为封闭信用。

专业服务信用专指消费者可以先期获得专业人士的服务，在收到账单后再行付款，是专业服务提供者对消费者所提供的短期信用。专业服务信用类似上述的循环信用，只是由专业服务替代了实际商品。

2. 现金信用

现金信用即现金贷款。当消费者由于各种理由需要现金，都可以向金融机构申请贷款，消费者得到的是现金，授信主体是金融机构。现金信用比零售信用进步了很多：零售信用将交易限定在具体的商品上，而现金信用则可以使消费者购买任意的商品以及更广泛的用途。

与零售信用一样，现金信用因偿还方式的不同，可以分为分期付款贷款、单笔付款贷款及一般用途信用卡三种。

分期付款贷款是一种贷款的协定。它约定借款人在将来的一段时间内，以固定而有规律的付款方式偿还贷款。借款人必须提供收入及财务的安定性证明，使贷款人对借款人将来偿还贷款抱有信心。

单笔支付贷款是一种短期的贷款，贷款期限通常短于 1 年，并规定在期限终了时，借款人应将全部贷款一次付清。

一般用途信用卡由银行、金融公司或大公司的财务部门发行，是发卡公司对于持卡人预先核准的贷款凭证。此种贷款通常设有信用额度，亦即持卡人使用信用卡购买商品或支付费用的最高限额。

四、信用的基本分类

（一）按照债务人的身份进行分类

西方发达国家是以债务人的身份作为分类标准，将信用分为公共信用与私人信用两大类。

公共信用就是政府信用，是指社会为了帮助政府成功实现其各项职能而授予政府的信用，其核心是政府的公债。

私人信用又包括消费者信用与商业信用。

消费者信用或个人信用：产品厂商、零售商、银行授予个人的信用，用于购买商品或借款。如消费者用分期付款方式购买汽车、住房、大件耐用消费品时，银行授予个人的信用。

商业信用：在商品销售过程中，一个企业授予另一个企业的信用。如原材料生产厂商授予产品生产企业，或产品生产企业授予产品批发商，产品批发商授予零售企业的信用。

消费者信用又可细分为零售信用、现金信用与房地产信用。商业信用可以分为商品信用和金融营运资本。

零售信用可以再细分为循环信用、零售分期付款信用与专业服务信用。以同样的标准分类，现金信用可以再细分为分期付款贷款、单笔贷款与一般用途信用卡。

（二）按照受信对象进行分类

信用可以分为公共（政府）信用、企业（包括工商企业和银行）信用和消费者个人信用。

从本质上讲，不论对商业信用和消费者信用怎样分类，不外乎是企业法人对企业法人、企业对个人、金融机构对企业、金融机构对个人的某种形式的短期融资。如果受信对象是个体工商户或者消费者个人，信用自然可以被划分为私人信用了。从授信人角度而论，信用可以分为银行信用、投资信用和商品信用等。

在西方国家，公共信用是各级政府的举债能力。政府为了向公众提供诸如国防、教育、交通、保健及社会福利等服务，需要庞大的经费开支。在某些特定的时期或政府财政政策情况下，政府的税收增加往往平衡不了财政支出的增加，为了弥补财政赤字，政府会发行或出售各种信用工具，典型的政府信用工具是公债，这些信用工具代表政府在将来偿还持有者资金的承诺。这种偿还债务的承诺来自政府机构，因此被称之为公共信用。

在企业赊销管理的实践中，产品信用销售（产品赊销）特指生产制造类厂家对企业法人性质客户进行的赊销，它是法人对法人的销售。在产品赊销过程中，授信的卖方一般是材料供应商、产品制造商和批发商。产品赊销的受益方为买方，它们是各式各样的客户企业和代理商。买方经常以自己公司的名义取得卖方所给予的信用。在我国，产品信用销售的买方一般是各类不同所有制形式的企事业法人。这类信用是企业赊销管理中所要研究的主要信用形式。商品信用销售（商品赊销）特指商业企业对消费者个人的赊销，消费者享受的是信贷消费，它是法人对自然人的销售。商品信用销售中的授信方一般是商场、商店、各类零售商，以及为信贷消费提供资金支持的商业银行、财务公司和生产厂家。商品信用销售的受益方是买方，他们多是形形色色的持贷记卡的顾客，他们一般与卖方没有长期供需合同，除非他们与厂家的代表或者金融机构签订取得消费信贷的合同。对于企业销售管理而言，产品赊销和商品赊销在信用管理方法上是不同的，两种赊销的买方处在不同的征信市场上。

投资信用一般指由一些金融机构或私人基金向企业提供的相对较长期的信用，以帮助受益者开办企业、购置土地、建筑、设备等固定资产。它们多数是没有经过保险或足够抵押担保的。受信人往往是新开办的企业，发放这种信用的机构通常是保险公司、信托公司、教育或养老基金、券商、政府机构等。一般而论，投资信用也属于商业信用范围。

对于授信人，通过某种形式发放给提出信用申请的个人的信用被称之为个人信用，个人信用又通常被称为消费者信用。个人信用的直接授信方经常是受产品生产厂家委托的零售商、商业银行和财务公司等。消费者信用是用于日常购物或者进行少量借款的。贷记卡类的信用卡也是典型的消费者信用支付工具。对于受信的消费者个人来讲，这种信用被用于赊购各种商品和消费品。当市场处于信用交易发展的初期，消费者信用的授信方通常要求信用申请人提供抵押担保或购货还款保险。从消费者信用形式和技术角度看，他还可以被细分为零售信用和现金信用两种。

在商品赊销过程中，商业银行和财务公司扮演替买方融资和有偿支持，并帮助卖方扩大销售的角色，其手段主要是发行信用卡和买下商品的分期付款协议。从授信人角度讲，这属于银行信用，在西方国家，银行信用是由商业银行或其他金融机构授予企业或消费者个人的信用，其实它是一种经过严格审批的短期小额贷款。它主要是帮助企业解决临时性流动资金短缺，例如，帮助企业解决生意周期中季节性流动资金短缺、较大库存占用资金、企业持有应收账款总体额度过大所引起的资金短缺、临时性支出较大等情况。所谓临时性支出较大的情况，指的是因为企业搬家而产生的搬迁和安装费等。在我国，商业银行没有临时性支出名目的授信业务，企业也没有强烈的需求。总而言之，银行信用涉及商业信用和消费者个人信用两个领域。

五、信用的基本特征

信用的基本特征是 在经济范畴中的信用有其特定的涵义，它是指一种借贷行为，表示的是债权人和债务人之间发生的债权债务关系。这种借贷行为是指以偿还为条件的付出，且这种付出只是使用权的转移，所有权并没有转移，偿还性和支付利息是它的基本特征。

信用是以偿还为条件的价值单方面让渡，它不同于商品买卖。在商品买卖中，价值进行对等转移和运动。一手交钱，一手交货：卖者售出商品，获得等值的货币；买者付出货币，得到商品。但是在信用即借贷活动中，贷者把一部分货币或商品给予借者，借者并没有同时对贷者进行任何形式的价值补偿。其本身就包含了信用风险。

六、现代经济是信用经济

（一）如何理解现代经济是信用经济

现代经济是信用经济，这个问题可以从三方面来分析：

1. 现代经济运作的特点

现代经济是一种具有扩张性质的经济，需要借助于负债去扩大生产规模、更新设备，需要借助于各种信用形式去筹措资金，改进工艺、推销产品。其次，现代经济中债权债务关系是最基本、最普遍的经济关系。经济活动中的每一个部门、每一个环节都渗透着债权债务关系。经济越发展，债权债务关系越紧密，信用就会成为经济正常运转的必要条件。另外，现代经济中信用货币是最基本的货币形式。各种经济活动形成各种各样的货币收支，而这些货币收支最终都是银行的资产和负债，都体现了银行与其他经济部门之间的信用关系。所以信用就成为一个无所不在的最普遍的经济关系。

2. 从信用关系中的各部门来分析

信用关系中的个人、企业、政府、金融机构、国际收支这些部门的任何经济活动都离不开信用关系。表现在：个人通过在银行储蓄或取得消费贷款与银行形成了信用关系，个人购买国债，企业债券与政府、企业形成了债权债务关系；企业在信用关系中既是货币资金的主要供给者，又是货币资金的主要需求者；政府通过举债、放贷形成与居民、企业、金融机构或其他机构之间的信用关系；金融机构作为信用中介从社会各方面吸收和积聚资金，同时通过贷款等活动将其运用出去；国际收支的顺差、逆差的调节也离不开信用。这说明信用关系已成为现代经济中最基本最普遍的经济关系。

3. 从信用对现代经济的作用来分析

信用对现代经济发展的推动作用主要表现在：信用保证现代化大生产的顺利进行，即信用活动从资金上为现代化大生产提供条件；在利润率引导下，信用使资本在不同部门之间自由转移，导致各部门利润率趋向相同水平，从而自然调节各部门的发展比例；在信用制度基础上产生的信用流通工具代替金属货币流通，节约流通费用，加速资本周转；信用为股份公司的建立和发展创造了条件，同时，信用聚集资本，扩大投资规模的作用通过股份公司的形式也得到了充分发挥。

综合以上三个方面，不难看出，现代经济是一种信用经济。

（二）信用在现代经济中的作用

信用在现代经济中有何作用？信用在现代经济中的作用既有积极的一面也有消极的一面。其积极的作用主要表现在：

（1）现代信用可以促进社会资金的合理利用。通过借贷，资金可以流向投资收益更高的项目，可以使投资项目得到必要的资金，资金盈余单位又可以获得一定的收益。

（2）现代信用可以优化社会资源配置。通过信用调剂，让资源及时转移到需要这些资源的地方，就可以使资源得到最大限度的运用。

（3）现代信用可以推动经济的增长。一方面通过信用动员闲置资金，将消费资金转化为生产资金，直接投入生产领域，扩大社会投资规模，增加社会就业机会，增加社会产出，促进经济增长；另一方面，信用可以创造和扩大消费，通过消费的增长刺激生产扩大和产出增加，也能起到促进经济增长的作用。

信用对经济的消极作用主要表现在信用风险和经济泡沫的出现。信用风险是指债务人无法按照承诺偿还债权人本息的风险。在现代社会，信用关系已经成为最普遍、最基本的经济关系，社会各个主体之间债权债务交错，形成了错综复杂的债权债务链条，这个链条上有一个环节断裂，就会引发连锁反应，对整个社会的信用联系造成很大的危害。经济泡沫是指某种资产或商品的价格大大地偏离其基本价值，经济泡沫的开始是资产或商品的价格暴涨，价格暴涨是供求不均衡的结果，即这些资产或商品的需求急剧膨胀，极大地超出了供给，而信用对膨胀的需求给予了现实的购买和支付能力的支撑，使经济泡沫的出现成为可能。

第三节　信用风险与信用管理

一、信用方式

在现代市场经济中，信用无处不在。据统计，在欧美国家中，企业间的信用支付方式已占到80%以上，而纯粹的现金支付的方式已越来越少。即使是个人支付，信用付款方式也已逐渐占据了主导地位，信用卡遍及每个家庭。在其他交易活动领域中，信用的影响也很明显，如企业或个人的抵押贷款、抵押购货、抵押购房、抵押消费。这些抵押活动的一个重要基础仍然是信用能力。

信用方式为什么如此具有吸引力？

首先，信用关系的发展，大大拓展了交易活动的时空领域，突破了许多经济发展的约束。如果要将其产品销往世界各地，没有一个建立在良好的信用关系基础上的分销商和经销商网络是无法想象的。

其次，信用关系消除了一些资产和资金流动及转移所受到的时间限制。在当前买方市场占据主导地位的环境下，对于买方来说利用自身的信用获得资金和货物，是扩大经营规目的一个最有效的方法；而对于卖方来说，给予买方信用，利用赊销方式尽快将货物送达客户或经销商手中，是减少库存、增强市场竞争力的有力手段。

最后，信用关系突破了现有资本对捕捉市场机会的限制，突破了旧交易方式所伴随着的过大风险带来的限制，降低了交易成本和经营风险。一个企业最大的风险是经营风险，其中市场行情发生变化肯定会给企业带来重大的损失。信用销售可以使厂家的产品迅速投入市场，跟上市场变化。

然而，也正是由于信用关系的不断发展、扩大，给交易双方带来了不确定性。这就是信用风险。

信用风险是指在以信用关系规定的交易过程中，交易的一方不能履行给付承诺而给另一方造成损失的可能性。在信用结算方式中，信用风险是指买方拖欠卖方货款（或称应收账款）的可能性。

在我国，由于信用风险而导致的账款拖欠，已成为当前制约企业发展和影响规范市场经济秩序的一个关键因素。许多企业由于不能及时收回货款，经营效益无法提高，更为甚者，面临经营危机，濒临破产倒闭。

由此可见，信用方式，在给企业带来巨大的经营效益的同时，也可能给企业带来巨大的经营亏损。问题的关键在于，怎样使用信用工具和怎样合理的规避信用风险，这就是本章讨论的主题——信用管理。

二、信用管理

在现代发达国家中，信用管理被认为是企业的生命，没有一个完善、有效的信用管理体制和政策，企业将缺少足够的市场竞争力，将失去防范信用风险的能力，最终将会被市场无情地淘汰。那么，究竟什么是信用管理？概括来说，信用管理是指企业为了增强信用能力、控制交易中的信用风险而实施的一套业务方案、政策以及为此建立的一系列组织制度。它是市场营销、财务管理和信息管理相互交叉的一个管理领域。

一方面，作为企业销售人员，必须不断运用各种信用工具销售产品，扩大市场份额；另一方面，作为财务人员，又必须时刻关注信用支付方式下的应收账款管理问题，这就构成了信用管理在整个企业管理中的特殊地位。在下面讨论中，我们还会看到，事实上，信用管理贯穿于企业经营管理活动的每一个环节，关系到企业中各个部门、各个层次的人员。因此，信用管理是现代企业管理的核心内容之一。

然而遗憾的是，目前我国企业在信用管理工作上普遍存在着严重的缺陷和不足。这不仅意味着企业在经营中时刻面临着巨大的信用风险而无力解决，而且说明企业无法或不能正常地发挥信用能力，获得足够的市场竞争力。尤其是在当前“国内市场竞争国际化”和“国际市场竞争国内化”的形势下，我国企业如果不能迅速提高自身的信用管理水平，最终将面临被市场淘汰的危险。

加强企业的信用管理应当从如下几个方面入手：

（一）企业领导人必须对信用管理给予足够的重视

企业的各级管理人员应具备足够的信用风险防范意识和管理意识。由于信用管理工作涉及公司的各个部门和各个环节，因此单靠一个部门或几个人往往并不能起很大作用，需要公司领导给予全面协调将其列为企业管理中的一项重要工作。

（二）应当建立一套完善的信用管理制度

企业信用管理工作必须首先在制度上得到落实。目前我国企业普遍没有专门的信用管理制度。具体表现是，在业务中缺少信用管理、信用风险控制的业务规程，没有专门的部门或人员进行管理，各部门之间在信用管理职责上分工不清楚，缺少严格、规范的信用政策。因此，建立和完善企业的信用管理制度势在必行。

(三) 应用一套先进的信用管理方法和技术

像其他管理领域一样，信用管理有其自身的规律和内容，需要运用专门的技术知识加以实施。根据目前国际上流行的经验和做法，我国企业起码应当在客户信息技术、信用分析技术、应收账款管理技术等方面加强学习和开发，并有效地运用到实际的信用管理工作中来，尤其是信用分析技术，是信用管理的核心技术，它对于正确地评估客户风险，制定企业信用政策具有非常重要的作用。

(四) 培养一批得力的信用管理人才

目前我国企业还没有专门的信用管理人才，应当加紧培养。可以肯定地说，在今后企业发展中，要有一个专门的部门负责信用管理的工作，每个企业至少要有一名信用管理人员专门从事相关的工作。另外，企业的财务人员、业务经理和销售人员都应具备足够的信用管理知识和技术，尤其是对于各级经理，应将信用管理知识作为其任职的一个必备业务知识加以考核，只有这样，企业的信用管理才能够得到落实。

三、产生信用风险的原因

狭义的信用风险是指：一项债权不能或者不能及时实现而给债权人带来的可能损失。产生信用风险的原因主要有以下几个方面：

(一) 企业外部原因

(1) 贸易纠纷包括：货物买卖、货物运输、保险、代理、售后服务纠纷。

(2) 客户经营不善，无力偿还，包括：企业缺乏长远的发展战略，企业成本控制不力，市场发生变化、产品卖不出去，企业经营过于多样化、摊子铺得过大。

(3) 蓄意欺诈及有意占有占用对方资金。

(二) 企业内部原因

(1) 客户信息不全、不真实。

(2) 没有准确判断客户的信用状况及信用的变化情况。

(3) 企业内部人员没有与客户沟通。

(4) 对应收账款监控不严。

(5) 对拖欠账款缺乏有效的追讨手段。

(6) 企业缺乏科学的信用管理制度。

(三) 风险主要表现形式

(1) 现金周转风险。指卖方由于种种原因不能按时收回应收账款，但卖方却不能因此不履行自己的义务：支付供应商账款、员工工资、生产费用、税款等，导致其面临现金周转的困难。卖方必须先抽出其银行存款或从银行贷款支付这些费用，导致融资成本增加，或产生三角债。

(2) 坏账风险。所谓坏账，就是买方拒绝付款或已经完全丧失了付款能力，而导致账款无法收回。

四、应收账款的存在蕴藏了信用风险

（一）应收账款的发生是信用销售方式的必然结果

应收账款的发生意味着企业有一部分资金被客户占用，而且企业持有应收账款是有成本的。企业为什么愿意持有应收账款呢？主要原因有两个：在激烈的市场竞争中扩大市场份额和降低库存及由此产生的库存费用。应收销货款的发生是企业采取信用销售方式的必然结果。企业之所以采取信用销售方式而不是现金销售，其主要原因在于企业希望依靠信用销售的方式为客户提供一些资金方便以扩大产品销售量。许多客户受限于可支用资金的规模而愿意赊购，在国家实行银根紧缩的政策时期，客户的资金通常不很宽裕，特别是在资金市场上的借贷存在一定困难或者资金成本比较高的情况下，许多企业总是希望通过信用销售方式从生产厂家取得他们需要的部件或生产资料。企业通过信用销售对客户提供不长的一段时间的资金融通，正好可以满足客户的上述需要。如果销售企业不能采取信用销售方式的话，客户有两种选择，即找采用信用销售的材料生产厂家，或者减少每次需求量和加速资金周转来应付。不论客户采取什么措施，显然都对需要销货的厂家不利。基于客户的这种需要和同行竞争，越来越多的企业采用信用销售方式来扩大销售。在资金市场紧张、商品市场疲软，或者客户主要是小型企业等情况下，信用销售对于扩大销售规模的功能尤为突出。

企业采用信用销售的另一个理由是许多客户愿意保留一段时间的支付期以检验商品和复核单据。购货客户如果以现金采购的话，立即钱货两清。日后一旦发现商品数量、规格、品质、计算误差时，要求退还货款将是非常不方便的事情，即使最终能够退货也将可能带来较高的退款费用。因此，如果采用信用销售方式的话，购货方式可以在取得商品后对商品、有关票据进行认真的检查和复核，这就避免了现金销售中可能出现的麻烦。对于产品质量和信誉好的生产企业来讲，他们也是愿意给客户一个检验和复核的时间的，因为发生同客户的争议，对于生产厂家自己没有任何好处。目前的市场发展，几乎没有哪个行业能够为一家或少数几家企业所垄断，同类企业之间的竞争是非常激烈的，特别是与资本雄厚的跨国型外贸公司在市场上的竞争。许多企业都愿意采取一种能够吸引客户的营销策略，以此扩大市场份额。在众多的市场营销策略中，信用销售是最常用和最有效的一种。在任何一个行业中，只要有一部分企业采用信用销售方式，就会迫使其他企业采取这种销售方式。因此，这对企业的管理提出了更高的要求，不采取信用销售的企业必将失去客户，败给竞争对手。但管理不善，坏账过多也会使企业走向破产。

（二）持有应收账款的成本

企业持有应收账款是要发生一定的持有成本的。一般而言，持有应收账款主要有 5 个方面的成本产生，即：短缺成本、管理成本、机会成本、收账成本和坏账损失。除短缺成本指的是没有赢得最大销售产生的损失以外，其他都是同费用或付出相关的成本。短缺成本是同其他 4 项成本呈反比关系的成本。

企业持有应收账款会有管理成本发生。管理成本指的是从应收款发生到收回期间所有的与应收款管理系统运行有关的费用。应收款的管理成本主要包括制定信用政策的费用、对客户资信状况调查与跟踪的费用、信息搜集费用、应收账款记录簿记与监管费用、收账费用、其他与应收账款有关的费用等。

企业持有应收账款必然会发生相应程度的机会成本。企业持有应收款意味着有一笔资金被其客户企业所占用，企业也就丧失了将这笔资金投资于其他赚取收益的项目的机会，于是便产生了机会成本。应收账款的机会成本并不是实际发生的成本，而主要是作为一种观念上的成本来看待的，它是做出一项决策时放弃其他可供选择的最好机会。因此，应收账款的机会成本可以有多种衡量方式，例如可以参照下列投资回报来衡量：有价证券的投资收益率、企业平均资金成本率、预算报酬率、近期的某种投资项目的收益率。成本的高低与这笔资金的大小额度成正比关系。持有应收账款的机会成本是一种隐含的成本。这项成本往往被信用管理水平较低的企业忽视，其实它的成本一般比坏账损失高很多，甚至以倍数计算。一家大企业的财务经理经常为其年坏账注销额只有2万美元而骄傲，他却从来没有算过该企业折合总额为360万美元平均的逾期应收款给企业造成的利息损失。以8%年利率计算，由于客户拖欠货款给企业增加了近29万美元的成本。

应收账款的回收是有成本的，它通常包括对应收账款的正常收账费用和对逾期应收账款催收费用。这些费用可能包括书面通知客户的邮费、通讯费用、直接拜访客户的差旅费用、讨债公司收费、法律诉讼费等。

企业持有应收账款还会发生因欠款无法收回导致的坏账损失，坏账损失成本有成为最大应收账款持有成本的可能性，但一般低于机会成本，企业必须尽最大努力防范坏账损失的产生。

五、事后控制：应收账款监控制度

应收账款跟踪管理服务是现代企业重信用管理的一项重要内容，英文名称是：Receivable portfolio management. 缩写为RPM。其含义是：采用信用方式（如赊销）结算时，债权人或代理人对应收账款的整个回收过程实施严格的跟踪管理，从而最大限度地降低逾期账款的发生率。

（一）为什么要进行应收账款的跟踪管理

所谓应收账款的跟踪管理就是从赊销过程一开始，到应收款到期日前，对客户进行跟踪、监督，从而确保客户正常支付货款。

赊销期是很重要的一段时间，买卖双方，尤其是初次做生意的双方都是比较敏感的，就像两个初识的朋友都很注意对方的变化和反应，双方会下意识地根据对方的脾气和性格尝试着说话和办事一样，买卖双方也会根据对方的情况采取自己认为合适的对策。从企业经营实践看，多数成功的企业在贸易过程中都很重视赊销期内对客户的跟踪管理，及早排除可能导致的货款拖欠的隐患。这样做的好处是：一方面维护了与客户的良好关系，另一方面极大地提高了应收账款的回收率。

具体来说，在应收账款到期日之前对客户进行跟踪管理，主要有如下几个方面的好处：

1. 有利于与客户的及时沟通，减少产生纠纷的可能性

实践表明，大量的货款拖欠案中，有相当的一部分是由于贸易过程中，在货物质量、包装、运输以及结算上的纠纷产生的，而这些纠纷往往是因为买卖双方没有能及时沟通造成的。应收账款跟踪管理的出发点就是以合作、非敌对性的态度进行沟通，及时解决可能产生的纠纷，同时及时了解客户的反映、要求和意愿，以便做出相应的决策。这样，既为客户按时付款扫清了障碍、又维护了与客户良好的业务关系。

2. 给习惯性拖欠的客户施加一定的压力

我国有些企业拖欠货款属于习惯性拖欠，而并非蓄意赖账不还。因此，对这类客户从赊销过程一开始，直到货款到期日，保持与客户联系、提醒、催促付款，会使客户感觉到债权人的压力。如果客户不是经营困难或到了破产的边缘，又没有别的特殊原因，一般不会轻易地推迟付款。

3. 债务人往往首先应把货款支付给管理严格的债权人

“债务人总是优先考虑管理严格的债权人”，这是国外商业市场上很流行的一句话。在激烈的市场竞争中，客户往往面临许多市场风险和资金短缺情况，所以客户有时拖欠付款，往往并非恶意拖欠，而是经营上的原因。在这种情况下，面对其众多的债权人，客户总是选择那些对应收账款管理严格的债权人优先付款。

4. 及时发现信誉不良和恶意拖欠的客户

通过不断与客户保持联系，可以发现一些拖欠款的不良征兆，如客户经营困难、领导人更换、迁址、法律纠纷、资产转移等，对此可及早采取应对措施。

5. 节省费用

对客户进行应收账款的跟踪管理可以及时收获货款，减少呆账、坏账的发生率，从而节省处理逾期应收账款（如追讨、诉讼等）的费用，使企业效益大大提高。

（二）应收账款跟踪管理的内容

（1）货物一经出发，就将应收账款列入公司或代理机构的信用管理档案，进行监控；

（2）与客户（债权人）直接联系，询问和沟通货物接收情况、付款准备情况及时提醒和督促客户及时付款；

（3）在出现逾期早期，及时进行追讨；

（4）在一定期限内，如债务人未付款，建议债权人采取进一步的追讨行动。

根据外收账协会统计，采用这种管理服务，应收账款回收率在98%以上。然而，对于大多数外贸企业来说，独自进行上述管理可能遇到以下障碍：

（1）较强的专业性；

（2）买方在另一个国家或地区，存在方言和时差方面的障碍；

（3）巨大的管理成本。

因此，应收账款跟踪管理也可由专业性的商务风险管理公司来完成，这类公司依靠其专业人员和技术及遍布世界各地的代理机构网络使得应收账款跟踪管理服务的顺

利进行。这也是 RPM——应收账款跟踪管理服务得以在世界范围广泛应用的原因。

（三）怎样实施对应收账款的跟踪管理

企业要做好应收账款的跟踪管理，必须使其成为整个交易过程的一个重要环节。建立客户信用档案，制定相应的业务规章制度，对企业财务人员和业务人员进行必要的培训，使他们能够有效地展开应收账款的跟踪管理工作。具体地讲，企业可以按照下列步骤和方法进行客户应收账款的跟踪管理。

第一步，建立应收账款档案。

在出货日，业务人员将发票影印件、债务人有关资料和销售报告等进行整理和编号，交给专门负责客户信用管理档案的人员归档，业务人员做好业务记录，同时可备份给财务人员。

第二步，货到日的查询。

估计货到日期，在货到日业务人员主动与客户取得联系，联系方式以电话或传真为最佳。询问客户是否收到货物；根据发单看货物件数是否相符；包装是否有损；接货是否顺利等。此次联系的主要目的是表示对客户是否收到货物的关切，并注意客户是否有异常反应，同时记录下货物到期日，如果客户发来传真，要保留并归档。

第三步，对货物满意程度的查询。

货到一周后，业务人员要再次与客户取得联系，可以是电话、传真或信函。询问客户的货物查收情况，诸如：订单货物的规格、型号、种类、数量是否与实际到货相符；货物在运输过程中是否有损坏、变质等意外情况发生；客户对货物质量是否有异议等。注意：此时要多让客户讲情况，并认真倾听和记录，同时密切注意客户说话的口气和字里行间的意愿。正常情况下客户如果对货物有什么不满会马上作出反应；而蓄意拖欠的客户此时的表现可能是模棱两可、含糊其辞或作出某种暗示，或表示出纠纷的起因，并以此作为拖欠的借口。所以这时业务人员就要对客户的反应和提出的问题进行仔细分析，识别其背后的真实目的，以便尽快采取措施。此阶段如果有异常情况出现，应及时汇报并备案，同时通知相关部门。

第四步，提醒客户付款到期日。

在货款到期前一周，业务人员或财务人员要再一次与客户联系，可视客户情况，选择录音电话、传真、电报、快信甚至登门拜访等多种联系方式。了解客户对交易是否满意，并提醒客户货款的到期日，了解客户的支付能力，同时暗示客户按期付款的必要性。注意客户对按期付款的反应，并保留客户的来电、来函等资料，以备日后作为法律诉讼的依据。切记：这一阶段要保持与客户的良好关系，措辞要礼貌、周到、严谨，并体现出对按期收款的关切和信心。

第五步，在货款到期日的催收。

在货款到期日的一两天内，应与客户直接联系，询问其是否已将货款汇出，如还没有汇出，询问其原因。对按期付款的客户给予感谢和鼓励性的回复，以进一步加强与客户的良好关系。

对未能按期付款的客户，以函电形式进行催收或亲自上门了解情况。函电应根据客户的具体情况拟定，一般包括如下内容：

（1）函电名称：通常是催款通知书、还款意见书、还款建议书、协商公函等礼貌又正式的函电用语；

（2）债务人称谓：公司名称、法定代表人或主要负责人姓名等；

（3）催款所根据的事实和理由；

（4）具体请求和要求，如债务人对函电应给予答复的期限；债务人应与偿还的具体金额；债务人应当履行偿债义务的方式和最后期限等。

另外，拟定函电时还应注意以下事项：

（1）函电内容因函电方式可有所增删。如电报应言简意赅。

（2）函电内容因债务人拖欠性质不同，措辞可不同，如债务人有意拖欠时，函电可加上“债务人逾期偿付欠款应当承担相应的法律后果”。

（3）业务人员在拟定函电时，最好请律师把关，以使函电用语更为严谨和准确。当然，可使用更多的法律用语，以增加函电的“震慑力”。

第六步，及时报告到期未付的情况。

如果客户在超过货款到期日 3 天仍未付款，业务人员应将逾期未付的客户名称、金额、未付原因等情况立即报告经理和财务部门，以便将发生逾期欠款的客户纳入早期逾期应收账款催收管理范围。

另外，如果企业感觉自己做应收账款的跟踪管理存在困难，认为专业太强或管理成本较大，可以把这部分工作委托给专业的应收账款管理公司。

第四节 信用风险控制的主要措施

企业要有效地实施对客户的信用风险控制，必须根据本企业的信用政策制定一套全面的风险控制方案和措施。有效的风险控制措施能够最大限度地减少客户可能给企业带来的损失。下面介绍几种典型的风险控制方法：

（一）控制发货

信用部门应始终监控运输单据的制作与货物的发运过程，在下列两种情况下信用部门应命令有关人员停止发货。①付款迟缓，超过规定的期限。当客户拖延付款时，信用部门可以通过信函、电话等方式提示客户。如客户仍拖欠不还，一旦超过规定的贸易暂停限期，就应停止发货。各企业对于贸易暂停期限有明确规定，一般来讲信用期越长，贸易暂停期限越短。②交易金额突破信用限额。信用限额是依据客户的财务状况和信用等级综合评定出来的，交易金额超过信用限额会给企业自身带来坏账风险，尤其在信用限额是由于客户延期支付而被突破的情况下，控制发货措施就很有必要。

（二）监督和检查客户群

监督制度是规定对正在进行交易的客户进行合适的监控，密切注意其一切行动，尤其是付款行为，对于高风险客户或特别重要的客户还要予以多方面的监控。检查制度是指不断检查与更新客户原有的信用信息。

（三）信用额度审核

信用管理人员应对授予信用额度的客户适时定期审核，一般情况下一年审核一次，对正在进行交易的客户和重要客户的信用额度最好能半年审核一次。每一次审核都要严格地按程序进行，信息搜集工作尽量做到全面、及时、可靠，不能因为是老客户就放松警惕，或者习惯性地凭以往的认识分析其信用状况。审核结果要及时通报给业务人员。

（四）贸易暂停

当发现客户有信用风险的不良征兆时，首先考虑的措施就是贸易暂停，停止发货或者收回刚发出的货物，只有这样才能避免损失进一步扩大。

（五）巡访客户

在危机发生时销售部门与信用部门应各自与客户进行会谈，以搜集客户的信息。第一次接触一般都会听到客户信心十足的答复：困难只是暂时的，没有想象的那么严重。但这可能是破产的前兆。在可能条件下，销售部门与信用部门应该联合巡访客户。巡访要达到3个目标：评估客户的生存能力、就付款安排达成协议、确定以后的交易额度。巡访过程中应注意不要被客户的假象所迷惑。客户可能会充满信心地许下一堆承诺，此时信用部门更要仔细分析这些解释与承诺的合理成分，回去后立即将会议记录发给客户，一旦客户不能兑现，即说明他们的确处于危机不能自拔。在巡访中，客户外在的特征很值得注意，因为很多危机是难以隐藏的，如库存过多或拒绝对外公开库存量等。对客户的巡访应及时进行，最好再付款迟缓或引起纠纷而未到达危急之时便去会谈，预防总比在问题发生时再去解决更为有利。

（六）置留所有权

置留所有权简称ROT，即企业在商品售出后保留他的所有权，直到客户偿付货款为止。理论上讲，这是一项无任何额外成本又能有效避免风险的措施，它使得企业在得不到偿付时可以恢复其对商品的所有权。但在实际作用中，它并不能完全规避信用风险，因为商品所有权虽掌握在企业手里，但鉴于企业未实际占有或使用货物，就不能进行有效控制。

（七）坚持额外担保

如果客户处于危机中但仍有回旋余地时，客户可能会要求继续交易以维持运转，此时便应坚持额外担保。最低限度的担保是开立商业票据，一旦不能兑现时便可立即停止交易。最高程度的担保即是预付货款（如用支票付款，应注意发货前将支票兑现）。

第五节　拖欠货款的处理

一、货款被拖欠后应采取的措施

许多企业在海外的货款被长期拖欠，甚至变成死账，都是因为在发生拖欠的早期，没有能够采取合适的措施，给对方以可乘之机。下面是我们在处理大量拖欠案件的经验基础上总结出来的一些方法，供广大业务人员参考。

（一）弄清客户拖欠的真实原因

几乎所有的客户在不能及时支付货款时都会找出各种各样的理由，比如对货物不满意，没有收到货物、资金周转困难、货物卖不出去等。其中有一些属于贸易过程中的正常现象，如货物确实存在问题、客户临时资金周转困难等，对此我们称之为“善意拖欠”。然而更多的情况是客户主观地制造各种不实理由，蓄意拖欠付款，我们称之为“恶意拖欠”。

当一笔账款被拖欠之后，业务员应立即对客户（债务人）提出各种理由进行判断，分析其拖欠的原因和意图。对于善意拖欠，可以通过双方的及时沟通、协调，彼此谅解，最后达成一致的解决方法。这样不仅可以及时地收回货款，还可以维护与客户的良好合作关系。对于恶意拖欠，则必须给予高度重视并采取强有力的追讨措施。在这里应提醒广大业务人员的是，判断拖欠原因时，切忌仅凭主观臆断或侥幸心理行事，而应实事求是地分析各种客观因素，并做出准确的判断。

（二）调查债务人的资信状况

对于恶意拖欠的客户，业务员应当充分地了解债务人现实的资信状况，从而判断债务人的偿债能力和还款意愿。一般来说，判断一个企业的短期债务偿付能力可由该企业的可用于偿还的资金与应偿债务金额之间的比率来表示。

实际当中，被拖欠企业要了解债务人上述财务数据是很困难的，此时可以根据以前了解的债务人资料进行分析判断，必要时也可以委托专业调查机构对债务进行资信调查。

（三）对债务人保持足够的压力

债务人拖欠行为往往取决于被拖欠一方的态度。实际经验表明，大多数被严重拖欠的企业都具有经营管理制度松散、财务制度不严格的特点。尤其在拖欠发生的早期，债权方如不对债务人保持足够的收款压力，则会给债务人增加拖欠的决心，甚至使一些善意拖欠转变为恶意拖欠。为了对债务人保持足够的压力，应注意如下几点：

（1）应保持与债务人的联系和沟通，适时地表达收款的要求；

（2）尽量搜集齐全对保护自己债权有力的证据，并让债务人了解；

（3）尽量掌握可能得到债务人的抵押品或资产；

（4）谨慎地与债务人签署各类协议，不给其继续拖欠的借口和期望。尤其是对债务人的口头或书面付款承诺不应表现出过分地依赖。

（四）迅速采取有力的追讨手段

在对债务人保持足够的压力的同时，在充分了解其拖欠原因和资信状况基础上，应尽快采取有力的追讨措施。一般来说，在拖欠的早期，由债权人自行追讨较为有利。这是因为双方当事人直接联系，债权债务关系较为清楚，便于沟通。当然最好的办法是能够与债务人直接见面，但对海外拖欠来说，需要的成本太大，因此只能靠电话或信函的方式，这样会大大降低追讨的力度。

二、债务处理的具体方法

债务处理的基本方法大体上有4种：

企业自行追账、委托专业机构追账、仲裁和诉讼。

（一）企业自行追账

1. 企业自行追账的基本方法

（1）函电追账。企业自身的追账员通过电话、传真、信函等方式向债务人发送付款通知。

（2）面访追账。企业自身的追账员通过上门访问，直接与债务人交涉还款问题，了解拖欠的原因。

（3）网络追账。企业利用电子邮件向债务人发送追讨函或与其交流意见。

2. 企业自行追账的特点

（1）函电追账方式简便、易行，企业可以委派内部人员独立操作，无须经过仲裁或司法程序，可以省去一定的时间和费用；但力度较小，不易引起重视。

（2）面访追账属于比较正规、有力的追讨方式，但耗时多、费用高。异地追账不宜采用。

（3）网络追账速度快、费用低，可以双向交流。企业用电子邮件将付款通知书发给债务人，债务人转发给自己的分销商，分销商加注意见后再发给这家企业。电子追账是未来追账的优先选择。

（4）及时解决债务纠纷，避免长期拖欠的产生。

（5）气氛比较友好，有利于双方今后合作关系的发展。

（二）委托专业机构追账

债务纠纷发生后，企业将逾期账款追收的权利交给专业收账机构，由其代理完成向债务人的追收工作。目前，国际上的欠款追收大都是依靠各国收账机构相互代理、协助完成的，其比例在60%以上。

1. 基本方法

（1）专业追账员追账。专业追账员机构接受企业的委托后，首先要对该债务进行调查核实，制定相关的追讨策略；其后由追账员与债务人直接接触、商洽，并通过多种途径向其施加压力。

（2）律师协助非诉讼追账。律师作为法律顾问参与追账，负责与债务人律师的交涉和重要文件的起草工作。

（3）诉讼追账。追账机构可以协助企业采取法律行动，一般由追账机构的长期签约律师受理案件，这些律师有着良好的信誉和丰富的工作经验，而且部分律师调查费可以免收或事后收取。

关于诉讼追账将在下面的章节里进行更为详尽的介绍，在此不再赘述。

（4）申请执行仲裁裁决。追账机构可以协助企业向法院申请执行仲裁裁决。

2. 特点

（1）追收力度大。专业机构大都采用自身的专业追账员或代理机构在债务人当地进行追讨，无论是从追收形式、效果上，还是从对债务人的心理压力上，都远远高于企业自行追讨的力度。

（2）处理案件专业化。专业机构在处理债务问题方面具有相当丰富的经验和知识，对于每一个拖欠案件，都会制定一套包含多种手段的追讨措施，包括对案件的分析评估，与债务人的直接接触、协商，通过多种途径向债务人施加各种压力，律师协助追讨，代理诉讼，申请执行仲裁裁决。

（3）节约追账成本。在自行追讨无法取得实际效果时，如果直接诉诸法律，一般费用较高，程序复杂而且漫长，即使胜诉也不易执行，因此企业较少采用。而专业追账机构一般采取不成功不收取佣金的政策，最大限度地为企业承担追账风险，减小损失。

（三）仲裁

1. 基本方法

债权债务双方根据债务纠纷发生前或债务纠纷发生后双方所达成的书面协议，自愿将争议交给双方都同意的仲裁机构，由仲裁机构根据双方协议的授权审理争议，并作出对双方均有约束力的裁决。仲裁不具有诉讼属性，但是，它也是解决经济纠纷的重要手段。

2. 特点

（1）仲裁是以双方当事人的自愿约定为基础的，如果债权债务双方没有仲裁协议，仲裁程序不可能发生。

（2）仲裁机构是民间性的组织，不是国家的行政机关或司法机关，它对商务纠纷案件没有强制管辖权。

（3）仲裁裁决具有终局性，对双方当事人都有约束力，任何一方不得就同一标的或事由再向法院起诉或者向仲裁机构再申请仲裁。

（四）诉讼

1. 基本方法

债务纠纷发生后，债权债务中一方向法院提起诉讼请求，由法院根据诉讼程序和有关法律规定审理案件，并作出对双方具有法律强制执行的判决。

2. 特点

（1）作为原告起诉时，必须是因自身的权利受到侵犯或因债权债务的关系与顾客发生争议，必须是本案的直接利害关系人才有资格作为案件的原告；

（2）有明确的被告；

（3）必须有具体的诉讼请求和事实、理由；

（4）必须是属于法院受理的范围和管辖的案件。

章末案例或相关衔接

雅芳公司的信用管理

雅芳原来是一家采用直销方式的化妆品公司。1998 年 4 月国家开始明令禁止传销和直销，公司的销售方式因此转型为批发零售。被动转型后的雅芳其销售额一落千丈，市场迅速萎缩。

面对现状，公司研究了一系列的销售策略，期望在短期内回升销售额，夺回失去的市场。在销售上，雅芳采取多渠道销售方式，包括在全国范围内的商场专柜、雅芳专卖店、推销员等。

面对竞争，各种渠道的销售都需要采取信用销售的方式。尤其值得注意的是，雅芳在全国各地有数千家雅芳专卖店，占雅芳业务总量一半以上。这些专卖店都属个体经营性质。在目前中国个人信用体制尚是一片空白的环境下，要对如此规模的个体经营者进行信用销售，对公司来讲实在是一种非常冒险的尝试。

但是，公司要提升销售额，就必须要采用信用销售的方式，这是公司既定的策略。作为公司一名信用管理人员，其工作职责是制定合适的信用政策，建立一支好的信用管理队伍，促进公司销售顺利进行，确保公司资金安全使用。

面对如此不同的客户群，切不可采用以往的经验去管理。在此情况下，只能一方面请教专业咨询公司，专门学习“个体经营者信用评估方法”。但有了方法，你还无法得到客户的信用方面的信息。因此，另外还得学习银行个人消费品信贷的做法。但面对如此面广量大的专卖店和推销员，银行那套严格得近乎苛求的贷款条件、长时间的繁复的贷款审核程序和抵押手续，对企业来讲显然是不适合的。

要帮助公司在短期内迅速提升销售目标的信用政策只能是开放型的。但特定的销售对象又是高风险的群体。一不小心，会造成公司很大的损失，那样非但不能达到公司的目标，反而会使公司雪上加霜。因此，制定一个适当的信用政策对雅芳来讲是尤其重要的。

由于没有现成的经验，雅芳只能边学习，边摸索地去制定一套适合雅芳的特别的信用管理政策。

首先，明确公司信用政策的最终目标是：“在短期内迅速提升销售，同时将风险控制在一定的范围内。”

其次，分析客户群与雅芳的特定关系。在此基础上，制定了一个信用条件从严到宽，信用额度从低到高的一个逐步渐进的信用政策。并且在政策实施过程中，我们经常性的对各地分公司进行信用政策问题调查访问，从中发现问题，及时修订政策，使政策能够在尽可能短的时期内符合公司业务发展的需要。之后，在政策逐步完善的基础上再制定坏账考核办法，以逐步加强公司信用管理力度。

最后，由于雅芳是由一个全球的直销公司转型而来，以赊销为主的零售观念还很薄弱。因此，除了制定公司信用政策的重点工作之外，还需要对公司员工进行观念上的培训。在制定公司信用政策和程序的同时，雅芳邀请了咨询公司先对公司管理高层进行信用管理培训，以加强公司管理高层对中国信用环境的认识和对公司信用管理工作的重视。在信用政策实施以前，又对全国所有分公司的管理人员分期分批进行大规模的培训，以确保公司所有管理人员了解一定的信用知识，掌握公司信用政策和程序。

专业的培训、政策实施前的充分的宣传和沟通为日后的信用管理打下了坚实的基础。从雅芳 2 年来信用政策的实施效果来看，公司销售连年保持高速的增长，1999 年销售额比 1998 年增长了一倍。2000 年公司的销售更是在 1999 年的基础上增长了 49%。更令人惊喜的是 2 年来，公司的坏账只有 10 多万元而已。完全达到了公司所期望的目标。

雅芳公司总结这些年来从事信用管理的经验，认为做好企业信用管理的关键有以下几个方面：

（1）与公司目标一致的信用政策与程序。包括适当的客户信用等级评估方法、专业的应收账款收款程序和合理的应收账款考核制度。

（2）有一套完善的信用管理电脑支持系统。可支持信用等级评估，完整的应收账款账龄、销售数据和信用分析报表。

（3）严格的应收账款日常跟踪管理和定期召开账款会议。

（4）足够的专业机构的培训与客户信用调查信息，可为你对客户的风险系数作出正确的判断。千万不要因为节约一点点成本拒绝专业公司的培训和信用风险调查，而忽视了公司未来的风险。

上述几点之间的关系可以这样去形容：信用政策起关键作用，系统支持是信用管理的基础，日常管理和会议是必不可少的措施。专业培训和专业机构的信息是一个不可多得的风险指导。

（案例来源：作者根据有关资料整理）

复习思考题

1. 赊销的功能和目的主要表现在哪些方面？

2. 对赊销商品和应收账款的管理，应该重视赊销风险的防范，制定的一系列措施和办法有哪些？

3. 在现代营销中销售管理的赊销存在哪些方面的问题？

4. 从经济的角度理解信用的本质涵义是什么？
5. 按受信对象的分类标准信用的基本形式有哪些？
6. 如何理解现代经济是信用经济？
7. 信用方式具有的吸引力表现在哪些方面？
8. 加强企业的信用管理应当从哪几个方面入手？
9. 应收账款的存在蕴藏的信用风险表现在哪些方面？
10. 怎样实施对应收账款的跟踪管理？
11. 信用风险控制的主要措施有哪些？
12. 货款被拖欠后应采取的措施有哪些？

第八章　销售通路管理

产品从生产过程向消费过程转移，必然要经过流通过程，即经过必要的流通渠道和销售环节等，解决商品内在的使用价值和价值的矛盾，顺利地实现商品从生产领域向消费领域转移。选择合理的流通渠道和销售环节，科学地组织商品的流通与分配，以最少的环节、最短的时间、最低的费用、最快的速度将商品输送到消费者手中，对生产者与消费者都具有重要的意义。

第一节　分销渠道的类型与作用

一、分销渠道的概念

在现代商品经济条件下，绝大多数企业为实现将产品及时迅速地传送到消费者手中、扩大商品的销售、加速资金周转、降低流通费用的目的，需要经过一系列中间组织或个人协调配合，而不是将生产出来的商品直接输送到消费者手中。这种将商品从生产者向消费者转移经过的途径以及相应设置的市场销售机构，称之为分销渠道。

企业在市场营销活动中经济效益的高低不仅取决于企业的生产，而且取决于企业的分配销售渠道，即合理地选择产品所有权从生产者向消费者转移的最佳通道，前者指商品使用价值的形成过程，即企业如何应用先进的科学技术，搞好产品要素组合，使商品以低成本、高质量、新式样、多功能及合理的价格增强市场凝聚力；后者是指商品使用价值和价值的实现过程，即企业如何适应消费者需求变化，将已生产出来的商品适时、适地、经济、方便、快速地分配销售给消费者，以满足需求、促进生产，搞活流通，繁荣市场。从某种意义上看，建立良好的分销渠道比组织好商品市场更为重要。

一般地说，常见的分销渠道主要包括批发商、代理商、零售商；贸易辅助单位，如储运公司、银行及保险公司；销售服务单位，如信息中心、广告公司、包装装潢公司、服务公司、销售咨询及市场预测等营销服务机构。商品分销渠道是市场的血液循环系统，一旦出现阻塞，市场生命力就会衰竭。

二、分销渠道的类型

（一）分销渠道的分类

1. 按渠道的长短分类

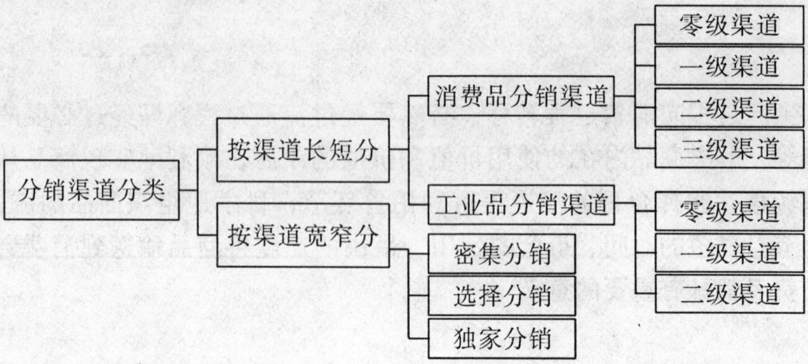

图 8.1

渠道长度：指产品分销所经中间环节的多少。

（1）消费品分销渠道：

零级渠道：最短、最简单的营销渠道。

适用于：价格昂贵、利润率高的特殊商品或需要销售给远距离的用户。

一级渠道、二级渠道、三级渠道如图 8.2 所示。

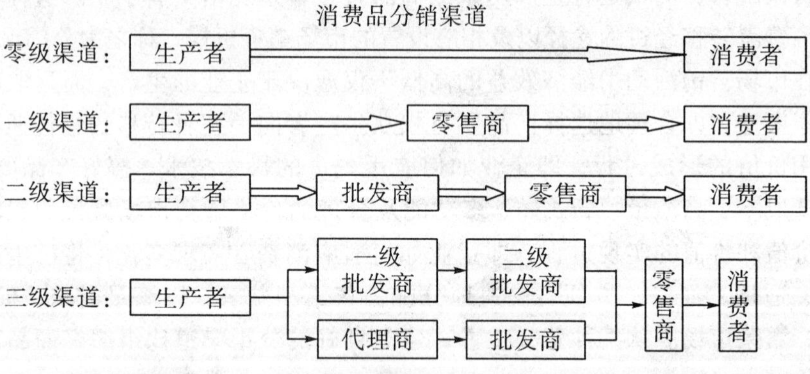

图 8.2

（2）工业品分销渠道：

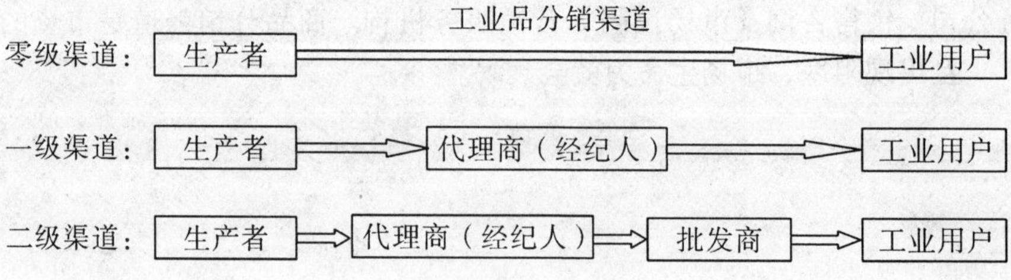

图 8.3

零级渠道：适于大型机器设备的销售。

一级渠道：适于未建立专门的销售部门或企业为了更广泛地推销商品。

二级渠道：适于生产普通机器设备的企业采用。

2. 按渠道宽度分类

渠道宽度：指渠道的每个层次同种类型中间商数目的多少。

渠道越宽，则销售网点越多，市场覆盖面越大；

渠道越窄，则销售网点越少，市场覆盖面越小。

按渠道宽度可分为三种分销策略：

（1）密集分销：广泛分销、开放性分销，指制造商尽可能地发展批发商和零售商，以尽可能多的销售产品。该分销渠道的控制能力弱。适于：食品、日用品等生活必需品和便利品。

（2）选择分销：指制造商根据自己设定的交易基准和条件精心挑选最合适的中间商销售其产品。该分销渠道的控制能力强。适于：消费品中的选购品和特殊品。

（3）独家分销：指制造商在某一地区仅使用一家中间商销售其产品。企业的渠道控制能力很强。

3. 按分销渠道流程的分类

构成渠道的各种机构由许多不同种类的流程贯穿其中并相互联系。其中主要的有实体流程、所有权流程、付款流程、信息流程及促销流程。

（1）实体流程是指实体原料及成品从制造商转移到最终顾客的过程。例如，在汽车市场营销渠道中，原材料、零部件、发动机等从供应商运送到仓储企业，然后被运送到制造商的工厂制成汽车。制成成品后经过仓储，然后根据代理商订单而运交代理商，再运交顾客。如遇到大笔订单的情况，也可有仓库或工厂直接供应。在这一过程中，至少要用一种以上的运输方式，如铁路、卡车、船舶等。

（2）所有权流程是指货物所有权从一个市场销售机构到另一个市场销售机构的转移过程。原材料及零部件的所有权由供应商转移到制造商，汽车所有权则由制造商转移到代理商，而后到顾客。

（3）付款流程是指货款在各市场销售中间机构之间的流动过程。例如，顾客通过银行或其他金融机构向代理商支付账单，代理商扣除佣金后再付给制造商，再由制造商付给各供应商，还需付给运输企业及独立仓库。

（4）信息流程是指在市场分销中，各市场销售中间机构相互传递信息的过程。通常，渠道中每一相邻机构间会进行双向的信息交流，而互不相邻的机构间也会有各自的信息流程。

（5）促销流程是指广告、人员推销、宣传、促销等活动由一单位对另一单位施加影响的过程。供应商向制造商推销其品牌及产品，还可能向最终顾客推销自己的名称及产品，以便影响制造商购买其零部件或原材料来装配产品。促销流程也可能从制造商流向代理商（称之为贸易促销）或最终顾客（称之为最终使用者促销）。

（二）分销渠道的整合——渠道发展趋势

1．垂直分销系统

垂直分销系统即垂直一体化，指制造商、批发商和零售商等形成一个统一体。

（1）公司式垂直分销系统，指制造商、批发商、零售商归属同一所有者并受其统一管理和控制的系统。

（2）管理式垂直分销系统，指由某一家规模大、实力强的企业出面将制造商和处于不同层次的中间商组织起来并实行统一管理的系统。

（3）合同式垂直分销系统。合同式垂直分销系统，指以合同的形式将各自独立的制造商和不同层次的中间商联合起来形成的系统。

该分销系统的几种形式：批发商倡办的自愿连锁组织、零售商合作组织、特许经营组织（特许批发商、特许零售商等）。

2．水平分销系统

水平分销系统指在分销过程中履行同一渠道职能的两个或两个以上企业联合起来共同开发和利用市场机会的系统。

3．多渠道分销系统

多渠道分销系统指一个公司建立两条或两条以上的分销渠道向一个或更多的顾客细分市场分销其产品的系统。

该系统的好处：①市场覆盖率提高；②渠道成本降低；③更好地满足了顾客的需要。

三、分销渠道的作用

在市场经济中，分销渠道既是生产者的排水渠，又是消费者的引水渠，通过它连接生产者、经营者和消费者之间的经济关系，真正承担着社会再生产的蓄水池作用。合理选择分销渠道的实质，是合理选择中间商，这对企业生产经营活动和发展市场经济具有十分重要的意义。

（1）合理的分销渠道可以最有效地把各种产品提供给消费者，以满足其需要。专门从事商品流通的中间商最了解供需双方的需求，并根据消费者需求的变化，随时采购各种商品，从而较好地解决商品供求中的总量矛盾、结构矛盾、地区矛盾、时间矛盾，以满足不同的地区、不同层次消费者的各种不同的需求。

（2）合理的销售渠道有利于生产企业降低营运费用，扩大销量，提高供给能力和经济效益。生产企业合理选择中间商，既可以压缩自己常设的销售机构，节约相应的销售费用，减少流动资金的占用，又可以定期定量地将产品出售给中间商，减轻企业储存的负担，加速资金周转，集中有限的人力、物力和财力从事产品的生产。

（3）合理选择分销渠道可以帮助企业掌握市场供求信息，扩大服务项目，提高市场占用率。中间商凭借丰富的销售经验、设备优势以及对生产者和消费者的深入了解，既为生产企业制订计划、改进设计、增加花色品种、提高产品质量提供可靠的信息，又通过为消费者提供各种服务，挖掘市场潜在购买力，提高产品的市场占有率，丰富和繁荣市场。

（4）合理选择分销渠道可以有效地平衡供求关系，简化流通渠道，方便顾客购买。中间商作为销售渠道的主体，一头连接生产者，一头连接消费者，其基本功能是在一定的时空范围内，调节供需之间在商品数量、品种、花色、等级、质量等方面的差异，即集中、平衡、扩散三大功能，为加速商品流通，缩短流通渠道，方便顾客购买，实现商品销售的及时性、地区性、扩散性、起着生产企业自销所无法起到的作用。当生产企业不通过中间商，直接向用户销售商品时，假定4个生产企业向10个用户销售，则需要40销售渠道。

经过中间商，则由中间商集中4家生产企业的产品，经过平衡，再向不同需要或不同层次的消费者扩散，同样的分销作用只用14条销售渠道就可以完成，既大大简化了分销线路，又较好地发挥了集中、平衡、扩散三大功能。

批发商和零售商是销售渠道中的重要机构。研究批发商和零售商，将有助于企业进行有效的销售渠道决策。

第二节　批发商与零售商

一、批发商

批发包括一切将货物或服务销售给为专卖或者商业用途而进行购买的活动。使用批发商这个词来描述那些主要从事批发业务的公司。这个词的内涵排除了制造商和农场主，因为他们主要从事生产，同时也排除了零售商。

（一）批发商存在的必要性

众所周知，制造商完全可以不用批发商而将货物直接地卖给零售商或最后的消费者。不过，批发商的存在也为制造商带来了好处。

（1）小型制造商财力有限，无法单独设立一个直接销售部门，而批发商的存在，就解决了这一难题；

（2）即使制造商财力雄厚，也宁愿将钱投在生产设备上，而不愿意投资在费用高昂的分销渠道上；

（3）由于批发商在分销上追求规模经济（即可以享受到由于大批量购销而产生的费用成本的节约），而且它与零售网点接触面广，还具有进货、批发的专门技术，因此，制造商都认为批发商的分销率高，愿与之合作；

（4）由于经营品种繁多的零售商都愿意与批发商打交道，而不愿意与单个制造商打交道，因此，那些经营产品种类有限的制造商更需要批发商为其解决产品销售难题。

批发商可以有效地执行下述职能：

（1）销售与促销职能。批发商通过其销售人员的业务活动，可以使制造商有效地接触众多的小客户，从而促进销售。

（2）采购与发配货色职能。批发商代替顾客选购产品，并根据顾客需要，将各种货色进行有效的发配，从而为顾客节省了时间。

（3）整买零卖职能。批发商可以整批地买进货物，再根据零售商的需要批发出去，从而降低零售商的进货成本。

（4）仓储服务职能。批发商可将进货储存到出售为止，从而可降低供应商和顾客的存货成本风险。

（5）运输职能。由于批发商一般距离零售商较近，可以很快地将货物送到顾客手中。

（6）融资职能。批发商可以向客户提供信用条件，提供融资服务；另一方面，如果批发商能够提前订货或准时付款，也就等于是为供应商提供融资服务。

（7）风险承担职能。批发商在分销过程中，由于拥有货物所有权，故承担了货物失窃、瑕疵、损坏或过失等各种风险。

（8）提供信息职能。批发商可向其供应商提供有关买主的市场信息，诸如竞争者的活动、新产品的出现、价格的剧烈变动等。

（9）管理咨询服务职能。批发商可经常帮助零售商培训推销人员、布置商店以及建立会计系统和存货控制系统，从而提高零售商的经营效益。

由上述分析可知，批发商之所以有其存在的必要性，主要是由于它能为制造商、零售商以及其他机构提供多种职能服务。从国外经济发展趋势看，批发商仍有其广阔的发展前进。主要基于以下几点：①产量迅速增加的大制造商多位于远离消费者的地区；②大多数制造商的生产开始于订货之前，而不是根据订货进行生产；③产品制造与使用之间的层次日益增多；④消费者对产品的数量、包装、品种、类型的要求越来越高、越来越复杂。

（二）批发商的主要类型

批发商主要有 3 种类型，即：商人批发商，经纪人和代理商，制造商及零售商的分店和采购办事处。

1. 商人批发商

商人批发商是指自己进货，取得商品所有权后再批发出售的商业企业，也就是人们通常所说的独立批发商。商人批发商是批发商的最主要的类型。

商人批发商按其职能和提供的服务是否完全来分类，可分为两种类型：

（1）完全服务批发商。这类批发商执行批发商的全部职能，他们提供的服务主要有：保持存货、雇佣固定的销售人员；提供信贷、送货和协助管理等。他们分为批发商人和工业分销商两种。批发商人主要是向零售商销售，并提供广泛的服务。工业分销商是向制造商而不是向零售商销售商品。

（2）有限服务批发商。这类批发商为了减少成本费用，降低批发价格，只执行一部分服务。它们又可分为 6 种类型：

①现购自运批发商。它不赊销，也不送货，顾客要自备货车去批发商的仓库选购货物，当时付清货款，自己把货物运回来。现购自运批发商经营食品杂货，其顾客主要是小食品杂货商、饭馆等。

②承销批发商。他们拿到顾客（包括其他批发商、零售商、用户等）的订货单，就单向制造商等生产者进货，并通知生产者将货物直运给顾客。所以，承销批发商不需要有仓库和商品库存，只要有一间办公室或营运所就行了，因而这种批发商又叫做“写字台批发商”。

③卡车批发商。他们从生产者那里把货物装上卡车后，立即运送给各零售商店、饭馆、旅馆等顾客。所以这种批发商不需要有仓库或商品库存。由于卡车批发商经营的商品是易腐和半腐商品，故而他们一接到顾客的要货通知就立即送货上门，每天送货几十次。卡车批发商主要执行推销员和送货员的职能。

④托售批发商。他们在超级市场和其他仪器杂货商店设置自己的货架，展销其经营的商品；商品卖出后，零售商才付给货款。这种批发商的经营费用较高，主要经营家用器皿、化妆品、玩具等商品。

⑤邮购批发商，指那些全部批发业务均采用邮购方式的批发商。他们经营食品杂货、小五金等商品，其顾客是边远地区的小零售商等。

⑥农场主合作社。它为农场主共同所有，负责将农产品组织到当地市场上销售。合作社的利润在年终时分配给各农场主。他们经常努力改进产品质量并宣传推广合作社的品牌。

2．经纪人和代理商

经纪人和代理商是从事购买或销售二者兼备的工作，但不取得商品所有权的商业单位。与商人批发商不同的是，他们对其经营的商品没有所有权，所提供的服务比有限服务批发商还少，其主要职能是促成商品的交易，借此赚取佣金作为报酬。与商人批发商相似的是，他们通常专注于某些产品种类或某些顾客群。

3．制造商及零售商的分店和采购办事处

批发的第三种形式是由买方或卖方自行经营批发业务，而不通过独立的批发商进行。这种批发业务可分为两种类型：

（1）销售分店和销售办事处。生产者往往设立自己的销售分店和销售办事处，以改进其存货控制、销售和促销业务。销售分店持有自己的存货，多经营木材和自动设备零件等行业；销售办事处不持有存货，在织物制品和针线杂货业中最为突出。

（2）采购办事处。许多零售商在大城市设立采购办事处。这些办事处的作用与经纪人或代理商相似，但却是买方组织的一个组成部分。

随着我国经济的发展，批发业将继续发展，主要通过兼并、合并和地区扩张来实现。地区扩张要求分销商懂得如何在广泛和更复杂的地区内有效地竞争。随着电脑系统使用的日益推广，将有助于批发商在这方面开展业务。批发商在扩大其地区范围时，将越来越多地雇佣外部公共和私人运输工具运送商品。外国公司在分销方面所起到的作用将有所加强。最后，对批发业主管人员和管理人员进行培训的工作也将主要由行业协会来承担。

二、零售商

零售包括所有向最终消费者直接销售商品和服务，以供其作个人及非商业性用途的活动。任何从事这种销售活动的机构，不论是制造商、批发商还是零售商都在从事零售业务，也不论这些产品和服务是如何消费（经由个人、邮寄、电话或自动售货机）或者是在何处（在商店、在街上或在消费者家中）销售的，都属于此范畴。而零售商或者零售商店是指那些其销售量主要来自零售的商业企业。

零售商的类型千变万化，新组织形式层出不穷。我们把它们分为3种类型，即：商店零售商、非商店零售商、零售商机构。

（一）商店零售商

最主要的零售商店类型有以下类型：

1. 专用品商店

专用品商店经营的产品线较为狭窄，但产品的花色品种较为齐全。例如，服装店、体育用品店、家具店、花店和书店属于专用品商店。根据产品线的狭窄程度，可以将专用品商店再分类为：①单一产品线商店，如服装商店；②有限产品线商店，如男士服装店；③超级专用品商店，如男士定制衬衫店。这三类专用品商店中，超级专用品商店的发展最为迅速，因为它们可以利用的细分市场、目标市场和产品专业化的机会将越来越多。

2. 百货商店

百货商店一般销售几条产品线的产品，尤其是服装、家具和家庭用品等，每一条产品线都作为一个独立部门由专门的采购员和营业员管理。此外，还有一些专门销售服装、鞋子、美容化妆品、礼品和皮箱的专用品百货商店。

由于百货商店之间竞争激烈，还有来自其他的零售商，特别是来自折扣商店，专用品连锁店、仓储零售商店的激烈竞争，加上交通拥挤、停车困难和中心商业区的衰落，百货商店正逐渐失去往日的魅力。为了应付挑战，百货商店采取了一系列的革新措施。如：①在郊区购物中心设立分店；②采用廉价大拍卖的方法与折扣商店的威胁相抗衡；③改建装修店堂，建成“流行时装商店”等；④将柜台出租给外面的零售商，有的则试行邮购和电话市场营销业务；⑤裁减雇员人数，缩小产品经营范围和小件顾客服务项目，如取消送货上门和信用购货等。

3. 超级市场

超级市场是规模相当大、成本低、毛利低、销售量大的自我服务的经营机构，主要经营各种食品、洗涤剂和家庭日常用品等。

超级市场的主要竞争对手是方便食品店、折扣食品店和超级商店。为了迎接竞争，超级市场的发展趋势是：

（1）规模越来越大，营业面积大大增加。

（2）经营品种日益增多，突出表现在非食品类产品的增多。许多超级市场正在将其经营范围扩大到药品、家庭用品、唱片、体育用品、小五金、园艺工具，甚至照相机等商品上去，其目的是增加经营毛利高的产品，以提高利润。

（3）营业设施不断改善，如在更昂贵的地段设店、扩大停车面积、精心设计建筑和内部装修、延长营业时间和星期日营业等。

（4）努力增加顾客服务项目，例如支票付现、休息室和播放音乐等。

（5）不断增加促销费用。

（6）大量经营私人品牌，以便减少自己对全国性品牌的依赖性和增加毛利率。

作为一种经营方法，“超级市场营销术”最近已扩散到其他行业中去了，尤其是在药品、家庭装饰品、玩具、体育用品、图书和计算机软件等行业。

4. 方便商店

方便商店是设在居民区附近的小型商店，营业时间长，每周营业7天，销售品种范围有限，主要为周转率高的便利商品。消费者利用它们做“填充”式采购，因此其营业价格要高一些。由于它们满足了消费者的需要，消费者愿意为这些便利商店付出高价。

5. 超级商店、联合商店和特级商场

超级商店比传统的超级市场更大，主要销售各种食品和非仪器类日用品。他们通常提供洗衣、干洗、修鞋、支票现付、代付账单和廉价午餐等项服务。联合商店的面积比超级市场和超级商店更大，呈现了一种经营多元化的趋势。特级商场比联合商店还要大，综合了超级市场、折扣和仓储零售的经营方针，其花色品种超出了日常用品，包括家具、大型和小型家用器具、服装和其他许多品种。其基本方法是原装商品陈列，尽量减少商店人员搬运，同时向愿意自行搬运大型家具器具的顾客提供折扣。

6. 折扣商店

一个真正的折扣商店具有以下特点；

（1）商店经常以低价销售商品；

（2）商店突出销售全国性品牌，因此价格低并不说明商品的质量低下；

（3）商店在自助式、设备最少的基础上经营；

（4）店址趋向于在租金低的地区，要能吸引较远的顾客。

7. 仓储商店

仓储式商业是一种以大批量、低成本、低售价和微利促销的连锁式零售商业。仓储商店一般具有以下特点：

（1）以工薪阶层和机关团体为其主要服务对象，旨在满足一般居民的日常性消费的需要。

（2）价格低廉。通过从厂家直接进货，省略了中间销售环节，尽可能降低经营成本。

（3）精选名牌畅销商品。从所有商品门类中挑选最畅销的商品大类，然后再从中精选出最畅销的商品品牌，并在经营中不断筛选，根据销售季节等具体情况随时调整，以使仓储式连锁商场内销售的商品占有较大的市场份额，同时保证商品的高速流转。

（4）会员制。仓储式商场注意发展会员及为会员服务，加强与会员之间的联谊，是以会员制为基本的销售和服务方式。

（5）低经营成本。运用各种可能的手段降低经营成本，如仓库式货架陈设商品，选址在次商业区或居民宅区，商品以大包装形式供货和销售，不做一般性商业广告，仓店合一。

（6）先进的计算机管理系统。计算机收银系统及时记录分析各店的品种销售情况，不断更新经营品种，既为商场提供现代化管理手段，也减少了雇员的人工费用的支出。

8. 产品陈列室推销店

这类商店将产品目录推销和折扣原则用于品种繁多、加成高、周转快和有品牌的商品。这些商品包括珠宝首饰、电动工具、提包、照相机及照相器材。这些商店已经成为零售业的最热门形式之一，甚至对传统的折扣商店形式构成威胁。产品陈列室推销店散发四色印刷的目录，每本长达500页以上，此外还增发季节性的小型增补版，上面标有每一项商品的定价和折扣价。顾客可用电话订货，由店方送货上门，顾客支付运费。顾客也可开车来商店亲自验货提货。

（二）非商店零售商

虽然大多数货物和服务是由商店销售的，但是非商店零售却比商店批发发展得更快。下面介绍非商店零售商的4种形式：直复销售、直接销售、自动售货和购货服务。

1. 直复销售

直复销售是一种为了在任何地方产生可度量的反应和达成交易，而是用一种或多种广告媒体的互相作用的销售系统。直复销售者利用广告介绍产品，顾客可写信或打电话订货。订购的货物一般通过邮寄交货，用信用卡付款。直复销售者可在一定广告费用开支允许的情况下，选择可获得最大订货量的传播媒体。使用这种媒体是为了扩大销售量，而不是像普通广告那样刺激顾客的偏好和树立品牌形象。直复销售主要有以下几种形式：

（1）邮购目录。采用这种形式，销售上按照选好的顾客名单邮寄目录，或备有目录随时供顾客索取。这种方法由经营完整产品线的综合商品邮购商店使用。直复销售人员也可以通过预先录制的录像带销售其产品，以求扩展其邮购目录业务。消费者往往必须购买录像带，但销售商却同时免费向消费者赠送礼物，以便使此项销售业务更有吸引力。

（2）直接邮购。直复销售人员将邮件信件、传单、折叠广告和其他“长翅膀的推销员”分别寄给对有关类别产品购买潜力大的顾客。直接邮购可用来销售新产品、礼品、服饰、精美食品和工业品。

（3）电话销售。电话销售已经成为一种主要的销售方式。销售人员用电话直接向消费者和公司企业销售，配置和选定主要销售对象，联系距离较远的顾客，或为现有的顾客或客户服务。电话销售不仅用于消费者市场销售，而且也可用于商业销售，而且也可用于商业市场销售。

（4）电视销售。通过电视，将产品直接销售给终端消费者。可采用两种方法：一种方法是购买30~60秒的电视销售节目时间，介绍产品。消费者可以打电话或写信订购广告宣传的产品。另一种较新的方法是通过闭路电视或地方电视台播放一套完整的节目，专门用来销售各色具备的成套产品。

（5）其他媒体销售。可用杂志、报纸和电台向顾客推销产品，听到或读到有关某种商品信息的顾客可以打电话或写信订货。

（6）电子销售。可采用两种形式：一种是消费者通过视频信息系统操作一个前沿终端，用对讲式闭路电视订购电视屏幕上显示的商品；另一种消费者使用个人电脑打电话给中心数据站，对提供销售的各种产品进行比较，他们用打印机将订单连同信用卡号码一起打入电脑。

（7）顾客订货机销售。一些公司将顾客订货机安装在商店、机场或其他地方。在商店里，顾客通过订货机提出对商品的要求，订货机的屏幕中显示出相应的商品，如果店中没有这种商品，顾客可在订货机上输入订货电话和其信用卡号码进行邮购订货。在机场里，旅客可通过订货机的屏幕上看到一系列的商品，如果旅客对某种商品有兴趣，可在屏幕上指出以得到关于此商品的更多的信息。如果旅客想订货，则可以输入对商品包装及运输的要求、其信用卡号码以及本人的地址，很快就会收到邮寄来的商品。

由于直复销售具有节约购物时间、方便快捷、可在晚间和周日购物等优点，所以它发展很快，前景广阔。

2. 直接销售

直接销售主要有挨门挨户推销、逐个办公室推销和举办家庭销售会等形式。推销人员可以直接到顾客家中或办公室里进行销售，也可以邀请几位朋友和邻居到某人家中聚会，在那里展示并销售该公司的产品。

直接销售成本高昂（销售人员的佣金为20%～50%），而且还需支付雇佣、训练、管理和激励销售人员的费用。由于越来越多的妇女在白天要上班工作，直接销售这一方法的前途一时难以预测。不过，将来直销售货员很可能要被电子销售代替。

3. 自动售货

使用硬币控制的机器自动售货是第二次世界大战后出现的一个主要的发展领域。在发达国家，自动售货已经被用在相当多的商品上，包括经常购买的产品（如香烟、软饮料、糖果、报纸和热饮料等）和其他产品（如化妆品、点心、食品、书、唱片、胶卷和鞋油等）。售货机被广泛安置在工厂、办公室、大型零售商店、加油店、街道等地方。

自动售货机向顾客提供24小时售货、自我服务和无须搬运商品等便利条件。同时，由于要经常给相当分散的机器补充存货、机器常遭破坏、失窃率高等原因，自动售货的成本很高，因此，其销售商品的价格比一般水平要高15%～20%。

4. 购物服务公司

购物服务公司是不设店堂的零售商，专为某些特定顾客，通常是为学校、医院和政府机关等大型组织的雇员提供服务。这些组织的雇员可成为购物服务公司的会员，他们被授权从一批经过挑选的、愿意向这些成员以折扣价售货的零售商那里购货。

（三）零售组织

尽管许多零售商店拥有独立的所有权，但是越来越多的商店正在采用某种团体零售形式。例如，在购物中心的连锁商店或特许经营商店越来越多，取代了独立的商店。团体零售有5种主要类型：连锁商店、自愿连锁商店和零售店合作社、消费者合作社、特许专营机构和销售联合大企业。

1. 连锁店

20 世纪零售业发展最重要的形式是连锁店。连锁店包括两个或者更多的共同所有和共同管理的商店，它们销售类似产品线的产品，实行集中采购和销售，还可能具有相似的建筑风格。连锁店可在以下几个方面提高其经济效益：

（1）连锁店能够大量进货，以便充分利用数量折扣和运输费用低的优势；

（2）连锁店能够雇佣优秀管理人员，在销售额预测、存货控制、定价和促销等方面制定科学的管理程序；

（3）连锁店兼有综合批发和零售的功能，而独立的零售商却必须与许多批发商打交道；

（4）连锁店所做的广告可使各个分店受益，而其费用可由分店分摊，从而做到促销方面的经济节约；

（5）连锁店允许各分店享有某种程度的自由，以适应消费者不同的偏好，有效地应对当地市场的竞争；

2. 自愿连锁店和零售店合作社

连锁店引发了独立商店的竞争反应，它们开始组成两种联盟：

（1）自愿连锁店。它是由批发商举头组成的独立零售商店集团，它们从事大量采购和共同销售业务。

（2）零售店合作社。它是由一些独立的零售商店组成的一个性质相同的组织，采取联合促销行动。这些组织在销售商品方面可达到一定的经济节约要求，而且能够有效地迎接连锁店的价格挑战。

3. 消费者合作社

这是种由消费者自身所拥有的零售公司。社区的居民觉得当地的零售商店服务欠佳，或者售价太高，或者提供的产品质量低劣，于是他们就自发组织起消费者合作社。这些居民开设自己的商店，采用投票方式进行决策，并推选出一些人对合作社进行管理。这些店可以定价较低，也可以按正常价格销售，根据每个人的购货多寡给予惠顾红利。

4. 特许专卖组织

特许专卖组织是在特许人（制造商、批发商或服务机构）和特许经营者（购买特许专卖系统中一个或若干个品种的所有权和经营权的独立商人）之间的契约式联合。特许专卖组织的基础一般是独特的产品、服务或者是生产的独特方式、理发、汽车租赁、汽车旅馆、旅行社、不动产和其他几十个产品和服务业，主要使用特许专卖这一方式。

5. 销售联合大企业

销售联合大企业是自由形式的公司，它以集中所有的形式将集中不同的零售商品类别和形式组合在一起，并将其分销、管理功能综合为一整体。将来，多样化零售可能会被更多的连锁店采用。主要的问题是多样化零售能否产生卓越的管理系统并使各种零售商品类别均能获益。

第三节 销售渠道设计管理

生产者在发展销售渠道时，必须在理想渠道与可用渠道之间进行选择。一般来讲，新企业在刚刚开始经营时，总是先采取在有限市场上进行销售的策略，以当地市场或某一地区的市场为销售对象，因其资本有限，只得采用现有中间商。而在一地区市场内，中间商的数目通常是很有限的，所以，到达市场的最佳方式也是可以预知的。问题是如何说服现有可用的中间商来销售其产品。

该新企业一旦经营成功，它就可能扩展到其他新的市场。这家企业可能会仍利用现有的中间商销售其产品，虽然新企业可能在不同地区使用各种不同的市场营销渠道。在较小市场，新企业可直接销售产品给零售商，而在较大的市场，新企业则通过经销商来销售产品。总之，生产者的渠道系统，须因时因地灵活变通。

渠道设计问题可以从决策理论的角度加以探讨。一般来讲，设计一个有效的渠道系统，须经如下步骤：

（1）确定渠道目标与限制；

（2）明确各种主要渠道交替方案；

（3）评估各种可能的渠道交替方案。

一、确定渠道目标与限制

有效的渠道设计，应以确定企业所要达到的市场为起点。从原则上讲，目标市场的选择并不是渠道设计的范围，然而在事实上，市场选择与渠道选择是相互依存的。有利的市场加上有利的渠道，才可能使企业获得利润。渠道设计问题的中心环节，是确定到达目标市场的最佳途径。每一个生产者都必须在顾客、产品、中间商、竞争者、企业政策和环境等所形成的限制条件下，确定其渠道目标。

（一）顾客特性

渠道设计受顾客人数、地理分布、购买频率、平均购买数量以及对不同市场营销方式的敏感性等因素的影响。当顾客人数多时，生产者倾向于利用每一层次都有许多中间商的长渠道。但购买者人数的重要性又受到地理分布程度的修正，例如，生产者直接销售给集中于同一地区的500个顾客所花的费用，远比销售给分散在500个地区的500个顾客少。而购买者的购买方式又修正了购买者人数及其地理分布的因素。如果顾客经常小批量购买，则需采用较长的市场营销渠道为其供货。因此，少量而频繁的订货，常使得五金器具、烟草、药品等产品的制造商依赖批发商为其销货。同时，这些相同的制造商也可能越过批发商而直接向那些订货量大且订货次数少的大顾客供货。此外，购买者对不同市场营销方式的敏感性也会影响渠道选择，例如，越来越多的家具零售商喜欢在商品展销会上选购，从而使得这种渠道得到迅速发展。

（二）产品特性

产品特性也影响渠道选择。易腐坏的产品为了避免拖延及重复处理，通常需要直接市场营销；那些与其价值相比体积较大的产品（如建筑材料、软性材料等），则需要通过生产者到最终用户搬运距离最短、搬运次数最少的渠道来销售；非标准化产品（如顾客定制的机器和专业化商业表格），通常由企业推销员直接销售，这主要是由于不易找到具有该类知识的中间商；需要安装、维修的产品经常有企业自己或授权独家专售特许商来负责销售和保养；单位价值高的商品则应由企业推销人员销售而不通过中间商。

（三）中间商特性

设计渠道时，还必须考虑执行不同任务的市场营销中间机构的优缺点。例如，由制造商代表与顾客接触，花在每个顾客身上的成本比较低，因为总成本由若干个顾客共同分摊，但制造商代表对顾客所付出的销售努力则不如中间商的推销员。一般来讲，中间商在执行运输、广告、储存及接纳顾客等职能方面，以及在信用条件、退货特权、人员训练和送货频率方面，都有不同的特点和要求。

（四）竞争特性

生产者的渠道设计还受到竞争者所使用的渠道的影响。因为某些行业的生产者希望在与竞争者相同或相近的经销处与竞争者的产品抗衡。例如，食品生产者就希望其品牌和竞争者品牌摆在一起销售；而有时，竞争者所使用的市场渠道又是生产者所避免使用的渠道。企业特性在渠道选择中扮演着十分重要的角色。企业的总体规模决定其市场范围、较大客户的规模及强制中间商合作的能力。企业的财务能力决定了哪些市场营销职能可由自己执行，哪些应交给中间商执行。财务实力弱的企业，一般都采用“佣金制”的分销方法，并且尽力利用愿意并且能够吸收部分储存、运输以及顾客融资等成本费用的中间商。企业的产品组合也会影响其渠道类型，企业产品组合的广度越大，则与顾客直接交易的能力越大；产品组合的深度越大，则越应使用性质相同或相似的市场营销渠道。企业过去的渠道经验和现行的市场营销政策也会影响渠道的设计。以前曾通过某种特定类型的中间商销售产品的企业，会逐渐形成较好的渠道。例如许多直接销售给零售食品店的有较强竞争力的用具制造商，就曾拒绝将控制权交给批发商。再如，对最后购买者提供快速交货服务的政策，会影响到生产者对中间商执行的职能、最终经销商的数目与存货水平以及所采用的运输系统的要求。

（五）环境特性

渠道设计还要受到环境因素的影响。例如，当经济萧条时，生产者都希望采用使最后顾客能廉价购买的方式将其产品送到市场，这也意味着使用较短的渠道，并免除那些会提高产品最终售价但却不必要的服务。

二、明确各种渠道交替方案

在研究了渠道的目标与限制之后，渠道设计的下一步工作就是明确各主要渠道的交替方案。渠道的交替方案主要涉及以下 4 个基本因素：①中间商的基本类型；②每一分销层次所使用的中间商数目；③各中间商的特定任务；④生产者与中间商的交易条件以及相互责任。

（一）中间商类型

企业首先须明确可以完成其渠道工作的各种中间商的类型。生产者在选择中间商时会面临若干个可行的交替方案，必须综合全面考虑各种因素，进行评价，再做出选择中间商类型的决定。

（二）中间商的数目

在每一渠道类型中的不同层次所使用中间商数目的多少，受企业追求的市场展露程度影响。市场展露程度可分为 3 种：密集分销、选择分销和独家分销。

（1）所谓密集分销，是指制造商尽可能地通过许多负责任的、适当的批发商、零售商推销其产品。消费品种的便利品和产业用品中的供应品，通常采取密集分销，使广大消费者和用户能随时随地买到这些日用品。

（2）所谓选择分销，是指制造商在某一地区仅仅通过少数几个精心挑选的、最合适的中间商推销其产品。选择分销适用于所有产品的销售。但相对而言，消费品中的选购品和特殊品最宜采取选择分销。

（3）所谓独家分销，是指制造商在某一地区仅选择一家中间商推销其产品，通常双方协商签订独家经营合同，规定经销商不得经营竞争者的产品，以便控制经销商的业务经营，调动其经营积极性，占领市场。

（三）渠道成员的特定任务

每一个生产者都必须解决如何将产品转移到目标市场这一问题。在销售渠道中，具体的渠道成员是有区别的，必须对其准确界定，避免渠道成员间工作的冲突，使其工作效率高、效果最好。有些渠道成员因其不经济、不稳定，甚至不合法，必须予以剔除。

三、评估各种可能的渠道交替方案

每一个渠道交替方案都是企业产品送达最后顾客的可能路线。生产者所要解决的问题，就是从那些看起来似乎很合理但又相互排斥的交替方案中选择最能满足企业长期目标的一种。因此，企业必须对各种可能的渠道交替方案进行评估。评估标准有 3 个，即经济型、控制性和适应性。

在这三项标准中，经济标准最为重要。因为企业是追求利润而不是追求渠道的控制性与适应性。经济分析可用许多企业经常遇到的一个决策问题来说明，即企业是应该使用自己的推销力量，还是使用制造商的销售代理商。

估计企业推销力量与代理二者的销售量，必须具体情况具体分析，并注意征求该行业中经验丰富的管理人员及专家的意见。

经济分析的第二步是估计各种方案实现某一销售额所需花费的成本。一般来讲，小企业以及在较小地区从事经营活动的大企业，最好利用代理商推销产品。如果不能假设两种渠道方案会达到相同的销售水平，则最好直接对投资收益率作简单估计。代理商与企业推销员的经济分析，只能大致表明某一渠道在经济上是否优于另一渠道。这种评估范围必须加以扩大，同时考虑到各渠道方案的激励性、控制性与冲突性。

使用代理商无疑会增加控制上的问题。一个不容忽视的事实是，代理商是一个独立的企业，他所关心的是自己如何取得最大利润。他可能不愿与相邻地区同一委托人的代理合作；他也可能只注重访问那些与其推销产品有关的顾客，而忽略与委托人产品相关的技术细节，这很难正确认真对待委托人的促销资料。

在评估各渠道交替方案时，还有一项需要考虑的标准，那就是生产者是否具有适应环境变化的能力，即应变能力。每个渠道方案都会因某些固定期间的承诺而失去弹性。当某一制造商决定利用销售代理商推销产品时，可能要签订五年的合同。在这段时间内，即使采用其他销售方式会更有效，但制造商也不得任意取消销售代理商。所以，一个涉及长期承诺的渠道方案，只有在经济性和控制性方面都很优越的条件下，才可予以考虑。

第四节　渠道流程管理

企业管理人员进行渠道设计后，还必须对整个渠道流程加强管理。渠道流程管理工作的主要内容有选择渠道成员、激励渠道成员和评估渠道成员。

一、选择渠道成员

生产者在招募中间商时，常处于两种极端情况之间：

（一）生产者毫不费力地找到特定的商店并使之加入渠道系统

它之所以能吸引经销商前来加入渠道系统，可能是因为它很有声望，也可能是因为它的产品能赚钱。在某些情况下，独家分销或者选择分销的特权也会吸引大量中间商加入其渠道。对于那些毫不费力地得到所需数目的中间商的生产者来讲，他所做的工作只是选择适当的中间商而已。

（二）生产者必须费尽心思才能找到期望数量的中间商

例如，某一清凉饮料的生产者极不容易在食品商店找到合适的陈列位置。生产者必须研究中间商如何进行购买的决策，尤其是在他们制定决策时，对毛利、广告与销售促进、退货保证所要求赋予的权数。此外，生产者还必须开发一些能使中间商赚大钱的产品。

不论生产者遇到上述哪一种情况，都必须明确中间商的优劣特性。一般来讲，生产者要评估中间商经营时间的长短及其成长记录、清偿能力、合作态度、声望等。当中间商上市销售代理时，生产者还需评估其经销的其他产品大类的数量与性质、推销人员的素质与数量。当中间商打算授予某家百货公司独家分销时，则生产者尚需评估商店的位置、未来发展潜力以及经常光顾的顾客类型。

二、激励渠道成员

生产者不仅要选择中间商，而且还要经常激励中间商使之尽职。促使中间商进入渠道的因素和条件已构成部分的激励因素，但仍需要生产者不断地监督、指导与鼓励。生产者不仅要利用中间商销售的商品，而且也要把商品销售给中间商。这就使得激励中间商这一工作不仅十分必要而且非常复杂。

激励渠道成员，使其具有良好表现，必须从了解各个中间商的心理状态和行为特征入手。客观上，生产者对许多中间商经常存在着如下批评：

（1）不能重视某些特定品牌的销售；

（2）缺乏产品知识；

（3）不认真使用供应商的广告资料；

（4）忽略了某些顾客；

（5）不能准确的保存销售记录，甚至有时遗漏品牌名称。

然而，生产者所批评的上述缺点，如果从中间商的角度看，可能很容易理解为：

（1）中间商并不是制造商所雇佣的分连锁中的一环，而是一个独立的市场营销机构。中间商逐渐形成了以实现自己目标为最高职能的一套行之有效的方法，并且可以自由制定政策而不受他人干涉。

（2）中间商主要执行顾客购买代理商的职能，其次才是执行供应商销售代理商的职能。中间商卖得起劲的产品都是顾客愿意购买的产品，不一定是生产者制造的产品。

（3）中间商总是努力将其供应的所有产品进行货色搭配，然后卖给顾客，其销售努力主要用于取得一整套货色搭配的订单，而不是单一货色的订单。

（4）生产者若不给中间商特别奖励，中间商决不会保存所销售的各种品牌的记录。而那些有关产品开发、定价、包装和激励规划的有用信息，常常是保留在中间商很不系统、很不标准、很不准确的记录中，有时甚至故意对供应商隐瞒不报。

尽管以上 4 个论点很简单，但却与以往观点不同。激励的首要步骤，就是站在他人的立场上了解现状，设身处地为他人着想，而不应仅从自己的观点出发去看待问题。

生产者必须尽量避免激励过分与激励不足两种情况。当生产者给予中间商的优惠条件超过合作努力水平所需的条件时就会出现激励过分的情况，其结果是销售量提高，而利润量下降；当生产者给予中间商的条件过于苛刻，以致不能激励中间商的努力时，则会出现激励不足的情况，其结果是销售量降低，利润减少。所以，生产者必须确定花费多少费用以及采用何种方式来激励中间商。

一般来讲，对中间商的基本激励水平，应以交易关系组合为基础。如果对中间商激励不足，则生产者可采用两条措施：提高中间商可得的毛得率，放宽信用条件，或改变交易关系组合，使之更有利于中间商；采取人为的方法的制约中间商，使之付出更大努力。生产者在处理与经销商的关系时，常按照不同的情况而采取三种方法：合作、合伙和分销规划。

不少生产者认为，激励的目的不过是设法使独立的中间商、不忠诚的中间商或懈怠懒惰的中间商与之加强合作。他们通常利用高利润、奖赏、津贴、销售比等手段激励中间商。如果这些不能奏效，他们就会采用一些消极的惩罚，例如，威胁减少中间商的利润，减少为他们所提供的服务，甚至终止双方关系等。这些方法的根本问题在于，生产者从未认真研究过经销商的需要、困难及优缺点；相反，只是简单草率地以刺激—惩罚的思维方式简单处理问题。

三、评估渠道成员

生产者除了选择和激励渠道成员外，还必须定期评估他们的绩效。如果某一渠道成员的绩效过分低于既定标准，则须找出主要原因同时还应考虑可能的补救措施。当放弃或更换中间商将会导致更坏的结果时，生产者应要求工作成绩欠佳的中间商在一定时期内有所改进；否则，就要取消其经销资格。

如果一开始生产者与中间商就签订了有关绩效标准与奖惩条件的契约，就可避免种种不愉快。在契约中应明确经销商的责任，如销售强度；绩效与覆盖率；平均存货水平；送货时间；次品与遗失品的处理方法；对企业促销与训练方案的合作程度；中间商对顾客须提供的服务等。

除了针对中间商绩效责任签约外，生产者还须定期发布销售配额，以确定目前的预期绩效。生产者可以在一定的时期内列出各中间商的销售额，并依销售额大小排出先后名次。这样可促使后进中间商为了自己的荣誉而奋力上进；也可促进先进的中间商努力保持已有的荣誉，百尺竿头，更上一层楼。

需要注意的是，排名次时，不仅要看各中间商销售水平的绝对值，而且还须考虑到他们各自面临的各种不同控制程度的变化环境，还要考虑到生产者的产品大类在各中间商的全部产品组合中的相对重要程度。

测量中间商的绩效，主要有两种方法可使用。

（1）将每一中间商的销售绩效与上期的绩效进行比较，并以整个群体的升降百分比作为评价标准。对低于该群体平均水平以下的中间商，必须加强评估与激励措施。如果对后进中间商的环境因素加以调查，可能会发现一些原因，如当地经济衰退、某些顾客不可避免地失去、主力推销员的丧失或退休等。其中某些因素可在下一期补救过来。这样，制造商就不会因这些因素而对经销商采取任何惩罚措施。

（2）将各中间商的绩效与该地区的销售潜量分析所设立的配额相比较。即在销售期过后，根据中间商的实际销售额与其潜在销售额的比率，将各中间商按先后名次进行排列。这样，企业的调查与激励措施可以集中于那些未达既定比率的中间商。

四、销售渠道的改进

生产者在设计了一个良好的渠道系统后，不能放任其自由运行且不采取任何纠正措施。事实上，为了适应市场需要的变化，整个渠道系统或部分渠道系统必须随时加以修正和改进。

企业市场营销渠道的修正与改进可以从四个层次来研究。

（一）增加或剔除某些渠道成员

在考虑渠道改进通常会涉及增加或减少某些中间商的问题，这种决策通常需要进行直接增量分析，通过分析，要弄清楚这样一个问题，即增加或减少某些渠道成员后，企业利润将如何变化。但是，当个别渠道成员对同一个系统其他成员有间接影响时，直接增量方式就不再合适了。例如，在某大城市中，某汽车制造商授予另一新经销商以特许经营权这一决策，会影响其他经销商的需求、成本与士气，而该新经销商加入渠道系统后，其销售额就很难代表整个系统的销售水平。有时，生产者打算取消所有那些不能在既定时间内完成销售配额的中间商，由此导致总体受到影响，运用增量分析就难以奏效。例如，某卡车制造商通过特许经销商销售其产品，发现某一时期的经销商年销售量在3辆以下。成本分析表明，企业对这些经销商所提供的各种服务成本已远远高于3辆卡车，可是增量分析结果却反而表明企业利润提高。如果取消个别中间商这一决策将会对渠道系统产生重大影响，比如分摊制造费用的卡车减少了，卡车生产的单位成本将会提高；某些员工及设备被闲置；由落后经销商所负责的市场业务将会因其被取消而让竞争者占了便宜；企业的其他经销商会因该决策感到不安。因此，在实际业务中，还不能单纯依据增量分析的结果采取具体行动。如管理人员确实需要对该系统进行会诊分析，则最好的办法是用整个系统模拟来测量某一决策对整个系统的影响。

（二）增加或减少某些市场渠道

生产者也会常常考虑这样一个问题，即生产者所使用的所有市场营销渠道是否仍能有效地将产品送达某一地区或某类顾客。这是因为，当企业市场营销渠道静止不变时，某一地区的购买类型、市场形势往往正处于迅速变化之中。企业可针对这种情况，借助损益平衡分析与投资收益率分析，确定增加或减少某些市场营销渠道。

（三）改进整个市场营销系统

对生产者来讲，最困难的渠道变化决策是改进和修正整个市场营销系统。

例如，汽车制造商打算用企业经营代理商取代独立代理商。再如，软性饮料制造商想用直接装瓶和直接销售取代各地的特许装瓶商。这些决策通常由企业最高管理层制定，这些决策不仅会改变渠道系统，而且还将迫使生产者改变其市场营销组合和市场营销决策。这类决策比较复杂，任何与其有关的数量模型只能帮助管理人员求得最佳估计值而已。

（四）渠道改进的概念性探讨

在分析是否应改变渠道时，生产者首先须确定其渠道是否处于均衡状态。所谓渠道均衡状态，是指渠道不会因其任何结构上或功能上的改变而使企业利润增减的状态；所谓结构上的改变，是指渠道上某些中间商层次的增加或减少；所谓功能上的改变是指渠道成员间某项或几项任务的重新分派，当某一渠道处与非均衡状态时，也正是到了应予改进和修正的时候。

章末案例或相关衔接

分销渠道以谁为主
——100亿狂想症：上海轮胎衰败之谜

一．背景

1．1992年改制的上市公司，有70年制造轮胎的历史，20世纪30年代就创立了“双线”、“回力”两大名牌。1997年，上海市政府组建以上海轮胎为核心的企业集团“上海华谊集团”，要求上海轮胎在2000年达到年产值100亿元。

2．1996—1997年，麦肯锡为上海轮胎提供管理顾问咨询，建议为了有效扩大销售，上海轮胎应该在现有的分销商渠道之外，另外开设专卖店。

3．20世纪90年代中后期，整个轮胎市场发生了较大的变化，由原来计划经济体制下的调拨销售转向市场经济体制下的市场化的竞争销售。

二．策略

1．每个县开设一个专卖店，每一家专卖店的销售期望值为500万~600万元人民币；每个省配置一个仓储中心（为专卖店提供分销服务），平均投资为1000万元。

2．设立办事处，实际行使销售分公司职能。至1998年，共开设专卖店518家，设立办事处10个，为开设专卖店和办事处花费13 600万元。

3．实施抑老扶新的渠道政策．一方面，对专卖店实行赊销，以量返点；另一方面，对原有经销商维持老政策，任其自生自灭．应收账款从1996年末的237 000万元上升到1997年末的741 000万元。

三．分析

1．市场容量并没有超常的扩大，而上海轮胎的两大品牌“双线、回力”的市场覆盖率和占有率原来就不低，短时期销量难以大幅度提高。竞争销售应通过改进销售服务去抢夺其他品牌的市场份额。自建渠道看起来可以加强对分销通路的控制，但其负面影响是，在建立新的有效的客户关系之前原有的生意机会将受到破坏。尤其是对同一区域的不同客户（经销商或专卖店）实行不同的销售政策，必将自乱阵脚，扰乱市场秩序，自毁长城，既冲垮原有分销体系，也无法建立新的有效分销网络。

2．专卖店通过赊销几无风险地得到了几十万至几百万元的货，为了完成销售拿到返点，势必引发冲货杀价，甚至亏本销售。价格政策被扭曲，价格体系被打乱，市场价格整体下落。甚至整个销售渠道很快就出现了进销价格倒挂的现象。

赊销造成的虚假销售实际成了库存的转移和分散，同时全面堵塞了通路。其后的销售业绩必然整体下滑。渠道客户为了消化库存互相残杀，无暇顾及销售服务和市场研究，必将导致损害品牌，丢失市场。

3．自建专卖店和仓储中心，其目的一般有以下3点：

其一是通过直接控制零售终端来更好地贴近用户，更有利于直接服务用户，了解市场需求及其变化；

其二是减少流通环节，使零售价格更有竞争优势，也更有利于控制零售价格的稳定和一致；

其三是通过控制整个分销通路来有效实施市场规划和销售政策。

要想有效达至上述目的，关键在于是否存在相应的渠道激励因素。对于专卖店而言，无论其产权归谁，只要是自负盈亏，就一定会争取利益最大化。而销售政策决定了专卖店的利益来源。如果销售政策是卖得越多，返利越大，那么专卖店就会追求销量最大化，并且最简单的方法就是压缩利润空间，打价格战。在现代通信和物流充分发达的市场经济环境里，即使不存在新旧两个分销体系，跨地区的专卖店之间也会发生冲货的行为。而一旦冲货失控，上述目的无从谈起。其实上海轮胎还是在用计划经济的理念来设计渠道策略，无奈市场经济的无形之手不吃这一套，反而给他们上了一课。分销渠道不管是谁占有，都有其自身的生存之道。厂家（供货商）唯有通过品牌推广、渠道促销和渠道维护等销售服务去支持和帮助分销商，让其不仅仅在短期通过销售得利，更重要的是能够通过对用户的销售服务建立良好的商誉和客户关系，使长期营利的立身之本得到增值。这才是真正的市场培育。能否取得分销商的信任和倚赖关键是厂家的销售服务有无竞争优势，而不在于产权的控制与否。分销商永远是厂家的客户，而客户永远是上帝，这是市场经济的基本规律，是不以人的意志为转移的。

（资料来源：《21世纪经济报道》，2002-09-02）

复习思考题

1. 分销渠道的类型与作用主要表现在哪些方面？
2. 批发商存在的必要性是什么？
3. 超级市场的主要竞争对手有哪些？为了迎接竞争，超级市场的发展趋势是什么？
4. 设计一个有效的渠道系统，须经过哪些步骤？
5. 企业管理人员进行渠道设计后，还必须对整个渠道流程加强哪些方面的管理？

第九章 销售人员管理

第一节 销售人员的招聘

一、销售人员的招聘

(一) 销售人员的招聘标准

大量营销实践表明：销售人员必须具备某些方面的特殊素质，才能与其从事的工作相适应，才能够出色地完成销售任务，而这是企业招聘销售人员时所必须考虑的。

关于合格销售人员的招聘标准是什么，那可谓是仁者见仁，智者见智。

美国销售管理专家查尔斯·M. 富特雷尔认为，成功的销售人员应具备以下素质：精力充沛、高度自信、勤奋自律、顽强坚毅、不怕竞争、外表良好、有亲和力、追求成功、善于沟通。

日本有学者认为，销售人员应具有：商品知识能力、对顾客的理解能力、搜集信息的能力和丰富话题的能力。

台湾林有田先生认为，合格的销售人员应具备“5A”“4 力”，“5A”是指善于分析（Analysis）、善于接触（Approach）、善于联系（Attach）、主动出击（Attack）和有利共享（Account）；“4 力”是指情报力、行动力、吸引力和说服力。

国外还有学者将销售人员应具备的素质简化为“3H1F”模式：“3H”是指 Head, Heart, Hand；1F 是指 Foot。作者对此的理解是：Head 是指销售人员做事要勤于思考，比如要思考寻找可能买主的路径有哪些？拜访客户之前要制订推销计划。内容包括：①找出产品最有可能吸引特定可能买主兴趣的优点，以便向其集中介绍；②找出最有可能促使可能买主订货的购买动机，向对方明示或暗示我们能满足之；③避免讨论可能对可能买主有不良刺激的话题；④准备好回答可能买主提出的反对意见；⑤思考并确定与客户接洽的最佳方式是什么；⑥调整好交谈的节奏，以适应其思维习惯。此外要注意销售创新。Heart 是指销售人员要用心去做事，有人说销售人员要有 15 颗心，即爱心、信心、耐心、关心、诚心、良心、恒心、决心、专心、小心、虚心、真心、热心、安心、留心。Heart 是指销售人员要勤于动手，比如，要对自己以往的销售经历进行总结和提炼，以找到适合不同客户的不同推销方法；为每一位客户建立资料册；准备推销工具等。Foot 是指销售人员要勤于跑路，要广泛寻找可能的客户，勤拜访或回访客户，了解其反映或新的需求。

综上所述可见，销售人员必须具有多方面的综合素质。

在我国，销售人员到底应具备哪些素质？依据我国的实际情况和人们的思维习惯，我们认为合格的销售人员应具备以下几个方面的素质：

（一）人品素质

（1）正直正派。销售人员应为人正直、作风正派。对人无论亲疏，也不论职位高低，同样尊重，平等对待；不谄媚客户，不损害客户利益；不诽谤对手并尊重竞争对手；与同事真诚合作，不互相拆台，不贪功冒进，服从全局；不为一己私利而损害企业利益、国家利益。只有为人处世正直正派者，才能给人以信任感，使人感到亲切和值得信赖。

（2）真诚守信。销售人员待人要真诚，不可虚情假意；介绍企业的产品或服务时要客观，不可胡吹乱夸。销售人员不能轻易承诺，若一旦承诺，则必须尽全力去兑现，如确因意外原因、人力不可抗拒因素等原因造成不能承诺，则需对客户有一个合理的解释，求得客户的理解和谅解。市场经济实际上是“信用经济”，不讲究信用的人或企业都无法在市场上立足，更谈不上有所发展。不真诚守信的销售人员既难以与人共事，也不能获得客户信任，同时还会败坏企业声誉，这就决定了在市场上不可能有其立足之地。

（3）遵纪守法。销售人员须遵守企业的各项规章制度，如差旅制度、销售政策、企业销售区域管理规定等。销售人员还须懂法、守法、用法、尤其是与其业务有关的经济法规，这样既可以合法经营，依法保护集体、个人的权益，也可以避免因不懂法而无意中给企业造成的损失。

（4）勤奋敬业。勤奋表现在好学上进，勇于承担重任，且任劳任怨；敬业表现在高度的责任感、使命感、事业心，且工作力求尽善尽美。只有勤奋敬业，才可能得到上级、同事、客户的尊重和欢迎，也才是一个有价值的员工。

（5）来去清楚。由于销售工作的性质所致，销售人员的流动较大。“来去清楚”一方面是指销售人员无论何种原因离职，都必须和企业把工作交接清楚，不给企业造成困难，更不能给企业造成损失；另一方面是指销售人员到一个新的企业任职时，须将以前的工作经历向企业说清楚，不给企业带来隐患。

（6）保守企业秘密。不论是离职、下岗还是退休，绝不可泄露、出卖企业的商业秘密。

（7）不可兼职。销售工作不同于许多其他工作，在 8 小时之外或业余时间去兼第二份、第三份工作。其道理不言自明，这是由销售工作的性质决定的。

（二）能力素质

（1）敏锐的观察能力。具备敏锐的观察能力，表现在三个方面：一是善于从蛛丝马迹中体会出可能客户的感觉，注意到别人忽略的情况和细节，迅速捕捉到成交信息，并促成交易；二是能不断发现客户的新需求，并通过满足客户需求来推动工作的发展；三是能及时观察到市场上的需求动向、竞争变化和社会反映等方面的情况，不断向企业反馈各市场信息，为企业制定和实施正确的市场战略、销售战略奠定基础。

(2) 严谨的思维能力。思维能力是治理结构的核心。销售工作对销售人员在思维的广度、深度、批判性、独创性和灵活性等方面，均有较高的要求，因此分析能力、综合能力、比较能力、抽象能力与概括能力等显得尤为重要。

(3) 良好的社交能力。销售人员在工作中要与各种客户打交道，因此要善于建立和发展正当、良好的人际关系，在各种场合都做到让人喜爱、受人欢迎。销售人员的交际能力，不仅影响到其工作成效，而且还会对企业产生积极或消极的影响。交际能力历来被视为销售人才最重要的素质特征之一。

(4) 机敏的应变能力。销售人员所接触的客户很广泛，也很复杂，销售过程中也难免会发生一些意想不到的事情，若缺乏应变能力，一旦有意外情况发生，则势必会发生功亏一篑的悲剧；反之，则能反败为胜。有一个推销员在展览会上推销其玻璃钢茶具，他拿起一个杯子，用力往地上一摔，想证明其产品摔不烂的特点，不料，以前从未发生的事情发生了：杯子摔烂了！大家都愣住了。面对如此尴尬的局面，该推销员面带微笑，不慌不忙地说：像这样的杯子我是绝不会卖给你们的，我要卖给你们的杯子是摔不烂的！说完，他再拿起另外几个杯子，一一摔在地上，均无一摔坏。这样，他重新获得了大家的信任，获得了大量的订单。

(5) 创新的开拓能力。可以说，每一次成功的销售活动，都不会是上一次销售活动的简单重复。缺乏创新精神，墨守成规，因循守旧，不可能成为合格的销售人员。

(6) 良好的语言表达能力。即使是同样的意思，若说法不同，则可能会收到不同的效果。有一个人问牧师：请问我祈祷时能否抽烟？牧师听了大发雷霆。另一个人问牧师：请问我抽烟时能否祈祷？牧师听了很高兴，夸奖他抽烟时都不忘祈祷，真是忠实的信徒。可见，良好的语言表达能力是多么重要。同理，在我们向客户介绍产品的过程中，若看到客户有疑虑时，我们可停下来，询问对方："对不起，刚才，我哪些地方没讲明白，请您指出来，我可以再讲一遍。"此时，不应该这样询问对方："您哪些地方还没有听清楚，请您指出来，我可以再讲一遍。"

(7) 超强的自律能力。销售人员常常遇到拒绝、批评，甚至辱骂，一般人可能承受不了，但销售人员必须能承受，并能很好地控制自己的情绪，沉着应付，绝不能耍性子。此外，销售人员常年在外，远离亲人和单位，难免会有感到寂寞之时，此时一定要经受得住外界的诱惑，洁身自好。

(8) 良好的营销专业能力。销售人员应具备有市场调查与预测、推销技巧、公共关系技巧、商务谈判、营销策划、销售管理等多方面的专业能力，只有这样，才能成为一流的职业销售人员。

(三) 心理素质

(1) 强烈的事业心。只有事业心强烈，才会把工作当成追求，而不是当做"任务"、"差事"，人才会有责任感、荣誉感和成就感，才会在工作中积极进取、兢兢业业、调动自己的全部聪明才智，有所创造，才能取得事业的成功，并享受到成功带来的乐趣。销售人员尤其需要强烈的自我驱动力，即一定要有不完成工作不罢休的心理状态。

（2）充足的自信心。销售人员必须对自己、企业、企业的产品和服务要有信心，要善于经常给自己积极地“自我暗示”，“皮革马利翁效应”的力量不可轻视。汽车大王福特曾经说过“你认为自己行，或是不行，你总是对的”。

（3）意志坚定。销售工作很复杂，完成任务与克服困难总是联系在一起的。因此，具有坚定的意志，是销售人才心理品质的一个重要方面。尤其要注意的是，销售人才应有稳定而乐观的情绪特征，才能不断提高自身工作效率，以充沛的精力、清醒的头脑、坚忍不拔的毅力去克服困难，探索解决问题的方法，才能以饱满的工作热情感染顾客，顺利建立起相互信任的关系。如果意志不坚定，就会在困难面前灰心丧气，必然影响工作效果。

（4）宽容大度。宽容就是对人要关怀体谅，善于吸取别人的智慧和经验，与人交往设身处地地为别人着想，虚心听取别人的意见和建议；大度则是能够容忍别人存在与自己不同的想法，谅解别人对自己的过失。宽容大度者，有更高的人际间的心理相容水平，自然有更多的机会去影响别人。

（四）知识素质

合格的销售人员应具备多方面的专业知识，一般由以下几个方面组成：

（1）营销理论知识。销售工作涉及的理论知识很广泛，如市场营销学、市场调查与预测、消费者行为学、公共关系学、人际关系学、社会学、消费心理学、广告学等。合格的销售人才，应对这些理论知识有广泛的了解和掌握。

（2）营销技能知识。销售人员应掌握一些基本的营销技能知识，如推销技能、商务谈判、公关策划、广告策划、销售管理知识等。

（3）企业以及经营知识。如本企业的历史，在行业中的地位；企业战略、战术及有关政策；定价政策，交货方式，付款条件等；还应掌握企业的生产、经营等方面的管理知识。

（4）产品及技术知识。如本企业及竞争者产品的特点、用途、使用方法、维修及售后服务条件、产品的生产技术原理及其先进性等。

（5）客户管理知识。本企业或产品有多少客户，其分布情况；客户本身的特点、购买动机及需求偏好；若是单位客户，则应弄清由谁掌握购买决定权，其性别、年龄、家庭、个人爱好等特征；懂得如何将客户进行科学分类、建立客户档案、掌握客户数据挖掘技术等。

（6）法律知识。如经济合同法、反不正当竞争法、消费者权益保护法等，销售人员应熟知其内容。

（7）财务知识。应懂得一笔业务在财务上应该如何处理，相关的税应如何计算、处理。

（8）经济学知识。应具有一定的宏观、微观经济学知识，对国家、地方的经济政策、经济走势有一定的研判能力，以便抓住机会或规避风险。

（9）行业知识。对所处的行业情况要十分熟悉，清楚自己的主要竞争对手有哪些？掌握竞争对手目前的情况、动态、优势、劣势、在市场中的地位、市场份额；高级营销管理人员还应懂得该行业在国民经济中的地位以及未来发展趋势等。

(10) 世界贸易组织相关知识。我国已正式加入世界贸易组织，国家保护将逐步取消，行业壁垒将逐步被拆除，企业都必须按照国际通行的游戏规则来运作。若运用得当，则可能获得良好的发展机会；若故意违反，则必定要受到惩罚；若无意中违反，则可能使自己的良机尽失。所以，销售人员掌握 WTO 相关知识是十分重要的。

(11) 电子商务知识。近几年，电子商务发展迅速。可以预见，以电子商务作为企业的一种销售、结算手段的企业将会越来越多，如果不掌握一些基本的电子商务知识，将无法与这样的企业打交道，也将失去很多商机。

(12) 社会学、礼仪知识。销售人员要有较丰富的知识，了解当地的风土人情、历史文化、民族习惯等，这样一方面可避免发生忌讳之事，另一方面也为双方的交往准备了丰富的、能够引起共鸣的话题。销售人员还要有丰富的礼仪知识，待人接物要谦逊有礼貌，多数人对谦逊和礼貌的人都会有良好的印象，并会以诚挚和好感来回报，这有助于彼此的感情联系和销售工作的开展。

二、拟招聘销售人员的数量的确定方法

销售人员的数目与销售量和成本具有密切的联系，人员增加，销售量和成本一般也会同时增加。但究竟配备多少销售人员才是最理想的？这是一个销售经理必须解决的问题。确定销售人员数量主要依据下述 3 种方法：

(一) 统计分析法

统计分析法是企业首先确定预测的销售额，然后估计每位销售人员的销售额，再用预测的销售额除以销售人员的人均销售额即可得到所需销售人员的数目。用数学公式表达为：

$$N = S/P$$

式中：N 为下年度所需销售人员数目；S 为下年度计划销售额；P 为销售人员年人均销售额。

例如：某企业预计下半年度可实现 1000 万元销售额，销售人员均年销售额度为 100 万元，依公式可知，下年度大约需要 10 名销售人员。

这种方法比较简单，但有几个缺陷：

(1) 不符合逻辑顺序。这种方法是在假定已知销售额的前提下倒求销售人员数目，实际上是颠倒了因果关系。销售额大小取决于企业营销努力的程度，销售人员的人数影响营销努力的重要的因素，甚至是最重要的因素。所以，销售人员的人数应先于销售额的水平确定。

(2) 没有考虑销售人员的能力差异和各销售区域市场潜力的差异，也没有考虑各销售区域竞争程度的差异。

(3) 没有考虑利润目标，销售人员数是根据销售额而不是目标利润来计算的。

(二) 工作量法

工作量法是根据销售人员承担的工作量计算所需销售人员的方法，其前提是假设

所有的销售人员能承担相同的工作量。工作量方法分为 6 步。

1. 编制企业所有客户的分类目录

通常以每个客户的购买作为分类标准，用 ABC 分类法对客户进行排序。ABC 分类法是企业管理中常用的办法。企业根据自己的实际情况选择判断标准，将大客户归入 A 类，中等客户归入 B 类，小客户归入 C 类。例如，某公司有客户 1800 家，按上述 ABC 原则分成三类：

A 类	大客户和极有潜力的客户	300 家
B 类	中等规模及中等潜力客户	600 家
C 类	小客户	900 家

2. 确定每类顾客所需的访问次数和每次访问时间

仍然用上述例子。公司估计对 A 类客户每两周访问一次，每次 60 分；B 类客户每一个月访问一次，每次 30 分；C 类客户每两个月访问一次，每次 20 分。那么。每类客户每年所需要的访问时间为：

A 类	24 次 ×60 分/次 =1440 分（24 小时）
B 类	12 次 ×30 分/次 =360 分（6 小时）
C 类	6 次 ×20 分/次 =120 分（2 小时）

3. 计算出年工作量

根据第 1 步和第 2 步的数据，可以很方便地计算出该公司全年销售活动总工作量：

A 类	300 家 ×24 小时/家 =7200 小时
B 类	600 家 ×6 小时/家 =3600 小时
C 类	900 家 ×2 小时/家 =1800 小时
总计	12 600 小时

4. 确定销售人员工作时间

假定该公司销售人员每周工作 40 小时，每年工作 48 周（扣除休假、生病及临时缺勤），这样每个销售人员年工作为 40（小时/周）×48 周 =1920 小时。

5. 确定不同工作占销售人员总工作时间的比例

该公司的安排

销售活动	40% ×1920 小时 =768 小时	
非销售活动	30% ×1920 小时 =576 小时	
旅行	30% ×1920 小时 =576 小时	
总计	100%	1920 小时

6. 计算出销售人员数

根据已知数据，可知该公司所需销售人员总数为：12 600 ÷768 =16.4（人）=17（人）。即公司有 17 名销售人员就可以完成现有客户服务的工作量。

工作量法有几个吸引人的特点：它简单易懂，并且考虑了对客户区别对待的问题，所需数据也比较容易获得。该方法虽没有照顾到所有细节，但仍不失为一种可行性好、比较精确的规划方法。

（三）边际利润法

边际利润法的基本概念来自经济学。当增加一名销售人员所增加的毛利大于增加一名销售人员所增加的成本时，企业的净利润便会增加。因此，应用此方法必须拥有以下资料：

（1）增加一名销售员所增加的毛利，即边际毛利；

（2）增加一名销售员所增加的成本，即边际成本。

边际毛利可按以下步骤获得：

第一步，建立销售员数与销售额之间的函数关系。它基本上是一条回归曲线，以每个销售区的销售额为因变量，而每个区域的销售员数量、价格和产品组合为自变量。一般而言，销售额与销售员数量有密切关系。

第二步，企业要确定在使用不同数量销售员时，增加1名销售员所增加的销售额。

第三步，确定增加1名销售员所增加的毛利额，即边际销售额与产品成本的差额。

根据上述3种方法我们得出的是完成销售目标所需的人数，在真正招聘时，还要考虑需要调整的人数。需要调整的人员主要有：即将退休的人员；即将晋升的人员；可能解聘的人员；辞职的人员。将需要人数减去调整后的现有人数，即得到需要招聘的销售员人数。

三、招聘程序

招聘是企业招收、聘用企业所需人才的一种程序，该程序的复杂程度因企业而异。大型企业的程序通常会较为复杂，一般分为以下15个步骤：

（1）有关部门提出招聘计划（可含拟聘岗位、招聘岗位、人员数量、需用人时间等）；

（2）报总经理批准；

（3）人力资源部确定招聘途径，联系和发布广告；

（4）应聘者按要求向公司提交申请资料；

（5）公司对申请者进行初步筛选；

（6）通知通过初步筛选的申请者到公司填写申请表并对其进行测试；

（7）公司对其进行第二次筛选；

（8）通知通过第二次筛选的申请者到公司参加面试；

（9）公司对通过筛选者进行背景调查；

（10）安排通过调查者进行体检；

（11）将通过体检者名单报给总经理审批；

（12）人力资源部向获总经理批准录用的人员发录用通知书；

（13）录用人员到公司报到，参加培训；

（14）培训结束后进行考试；

（15）与录用者签订劳动合同（含试用劳动合同）。

需要指出的是，企业的招聘工作应对以下几个环节予以特别的重视：

（一）招聘途径的选择和发布招聘广告的媒体的选择

招聘途径和发布招聘广告是招聘工作的两个方面，一是选择正确的寻找合适人才的途径，去主动发现所需人才；一是通过正确的媒体途径向外界发布本企业诚聘所需人才的信息，便于所需人才能够及时、方便地看到这个信息。

（二）对应聘者的测试

现在越来越多的企业在招聘过程中请专业人士依据不同岗位的要求对应聘者进行智商、情商、品德、责任感、合作能力、专业知识、综合知识等方面进行科学测试，以求减少对应聘人员评价的随意性、主观性和失误，提高评价的全面性和科学性，最大限度地保证为企业招到优秀人才，不招收不合适的人员，与此同时追求达到降低招聘成本和企业风险的效果。

（三）对应聘者的面试

面试时选择员工的重要手段，一项调查表明，美国有90%的公司倾向于用面试法搜集求职者的信息。面试也是整个筛选工作的核心部分，几乎任何招聘都少不了这个环节。

面试在招聘中所起到的作用是：

（1）公司可就申请表上的疑点和不明白之处，通过面试加以讨论与验证，并可借此了解申请表上没有涉及的更多的情况，如兴趣、爱好、以往的工作经验等；

（2）应聘者利用面谈不仅可以对公司及工作有更详细的了解，而且可以向公司推销自己，充分展示了自己的才华，以求得到招聘负责人的认同；

（3）听取应聘人员对工作的设想的见解，面谈人可借此判断应聘人的思维能力、工作态度、工作能力、知识面等。

面试的形式主要有：

（1）随意性的面试。随意性的面试是在没有计划及准备的情况下进行的，实际上是一种临时讨论，招聘者根据不同应聘者的背景随意性的发问。这种形式如果招聘者组织不好，则往往效果不好。

（2）模式化的面试。模式化的面试是与随意性面试相对立的一种方式。它是事先安排一整套结构严格的面试问题，从知识、智力、心理等各个方面来评判，并配有记分标准，根据应聘者的不同情况来记分。这种形式由于太死板、缺乏弹性、适应性不强，不利于发挥面试的作用。

（3）引导性的面试。引导性的面试是上述两种方法的结合，即只规定提出若干规定性的问题，招聘者灵活把握，引导应聘者回答有关问题，从而获取真实信息。现在许多企业采用这种面试形式。

4．对应聘者的背景调查

这是指对应聘者在以前的工作单位的表现情况进行调查，重点放在对其品德、工作业绩和能力、口碑等方面，进行这样的调查有助于企业避免犯重大错误，减少企业的用人和经营风险。

5. 对应聘者的体检

这主要是检查拟录用人员是否患有传染性疾病，身体状况是否能胜任拟聘工作岗位的工作。

四、招聘的途径

销售人员的招聘主要有以下几个途径：

（一）企业内部晋升选拔

当企业内部职位发生空缺，或企业业务发展需要增加人员时，采用内部晋升选拔，给职工以更多的发展机会，有利于调动企业内部人员的积极性。由于是从内部人员中招聘，企业对其比较了解，可降低招聘风险，费用也较低。据有关资料表明：76%的美国公司采用内部选拔为主的政策。

（二）到大中专院校及职业技工学校招聘

招收应届毕业生是选聘人才的主要途径。各类大中专院校能提供中高级专业人才，职业技工学校提供初级人才，派人到各有关学校召开招聘洽谈会。为了让学生增进对企业的了解，鼓励学生毕业后到本企业来工作，招聘主持人应当向学生详细介绍企业情况及工作性质与要求。应届毕业生进入企业，给企业带来了活力和生机，这对企业是有利的，不利的是企业必须投资对其进行培训。

（三）参加人才交流会

各地每年都要组织几次大型的人才交流洽谈会。用人单位可以花一定的费用在交流会上设招聘点，供应聘者前来咨询应聘。这种途径的特点是时间短，见效快。

（四）委托职业介绍所推荐

许多企业利用职业介绍所来获得所需的销售人员。但有人认为，这类介绍所的应聘者多为能力较差而不易找到工作的人。不过如果有详细的说明，让介绍所的专业顾问帮助筛选，能使招募工作简单化，也可以找到不错的人选。

（五）委托专业猎头公司寻找

猎头公司往往有自己的人才资料库，有畅通的信息渠道，有较高水准的专家和一整套的科学测试方法，可依据企业提供的岗位要求，经它们筛选出来的人才基本上能达到企业的要求。故对企业所需的中高级专业人才可委托专业猎头公司寻找。

（六）发布招聘广告

企业可在电视、报纸、电台、杂志、因特网等大众媒体上发布招聘广告，也可通过张贴海报发布招聘信息。需指出的是招聘广告应详细限定申请人的资格，这样合格者的比例会提高，可节省招聘费用。

（七）到人才市场或人才交流中心寻找

招聘信息直接发送到人才市场或人才交流中心，可建立企业需要的人才信息数据库，明确急需的专业、特长、技能型等要求等。

(八) 通过人员推荐

此方法是由本企业员工或关系单位推荐。这种方式的优点是招聘应聘双方在事先已有一定的了解，可省掉一些程序和降低一些费用；缺点是由于是熟人推荐，有时会碍于情面而影响招聘水平，且此类录用人员多会在企业内部形成裙带关系，给管理带来困难。

(九) 委托行业协会帮忙寻找

行业协会对行业内情况比较了解，经常访问制造商、经销商、销售经理和销售人员。如中国市场协会、高校市场营销研究协会，可请这些协会代为联系或介绍。

(十) 通过业务接触寻找

公司在开展业务过程中，会接触到顾客、供应商、非竞争同行及其他各类人员，这些人员都是销售人员的可能来源。

第二节 销售人员的训练

一、训练的作用及原则

(一) 为什么要对销售员进行训练

一个新的业务员不掌握商品相关知识、不掌握相应的营销技巧，公司是不能指望其能有多大业绩的。但销售人员的商品相关知识和营销技巧不是天生就有的，而是后天形成的，即是可通过培训、训练获得的。对销售人员进行培训、训练是企业应尽的职责。俗话说："商场如战场"。中国兵圣孙子有一句名言："不教而趋之战，是为弃之。"就是说新兵不训练就让他去打仗，等于让他去送死。商场也是如此。

IBM公司追求卓越，在人员培训、造就销售人才方面有很成功的经验。具体地说，IBM公司提出，决不让一名未经培训或者是未经全面培训的人到销售第一线去。IBM深知，销售人员说些什么、做些什么以及怎样说和怎样做，都对公司的形象和信誉有极大的影响。如果他们准备不足就仓促上阵，不仅会使一个很有潜力的销售人员"夭折"，还会对公司本身产生不利影响。像IBM公司等这样的大公司的成功经验证明了这样一个道理：必须对销售员进行培训，销售人员必须接受培训。有的企业甚至提出口号：拒绝培训就是拒绝工作!

(二) 销售培训、训练的作用

销售培训、训练有两个作用，一是教会销售人员怎么去做，二是教会销售人员怎样做得更好。具体来说，销售培训有如下作用：

1. 通过培训、训练，可提高销售人员的品的素质

一个正直、真诚守信、遵纪守法、勤奋敬业的人是一个有人格魅力的人，是能获

得客户永久信赖的人，这样的销售人员才会有忠实的一大批客户，同时还能不断开发新客户。有数据表明：开发一个新客户的成本是维持一个老客户的成本的6倍，而一个老客户能带来七八个新的商业机会。由此可见，良好的品德素质无论对销售人员，还是企业都是十分重要的。

2. 通过培训、训练，可提高销售人员的心理素质

销售工作的性质决定了销售人员很多时候是在独立作战的环境中，所以很多销售人员都会有感到孤立无援的时候；此外，很多时候销售人员会因遭到客户的拒绝而产生挫折感，甚至被客户侮辱而产生屈辱感。这种孤独感、挫折感、屈辱感若不能克服，长此以往就会摧毁销售人员的工作意志，使之对销售工作丧失信心。而训练就像精神的兴奋剂，可以让销售人员忘掉孤独感、挫折感、屈辱感，重新振作起来，在教师的指导下重塑自信心和树立坚强意志，以高度的使命感和敬业精神去面对任何艰难困苦和挑战，不屈不挠，直至成功。

3. 通过培训、训练，可提高销售人员的能力素质

销售人员需要具有良好的观察能力、思维能力、社交能力、应变能力、创新开拓能力、语言表达能力、自律能力、营销专业能力等多方面的能力。这些能力虽然有一些先天因素，但更多的要靠后天的学习、训练。销售人员若具有了上述能力，就能创造性地完成或超额完成销售任务。

4. 通过培训、训练，可提高销售人员的知识素质

合格的销售人员应具备多方面的专业知识，好的培训能使销售人员具备信心、知识、能力和热情，这样士气就高，销售业绩自然好，收入也就多，并且可以降低流动率。例如，IBM公司用于销售人员培训的资金充足，计划严密、结构合理，保证培训结束后，学员就可以有足够的技能，满怀信心地同客户打交道。近年来，该公司更换的第一线销售人员低于3%。

（三）销售培训、训练的原则

销售培训、训练应当遵循以下几个原则：

1. 事先要进行培训、训练需求的分析

很多销售经理对培训非常重视，当他们发现一些情况，如客户不满，内部混乱，员工士气低落，工作效率低时，便想通过培训加以解决，但却忽视了在对销售人员进行培训前的培训分析，往往以自己的经验和理解就确定了培训的具体内容，这种过于武断的做法往往会导致培训效果的不理想。

培训需求分析可以通过对销售人员观察、面谈、问卷调查、自我诊断、客户调查等多种方式进行，以了解销售员在哪些方面需要通过培训加以提高。

2. 要制订培训、训练计划

在对销售员进行了培训需求分析后，销售经理应拟订一份培训计划书。计划内容包括：制定培训目标、选择培训人员、制定培训内容、选择培训讲师、选择培训方法等。

3. 因材施教、分级培训原则

受训者的基础和接受能力决定了他们能在多长时间内学到什么，有何种程度上的

效果。由于受训者的学历水平和身份背景不同，其业务水平与学识有高有低，参差不齐，培训者必须根据受训者的基础和接受能力的不同来安排他们的学习内容与学习进程。对起点较高、接受能力较强的受训者就应以较快的速度完成较深的培训内容；反之，则应将培训速度放慢，培训内容安排得浅一些，否则，就会造成一些能力强的人员觉得这个培训对其没有什么价值，另一方面基础差的人员就觉得接受不了，最后大家都学而无果，劳而无功，浪费了资源。

分级培训原则有两方面的涵义。一是指不同层次的销售人员应分开培训。因为不同层次的销售人员要求的能力不一样，如地区销售经理与销售代表的要求就不一样。因此要针对不同层次的销售人员进行不同内容的培训。二是指人们的年龄、经验、背景、阅历决定了其对学习内容掌握的快慢程度。因此，新销售人员与老销售人员、优秀销售人员与一般销售人员应该分开培训。

4. 培训要与本单位的主要业务战略相结合

这是指培训的内容应与销售实际相符，人们所学的内容与现实越贴切，人们就越会把它当做真实的事情从感情上予以接受，就越会认真、积极地去学习，并把培训知识和技能应用到自己的实际工作中去。这样的培训对销售工作的帮助就会越大，培训的效果就会越好。

5. 注重实践、讲求实效原则

销售培训、训练营强调以实践为主，理论为辅，要注意让受训对象参与到培训的过程中。例如，培训以实训或案例分析入手来展开教学，组织受训人员进行讨论、角色扮演等；让受训人跟着销售教练跑业务，并由教练对其进行现场指导。

培训要有助于加强交流与合作，要能提高销售人员将所学的知识应用于实践并能提高其解决实际问题的能力。不应该用学习成绩而应该用业务成果来衡量培训效果。

6. 持续培训原则

对一个企业而言，销售培训必须持续进行。这是因为公司组织、产品、技术、市场、顾客、竞争对手都在变化，企业和销售人员都将面对不断出现的新问题，一次培训远不能满足新形势的要求，只有制订持续的培训计划并贯彻实施，才能保证销售人员在面对各种新情况时都知道该如何应对，才能保证企业长盛不衰。

二、销售人员培训的时机

通常在下列情况下，对销售人员进行训练比较合适：

（1）新招聘的销售人员刚刚到位时；

（2）新的工作或项目即将启动；

（3）原工作需用新理念、新方法、新技术来完成时；

（4）销售人员的工作状况已不令人满意、需要改进时；

（5）使员工在接触不同的工作时，都能保持一定的工作水准；

（6）销售组织机构、人员刚调整完毕时；

（7）在外销售人员集中返回公司时；

（8）销售人员现有的能力不足以完成工作任务时；

(9) 按培训计划规定应对销售人员进行培训时;

(10) 企业产品销售淡季、换季时。

三、销售培训计划的制订

台湾学者黄宪仁认为,企业制订销售培训计划时可使用“5W1H 法”,“5W”是 Why, Who, When, Where,“1H”是 How。销售培训计划的制订需要明确以下问题:

(一) 为什么要进行培训?培训要达到的目标是什么?

企业要进行培训的理由有很多,但决不能为了培训而培训;培训的目标有许多,但每次培训要确定一个主要目标,目标不能太笼统,应当针对具体任务,如提高新招聘销售人员的基本技能、解决销售过程中暴露出来的一些问题,并能告诉员工培训后要达到什么样的要求。总的来说,培训目的在于发掘销售人才,提高销售人员的素质和能力,改善销售人员合作的基础等,最终增加销售,扩大市场,提高利润水平。

(二) 哪些人应参加培训?讲课者是谁?

销售培训计划应明确某次培训的应参加人员,是新员工、老业务员、销售主管、销售经理?讲课者是大学教授、相关专家、专业顾问公司的讲师、还是企业内部培训师、业务部门主管?如果是参加公司外部举办的培训,应选择那些有培养前途的销售人员参加培训;如果是在内部培训,最好是选择水平相当的同一部门或面临同样问题的人员进行培训,这样针对性强,学员的参与热情就会更高。培训师资应由学有专长和富有销售经验的专家担任,任教者应达到下列基本要求:丰富的市场及销售经验;有教学的欲望和热忱,这样学员容易受到影响和感染;对教学内容有深入了解,并能随时进行补充和修改;通晓教学方法和技巧;了解如何教学,以便提高教学的有效性;优秀的人格品质和魅力;很强的沟通能力;具有研究及勤于督导的精神。

(三) 何时进行培训?

依据受训对象的不同,需认真考虑培训的时机和培训时间的长短。培训时机的选择可参考本章相关内容。培训时间可长可短,一般应考虑:①产品本身的复杂程度。产品越复杂,培训时间应越长。②市场状况。市场竞争越激烈,训练时间应越长。③人员素质。人员素质越低,培训时间越长。④要求的销售技巧。若要求的销售技巧越高,需要的培训时间也越长。⑤管理要求。管理要求越严,培训时间越长。

(四) 在何处进行培训?

培训地点可在企业内,也可在企业外。若选择在企业内,则一般安排在企业的培训中心或培训室、会议室;若选择在企业外,则可安排在讲课者所在单位的培训教室内,或向外部租赁场所。

(五) 培训什么?

即要明确培训的内容。为了提高培训效率,取得满意的培训效果,每一次培训之前必须明确培训内容,比如:新产品及新技术知识培训;专业销售技巧;大客户销售技巧；谈判技巧；说服性销售演讲；沟通技巧；市场营销基础；团队合作等。

（六）如何进行培训？

即确定培训的类型和方式。销售人员的培训从其培训的范围来看，可分为公司内部培训和外部培训；从受训对象的不同来分，可分为集体培训和个人训练。

销售人员的培训方式有在职培训和脱产培训两种基本形式。在培训过程中具体的培训方式有讲授、演讲、游戏、销售会议、小组讨论、案例分析、特定课题讨论、角色扮演、现场指导、短剧性讲习、个人讲座、网络教育、同行交流、函授或电视教育、观看或阅读公司发的图书及音像资料等。各企业可根据培训目标、培训内容、受训者层次等实际情况选择适宜的培训方式。

四、销售培训的内容

销售培训不是一项独立的工作，而是一项系统工程，不能仅看到销售部门、销售人员及企业的现状，还应立足于企业的全局，兼顾企业的未来发展战略。

销售人员的培训内容涉及面广，总体来说包括：人员素质、能力素质、知识素质、心理素质等4个方面。

（一）人员素质培训

通过培训使销售人员具有良好的职业道德，勤奋敬业的工作态度，真诚待人、诚信守诺、顾全大局的良好品质；通过培训让销售人员真正懂得客户是我们的衣食父母，我们的收益是建立在我们为客户提供高价值、高满意度的产品或服务的基础上；通过培训让销售人员真正懂得正是因为有竞争对手的存在，我们才得以有巨大的压力去把工作做得更好，我们才能为社会作出更大的贡献，所以，竞争对手是值得我们尊重的；通过培训让销售人员成为遵纪守法的好员工和好公民。该部分的培训内容应围绕着为实现上述目标来组织，如职业道德培训、品德修养知识等。

（二）能力素质培训

该部分培训内容应围绕提高销售人员的能力来进行。为此，可开设以下课程或专题：逻辑学、哲学、交际学、演讲与口才、成功学、技术与管理创新、市场调查与预测、推销技巧、公共关系技巧、商务谈判、营销策划、销售管理等。

（三）心理素质培训

主要开设一些树立自信心、激励成功欲望、培养刚强意志的课程或专题，另外还应培养销售人员树立与人为善、兼听则明的意识和良好的销售态度。

（四）知识素质培训

（1）营销知识培训。营销知识很广泛，主要应开设以下课程或专题：市场营销学、市场调查与预测、消费者行为学、公共关系学、人际关系学、社会学、消费心理学、广告学、推销技巧、商务谈判、公关策划、广告策划、销售管理等。

（2）企业及其所在行业知识培训，主要有：本企业的历史及成就；本企业的组织机构设置、领导人、工作程序等情况；企业战略思想与战术措施。了解企业的各种相关政策与规章制度：销售提成政策、行政管理制度、绩效考评政策等；企业在行业中的地位；行业与市场的发展特点；企业的主要竞争对手以及它们目前的情况、动态、优势、劣势、在市场中的地位以及未来发展趋势等。

（3）经营管理知识培训，主要包括管理原理、生产管理、经营管理、财务会计与财务管理、人力资源管理等。

（4）产品以及技术知识培训主要包括：产品的类型与组成；本企业产品以及竞争者产品的品质、特点、用途、使用方法与注意事项、优缺点、客户利益点、包装；产品的制造方法；产品的维修及售后服务条件；产品的生产技术原理及其先进性、发展趋势；相关品与替代品的发展情况等。

（5）客户管理知识培训主要包括：了解本企业或产品有多少客户及其分布情况；对客户进行科学分类、建立客户档案的方法；客户分析方法；对客户交易状况、关系、风险进行管理的方法；客户数据挖掘技术；客户投诉处理方法等。

（6）法律以及世贸知识培训。如经济合同法、反不正当竞争法、消费者权益保护法、国际贸易有关法律、WTO 相关知识等。

（7）经济学知识培训，主要讲授宏观、微观经济学的基本知识，使销售人员对国家、地方的经济政策、经济走势有一定的研判能力，以便抓住机会或规避风险。

（8）电子商务知识培训，主要讲授一些基本的电子商务知识，是销售人员懂得一些网络知识，掌握如何在网上寻找、发布有用的商业信息以及如何进行网上交易等，此外，还应掌握一些识破网上骗术的技巧。

（9）社会学、礼仪知识培训，可开设社会学、使用社交礼仪等课程或专题，对销售人员进行训练。

五、销售培训教师的选择

影响培训效果的最重要的因素就是销售培训教师的水平。一个好的销售培训教师可以激发起销售人员对销售工作的热爱、十足的自信心、强烈的成功欲望；可以帮助销售人员找到一些好的销售方法和提供一些解决棘手问题的好建议；可以转变销售人员的一些不正确的营销观念和心态等。销售人员接受了一个好的销售培训教师的培训，会在行为上发生好的变化，他们可在此基础上开始自己成功的销售职业生涯。由此可见，请到好的销售培训教师对企业建立一支优秀的销售队伍有多么重要，所以，企业应准备充足的资金去尽力寻找最好的销售培训教师来培训自己的销售人员。

销售培训教师的选择一般有以下两种途径：

（一）从企业内部选择培训教师

企业从内部选择销售培训教师时要慎重，一定不要选择那些只会纸上谈兵、销售经验缺乏的人；也不可选择那些能说会道而推销失败的人。从内部选择的销售培训教师必须有丰富的销售经历和成功的销售经验，熟悉企业、产品和服务、市场和竞争对手的情况；知道在销售过程中常会碰到哪些问题以及该如何解决它们；熟悉客户心理和需求特点等。这样的培训教师其培训内容往往与企业实际很贴切、很实用，但如果该培训教师缺乏理论基础，则难于给销售人员更高层次的提升。此外，由于受传统观念“本地辣椒不辣”的影响，实际培训效果会受到一些客观影响。

（二）从企业外部选择培训教师

越来越多的企业倾向从外部聘请科研院所、大专院校的专家、教授或专业顾问公司的职业培训师作为企业的销售培训师。他们能从战略高度为企业设计培训方案，使培训既能实现企业近期的培训目标，又能兼顾企业未来发展的需要：他们精心设计的销售培训内容，往往能理论联系实际，会介绍其他企业成功的经验、失败的教训。因此他们的讲授能使员工开阔眼界、增长见识、增加信心、转变观念、提高能力；他们培训的方式方法往往丰富多彩，能极大地调动销售人员的参与热情和学习热情，最终取得良好的培训效果。

六、销售培训的方法

销售培训的方法有很多，如讲授、演讲、游戏、销售会议、分组讨论、案例分析、特定课题讨论、角色扮演、现场指导、短剧性讲习、个人洽谈、网络教育、同行交流、函授或电视教育、观看或研修公司配发或指定的图书及音像资料、手册、内部刊物等。美国学者瑞波特·海特（Robert E. Hite）和威勒杰·约翰森腾（Wesley J. Johnston）将培训方法归为4类。

企业常用的培训方法主要有课堂讲授培训法、研讨培训法、销售会议培训法、角色扮演培训法和现场指导培训法等。

（一）课堂讲授培训法

这是一种主要由销售专家或有丰富经验的销售人员采取讲授的方式将知识传授给受训人员的培训方法，它的应用最为广泛，最适用于有丰富的资料做内容的培训。此法的缺点是单向沟通，受训者获得讨论的机会较少，讲授者也无法顾及受训者的个体差异。

（二）演讲、辩论培训法

此法主要是在培训教师的指导和控制下，受训人员对教师给出的命题或问题经过思考分析后，上台以演讲的方式来阐述自己的观点，也可对某人的观点进行辩论。演讲可促使受训人员对问题进行深入思考，可增强其自信和面对难题的勇气；辩论可使道理越辩越明，并使受训人员记忆深刻。

（三）游戏培训法

培训教师精心设计一些游戏，让受训人员在游戏过程中转变旧观念、接受新观念，增强自信心和成功欲望等。该培训方法较多用于激励培训。

（四）研讨培训法

研讨有分组讨论、案例分析、特定课题集体讨论、同行交流等方式。通过案例分析、同行交流可以学到别人成功的经验，吸取别人失败的教训；通过研讨，可学到一些新的思维和工作方法。

（五）销售会议培训法

企业的销售会议一般有总经理主持的整个企业的销售会议和销售经理主持的部门销售会议。这种方法一般是组织与会的销售人员，针对销售过程中遇到的问题和困难一起进行讨论，相互学习。会议可由培训教师主持。此法为双向沟通，受训人有表示意见及交换思想、学识、经验的机会。

（六）角色扮演培训法

这是一种由培训人员亲自参与并具有一定实战感的培训方法，为越来越多的企业所采用。角色扮演是一种由受训人扮演销售人员，由有经验的销售人员或培训教师扮演顾客，要求受训人面对“顾客”提出的种种问题、要求、非难、拒绝进行介绍、讲解、展示、说服、处理异议、促成交易的培训方法。角色扮演有两种组织方式，一种是事先计划并安排好人选、角色、情节动作、内容说词等；另一种是不做计划安排，也不规定情节内容，让受训人员在演练中自然地随机应变，机动灵活地处理各种问题。

（七）现场指导培训法

这是一种在工作岗位上练兵的培训方法。新来的销售人员在接受一定的课堂培训后即可安排在工作岗位上，由有经验的销售人员来带一段时间，然后逐渐放手，使其独立工作。这种方法有利于受训者较快地熟悉业务，效果很好。现场指导培训工作的培训内容一般有销售知识、技能、工作习惯和工作态度等。

七、销售培训效果分析

有人说，企业花钱对员工进行培训，就好比是把钱存在银行，将来可连本带利一起收回；还有人说，培训对员工而言就是最好的福利之一。人们之所以这样说，就是因为好的培训无论是对企业，还是对员工都能有好的回报。怎样才能保证培训有好的效果呢？除了首先邀请到优秀的培训教师之外，每次培训结束后，对其效果进行评估也是十分重要的。

对销售培训效果评估、分析可以从以下几个方面进行：

（一）检查培训目标是否完成

主要看通过培训，是否达到预期的培训目标？例如，受训人员的错误观念是否得到纠正？是否树立了正确的新观念？工作是否有了新思维？是否掌握了新的专业理论知识或新的工作方法？当然，就某一次具体的培训而言，不一定要求上述目标都能达到。

（二）评估培训教师的工作效果

对培训教师的工作效果进行评估可从以下几个方面进行：

（1）对培训的内容进行评估。主要看培训教师安排的内容是否是企业所需的？其实用性如何？先进性如何？二者结合得如何？其内容是否丰富？

（2）对培训的方式方法进行评估。主要看培训教师选择的培训方式方法是否适合受训人员？是否能调动受训人员的参与热情？受训人员能否被激励？培训内容是否能被很好地接受？

（三）评估、检验受训人员的受训效果

对受训人员的受训效果进行评估可以通过考核的办法来进行。常用的考核办法一般有以下几种：

（1）笔试。对思考力、逻辑力等智能的检测较为有效，但不适用于对态度、行动的评估。

（2）观察评定法。通过观察受训人员的实际行动来评估其态度、行为和性格。

（3）面谈法。指通过与受训者面谈对其进行评估的方法，可以对其人格、行为特性、学习程度、意愿等进行评估。

（4）撰写专业报告或专业论文。可对受训者的知识、思考力、逻辑力、搜集和整理资料和情报的能力进行评估。

（5）提交训练之作品。对受训者的技能、技术等进行评估较为有效。

（6）实际试验、实习。对受训者的技能、技术、态度、行为等进行评估可用此法。

（7）听取受训者上司的意见（面谈、问卷均可）。这对不易把握的能力、态度、意愿等的评估较为有效。

对受训人员的受训效果进行检验可以从以下几个方面进行：

（1）分析新员工达到某种水平所需时间。若达到同一水平所需时间不断缩短，则可认为培训是有较好效果的。

（2）比较受过训练与未受过训练人员的工作成绩。若两者工作成绩的总体水平相当，甚至前者低于后者，则可认为培训是不成功的，甚至是失败的。

（3）最好的销售人员与最差的销售人员受训背景的个别比较。若二者受训背景相差不大，则可判定培训效果是不好的。

（4）将受训人员受训前后的工作效率和效果进行比较。若受训后的工作效率有明显提高，工作成效明显，则可认为培训取得了好的效果；反之，则可认为培训未见成效。

（四）对销售培训成本进行评估

评估主要是将培训花费与培训效果进行比较，若觉得物有所值，则可认为此培训的开支是合理的；反之，则认为此次培训花费过高。对一个企业而言，每年用于销售培训费用一般应控制在销售部门当年销售利润的0.3%～0.5%之间，对一个新开业的企业，这个比例可控制在1%～3%。

第三节 销售人员的报酬

一、销售报酬的涵义

(一) 销售报酬的涵义

销售报酬是指销售人员通过在某企业中合法从事销售工作而获取的应得利益。

一般而言，销售报酬应包括以下几个部分：

(1) 底薪。这是企业给销售人员的基本工资，与销售业绩无关，它通常依销售人员担任的职务、所在岗位和在企业的工作年限而定，他是确定销售人员退休金的主要依据。有无底薪，底薪水平高低是企业能否吸引优秀销售人才的一个重要因素，也是衡量一个企业的管理是否正规的标志之一。

(2) 销售提成，指企业按销售人员的销售业绩，依约定的比例给予提取的报酬。对多数企业而言，销售提成应占销售人员的销售报酬的大部分。

(3) 津贴。这是销售报酬的补充。一般有岗位津贴、工龄津贴、职称津贴、地区补贴、国家规定的价格补贴等。

(4) 保险，指企业为销售人员购买的各种保险。在全国各城市已有规定：企业须为员工（含销售人员）购买养老保险、医疗保险、失业保险、工伤保险，对女员工还须为其购买生育保险。除上述几种险种外，企业还可自行决定是否为员工购买其他一些保险。

(5) 奖金，指企业根据销售人员的业绩或贡献给予超额奖、节约奖、销售竞赛奖、合理化建议奖和企业依据经济效益状况给予的年终综合奖、荣誉奖、平均奖等。

(6) 福利。福利既包括销售人员与其他员工一样享受的，与其业绩无关的利益，如企业的文体设施、食堂；也包括企业依据销售人员的业绩好坏所给予的程度不同的特殊福利，如旅游补贴、进修机会及学费补贴等。

须指出的是，一个企业的销售报酬制度设计的水平和实施情况，不仅对企业的销售业绩有立竿见影的影响，而且对其能否吸引或留住优秀销售人才，取得或保持销售竞争优势有长远的影响。

(二) 销售报酬的作用

合理的销售报酬制度有以下作用：

(1) 有助于调动销售人员工作的积极性，激发其工作的主动性和创造性；

(2) 有助于企业的营销目标顺利实现；

(3) 有助于招揽和留住优秀的销售人才；

(4) 有助于销售管理规范化，提高管理效益。

二、销售报酬制度的类型

不同的企业，实行的销售报酬制度可能各不相同。但归纳起来，销售报酬制度大致有以下几种：

（一）纯薪金制度

纯薪金制度是指对销售人员实行在一定时间内，获得固定金额的报酬的薪酬制度。也即俗称的计时制。

该制度的优点是：

（1）销售人员有较高的安全感；

（2）易于操作，便于管理；

（3）对多数人员而言，可保持其对企业的忠诚度和一定的工作情感。

该制度的缺点是：

（1）有吃“大锅饭”之嫌，不能做到奖勤罚懒；

（2）缺乏激励作用，不能吸引和留住有进取心的优秀销售人才。

该制度的适用范围：实行雇佣制的企业；需要集体努力才能获得好的销售效果的工作；销售人员仅从事理性销售工作（如送货）；销售人员的主要工作是销售推广或提供咨询服务；销售人员对金钱以外的东西有强烈的需求。

（二）纯佣金制度

纯佣金制度是指销售人员按其销售额（也可以是毛利、纯利）的一定比例（事先已规定好）提取报酬且无底薪的制度。

该制度的优点是：

（1）有较强的激励作用，对业务能力较强的销售人员，其激励作用更为明显；

（2）销售人员报酬的计算方法透明度高，易于掌握；

（3）企业的部分工资性成本、风险转由销售人员承担，有助于企业控制和降低销售成本。

该制度的缺点是：

（1）销售人员的收入欠稳定，使其缺乏安全感，故有的销售人员在别的企业兼职，以分散自身风险；

（2）企业对销售人员缺乏亲和力、凝聚力，在企业经营状况不佳或企业碰到困难时，更是容易发生销售人员纷纷离去的情况；

（3）销售人员对企业缺乏归属感，推销自身重于推销企业的产品或服务，在开展业务过程中，不断寻求对自身更好的发展机会，如处理不当，易给企业造成损害。

该制度的适用范围：销售人员的工作重点是获取订单，对销售以外的工作无须投入许多精力；业绩突出的销售人员可以获得较丰厚的回报。

（三）薪水加佣金制度

薪水加佣金制度是指企业既给销售人员一定的底薪，又按其销售业绩一定的百分比提取佣金的制度。

该制度的优点是：

（1）克服了前两种制度的不足，既让销售人员有了安全感，又对其有一定的激励作用，业务能力强的销售人员可凭其业绩获得丰厚的回报；

(2) 对稳定销售队伍有较好作用。

该制度的缺点：

(1) 可能会增加企业的销售成本，增加销售管理工作的难度；

(2) 如果佣金太少，则激励作用不大。

目前，多数企业采用该销售报酬制度。

(四) 团队佣金制度

团队佣金制度是指企业部门或销售小组为计酬的团队单位，规定团队按期完成的销售业绩的一定百分比来计提团体销售报酬，而团队中个人的销售报酬计提方法则由团队自行制定，并报企业备案的销售报酬制度。

该制度的优点是：

(1) 管理及操作均简单；

(2) 能促进团体意识，增强团体内部的凝聚力。

该制度的缺点是：易形成"大锅饭"局面，少数有个性、能力超群的销售人员其所获报酬可能不能令其满意。

(五) 谈判薪酬制

谈判薪酬制是指销售人员与企业就某一市场应完成的销售额（利润）、成交价、销售费用、销售人员报酬的计提标准等事项进行谈判，最后按双方达成一致的协议来执行的薪酬制度。

该制度的优点是：

(1) 最大限度地激励销售人员；

(2) 便于企业控制销售成本（在该制度下，销售费用等往往采用包干制）；

(3) 对实力较弱的小企业而言，有助于其较快打开目标市场。

该制度的缺点是：

(1) 确定各目标市场合理的目标销售额较困难，而目标销售额定得过高或过低都不妥；

(2) 企业预定的目标市场有可能因所选业务员不得力而遭遇荒废的风险。

除了上述集中销售报酬制度以外，企业还可将以下几种制度作为其补充：

(1) 特别奖励制度。特别奖励制度是指规定的经济奖励报酬和非经济奖励两种。经济奖励包括：年底双薪、平均奖（按人分发）、年终综合奖、超额奖、节约奖、合理化建议奖、销售竞赛奖、各种福利经济待遇、业绩特别奖（可分为个人业绩特别奖、集体业绩特别奖）等；非经济奖励包括表扬、表彰有关人员或授予集体一定的荣誉，并颁发奖状、奖章、奖旗等。

(2) 落后处罚制度。规定凡是销售额倒数第一名、第二名……给予处罚。如采取扣发奖金（甚至工资）和批评等手段。

(3) 同期比制度，指将每人某时间的销售业绩与上一年同期进行比较，如本年销售业绩下降，则对其予以处罚。应注意，采用此法不适合由于市场状况的整体恶化而导致的销售额下降的情况。

三、销售报酬制度的建立

（一）销售报酬制度建立的原则

1. 公平性原则

这主要表现在：①同为销售人员，则应体现多劳多得，优劳（如回款情况良好，顾客满意度高）多得；②考虑到销售工作的特殊性（如许多销售人员常年在外，无法照顾家庭等），销售人员的整体报酬与企业内其他人员相比应略高。

2. 激励性原则

此销售报酬制度应能很好调动销售人员工作的积极性，激发其工作的主动性和创造性，促使其取得优异业绩。

3. 针对性原则

此销售报酬制度要针对企业所处行业的特点来制定。一个好的销售报酬制度应能保证销售人员的整体收入水平高于本行业平均水平，最好能比重要竞争对手的销售人员的收入水平高。

4. 风险性原则

企业必须承担必要的投入风险（如给销售人员维持基本家用的底薪，必要的市场开发费用），不能把绝大部分的风险转嫁给销售人员。

（二）销售报酬制度建立的程序

销售报酬制度建立的程序如图 9.1 所示。

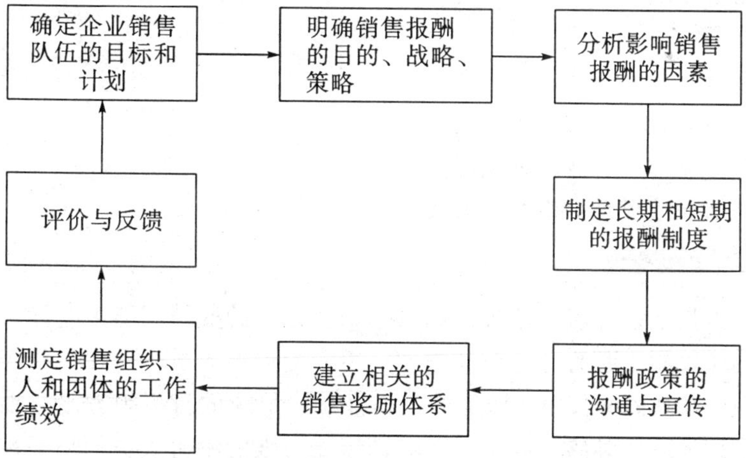

图 9.1 销售报酬制度建立的程序图

（三）确定销售报酬制度应考虑的因素

对绝大多数主要以推销方式推销其产品、服务或项目的企业而言，销售报酬制度的科学与否，合理与否决定了企业的成败，因此，企业对销售报酬制度的制定工作必须予以高度重视，考虑周全。一般而言，应考虑以下因素：

1. 企业本身的情况

具体来说主要有：企业的发展战略、经营目标、企业文化、企业的特点、企业的知名度和美誉度、企业资金情况及抗风险能力等。

2. 产品情况

包括：产品的品牌、质量、功能、科技含量、包装、广告、价格、利润、产品销售时是否需要其他人员和设备的配合，产品的适用对象等。

3. 目标市场情况

包括：目标市场的容量、目标消费群的特点、目标市场的风土人情、目标市场的消费水平、目标市场的交通以及企业所在地的距离，目标市场的成熟度，企业以及产品品牌在目标市场的影响，主要竞争对手在目标市场的经营状况等。

4. 行业情况

包括：企业或产品所在行业的一般情况，主要竞争对手的销售方式及其销售人员的收入情况、行业利润率、一般价格等。

5. 销售管理情况

主要包括：

（1）销售报酬制度是否易懂、易操作，是否容易产生分歧?

（2）对销售成本及销售回款的控制有何益处?

（3）销售报酬制度犹如一根指挥棒，它将会指挥销售人员应朝哪些方向努力，不应朝哪些方向努力?应刻意回避、避免哪些问题?

（4）销售报酬制度对销售人员的激励作用有多大?

（5）销售报酬的支付方式、时间、要求?

6. 其他因素

主要包括：

（1）市场的宏观、微观经济情况；

（2）国家、地方、行业政策规定；

（3）所需人员、劳动力市场供求状况。

（四）销售人员定级管理

所谓销售人员定级管理，是指企业根据销售人员的业绩和能力差异，确定其不同的级别，并给予不同待遇的一种管理制度。不同的销售人员由于在工作经验、受教育背景、在企业的工作时间长短、以往的工作业绩、追求的目标等方面存在差异，如果对他们不加区别地同等对待，势必会影响销售能力强的销售人员的积极性，进而影响企业的整体销售业绩。

实施定级管理有以下好处：①可使业绩佳、能力强的销售人员享受较高的待遇，更好地激励他们，避免优秀销售人员的流失；②可使销售人员没有必要都盯着经理的位置，因为实施定级管理，对于能力强的业务人员完全有可能获得比经理更高的经济报酬和精神满足；③可对较低级别的销售人员无形中形成一定的压力，促使其奋发向上；④有利于销售经理合理分配销售任务，提高管埋效率。

（五）销售人员谈判薪酬制的设计

依据销售人员定级管理，应对不同的销售人员给予不同级别的底薪。对于实行谈判薪酬制的企业而言，为了提高销售人员对市场进行深入分析的主动性和责任感，降低企业的经营风险，有必要建立下述的评价系统，并据此给销售人员支付佣金。

让我们来看这个评价系统是如何起作用的：销售人员甲销售计算机，企业为他在某一目标市场确定的年销售量是500台，且他本人作出的预测也是500台。到了年底，甲实价销售了500台电子计算机，则应获报酬是120%，而不是100%（A/B=100，C/B=1.0，二者相交处的表中值是120%），这意味着销售人员甲由于准确的预测获得了额外的20%的奖赏。再如，销售人员甲销售了250台电子计算机，依上表可知，他应得奖励30%（A/B=50，C/B=1.0），但他预测的销售量也是250台，则其可得奖励60%（A/B=50，C/B=0.5）。可见，准确预测可提高其应得奖励。该评价系统明确地告诉销售人员：为了获得较高奖励，就必须使甲实际完成的销售额等于或高于他对市场的预测值。这样，迫使销售人员认真研究目标市场，充分挖掘市场潜力，准确预测市场销售额，并努力完成企业确定的销售任务，而这正是企业乐观其成的。

第四节　销售人员的激励

什么是激励？美国管理学家贝雷尔森（Berelson）和斯坦尼尔（Steiner）给激励作了如下定义：一切内心要争取的条件、希望、愿望、动力等都构成了对人的激励。它是人类活动的一种内心状态。心理学家一般认为，人的一切行为都是由某种动机引起的。动机是人类的一种精神状态，它对人的行动起激发、推动、加强的作用，因此称之为激励。人类的有目的的行为都是出于对某种需要的追求，进而导致某种行为的发生。

有关激励的理论很多，但是所有的激励理论都是针对一般情况而言。而每种职业，更近一步说每个员工都有自己的特殊性，他们的需求、个性、期望、目标等个体变量各不相同。因此，在具体的实际操作时，必须考虑到具体的职业和具体的员工。对于销售人员来讲，由于他们是企业中最重要的群体，其工作性质决定他们所从事的是一项十分艰巨而又意义重大的工作。因此，在进行激励的实际操作时，必须深入地分析销售人员的一些特殊变量，采取一些特别激励手段来支撑他们的销售行为，这对于企业经营的成败是很重要的。

一、销售人员职业动机分析

销售工作是一项很辛苦的工作，需要不停地耕耘才有收获。销售人员大多单独工作，工作时间长短不定，并经常遇到挫折。他们经常远离家事，会有更多的个人烦恼和孤独。一般来说，只有最强烈的、占据优势的动机才能引发他们的行为。现代西方行为科学的学者认为：个人的行为表现是由个人动机因素、组织动机因素、组织与个人相互工作因素这三种因素相互作用的结果。个人动机因素一般有对人物的感觉、兴趣、态度、需要等；组织动机因素一般有销售任务与市场分配、销售报酬制度、与同事和领导之间的沟通等；组织与个人相互作用因素一般是指组织与个人之间是相互促进，还是相互制约。

根据对众多销售人员的调查，销售人员的职业动机大致可以划分为以下 7 种类型：

（一）追求经济利益

具有这种动机的销售人员，从事销售工作是以取得理想的经济报酬为主要目的。所以，对金钱的追求是他们从事销售工作的主要动力。只要销售政策合理，多劳多得，自己努力工作能获得与自己的业绩相称的报酬，甚至更多，则销售人员对工作就会很投入，一般都能认真负责，因为他们也懂得只有把工作做好了，才可能获得好的报酬。但这种人的雇佣思想很浓，关心个人利益胜于关心集体利益，喜欢斤斤计较，缺乏在企业长期工作的打算，所以很可能会做出为了一己私利而不惜牺牲企业利益的事情。“这山望着那山高，哪里钱多往哪儿奔”，这是他们基本的工作心态。

（二）追求交际、旅游

具有这种动机的销售人员，从事销售工作是以满足自己的交际和工作旅游的需要为主要目的。这种人以家庭经济状况较好，生活比较安定，具有一定文化知识，而又喜欢交际、旅游的中青年为多。他们生性活泼、性格开朗，对客户热情，对待工作认真肯干，不计较名利，喜欢到自己未去过的地方出差。但这种人在思想上缺乏远大目标和全心全意为顾客服务的精神，未能把情趣与志趣结合起来，所以在工作中遇到一些困难，易产生畏难情绪；或重复干着一些比较单调乏味的工作时，往往不够耐心，情绪也会明显低落。

（三）追求事业成功和社会地位

具有这种动机的销售人员，从事销售工作是以获得事业成功和较高社会地位为主要目的。他们一般都有比较强的上进心和事业心，善于独立思考和钻研业务，热爱学习，工作勤奋和认真负责。但由于此类人是以个人奋斗为主要动力，自尊心和虚荣心都很强，故易计较个人荣誉地位的得失，也不容易接受批评和听取不同意见。当工作有成绩时易骄傲自大，目中无人；当工作受到挫折时则易悲观消极，自暴自弃。他们不愿意从事平凡、琐碎的工作，自我感觉位置不大合适时，就容易见异思迁，甚至会做出损害企业利益的事情。

（四）追求实现社会价值

具有这种动机的销售人员，从事销售工作是以贡献社会、服务大众为主要目的，并因此感到满足和快乐。他们是有理想、有觉悟、有道德、有情操的人。他们把社会的需要、人民的利益摆在个人的需要之上，希望能充分发挥自己的才能，干一番有益于人民、有益于国家和社会的事业。他们爱岗敬业，有高度的责任感和主人翁意识，总能想顾客之所想，急顾客之所急，为顾客服务十分专业、周到，常使顾客深受感动，能与上、下级和同级别的同事融洽相处，共同把销售工作搞好。当然，这种类型的人并非没有缺点和失误，但由于他们有一颗全心全意为客户服务的心，一般都能正视自己和改正自己的缺点和失误。

（五）追求挑战

具有这种动机的销售人员，从事销售工作是以接受挑战，获得成功享受为主要目的。销售工作是一项挑战性极强的工作，在销售过程中，销售人员经常会碰到拒绝、误解，甚至刁难，此时，销售人员必须巧妙应对，将其一一化解；销售人员还经常会碰到一些出乎意料的事情，此时，销售人员就必须能随机应变，想出万全之策；而一笔成功的交易也往往是需要在事前进行周密的准备、事中进行多次的拜访、事后进行若干次的回访，其中的酸甜苦辣、艰辛滋味真是一言难尽；此外，在外地工作的销售人员还需经常忍受“独在他乡为异客”的落寞孤寂的精神折磨。所以说，他们若无超强的意志、智力和能力，是无法胜任销售工作的。也正是因为如此，接受挑战、享受成功才成为这一部分销售人员工作的动力。

（六）追求人生阅历

具有这种动机的销售人员，从事销售工作是以增加人生阅历、锻炼自己、磨练意志、了解世间百态为主要目的。销售人员在销售过程中会碰到形形色色的人、许许多多的事，君子与小人、正义与邪恶、善良与凶残、真诚与欺骗、热情与冷漠、喜爱与憎恶、机会与陷阱、合作与对抗、诚信与无赖、理智与情感等；此外，销售人员经常有机会出差，可以了解各地的风土人情、历史文化等。这一切都可以增加人生阅历、提高其应对错综复杂的世间百态的能力和广交朋友提供了极好的机会。具有这种动机的销售人员往往将销售工作作为其选择其他职业的一个跳板，有些人想今后自己当老板。

（七）追求学习、提高

具有这种动机的销售人员，从事销售工作是以进入大公司，获得较多较好的培训机会，或进入小公司获得独当一面的机会为主要目的。由于市场复杂多变，且大公司经常有新的产品或服务推出，这就需要经常对销售人员进行有针对性的培训，给销售人员讲授新的产品或服务知识、新的销售方法、新的经营理念等，通过参加培训，销售人员可以学到很多东西；此外，在大公司工作，可以身临其境地观察大公司是如何运作的，可以学到很多先进的管理理念、管理方法、管理制度等。小公司往往人手较少，机构简单，但麻雀虽小，五脏俱全，若能独当一面，就必须独自面对职权范围内的各种事务，学会处理它们，这对一个新手来说，将会大大提高其多方面的能力，因而机会难得。抱着明确的学习、提高的就业动机选择就业单位的销售人员往往胸怀大志，大多想在将来自己创业。

以上7种动机只是一般的概括，销售人员也有可能出于别的动机而从事销售工作。然而，无论是出于何种动机，销售经理应该有针对的采取必要的激励方式，营造适当的环境让他们去追求，不然很难留得住员工，当然其中也需要对员工的动机进行引导。

二、激励销售人员的方式

企业要正确地实施激励，除了必要的理论指导，还必须选择合适的激励方式。根据国内外许多学者结合企业的实践，总结出对销售人员进行激励的方式主要有 14 种。

（一）目标激励

目标激励是指企业为销售人员确定一些应达到的销售目标，并以目标完成的情况来决定对其进行奖惩的一种激励方式。销售目标一般有销售额（量）、毛利额、客户总数、新开发的客户数、费用目标（如差旅费、业务费）和贷款回收率等。其中制定销售额（量）、毛利额、回款额是企业普遍的做法。应注意：销售经理在给销售人员制定销售目标时，应考虑市场总体的现状、销售人员以往的销售业绩、所在市场以往的情况和销售潜力及竞争态势、销售人员对销售目标的认可程度等。

（二）经济激励

经济激励是指企业运用工资、佣金和奖金等经济手段，对做出成绩的销售人员进行激励的一种激励方式。经济激励往往应与目标激励联系起来使用。研究人员在比较各种可行激励的价值大小时发现，经济激励对销售人员的激励作用最为强烈。

（三）晋升激励

晋升激励是指企业预留一些职位或对一些职位给出明确的任职条件，遵循能上能下的原则，对做出成绩并达到任职资格的销售人员给予相应晋升的一种激励方式。对采用销售人员定级管理的企业来说，还可以采取对销售成绩突出的人员予以晋升一级的奖励，这也是一种晋升激励。

（四）榜样激励

榜样的力量是无穷的，尤其是在身边的榜样。虽然大多数人都不甘落后，但是在行动上人们往往有一定的惰性。如果在其身边树立一个榜样，就可以为销售人员树立学习和赶超的目标，增强其工作的动力和增加克服困难，争取成功的决心和信心。有的企业通过每年评选“销售冠军”、“销售精英”、“星际销售员”等来激励销售人员，激励效果一般都不错。

（五）培训激励

销售人员面对激烈的竞争，往往需要不断地充电，不断地提高自己的能力，才能够不断地取得竞争的优势。因此，对于许多销售员来说，培训是一种比较宝贵的财富。尤其对于许多刚刚从大专院校出来的毕业生，他们甚至会将是否有良好的培训激励当做选择工作的首要条件。因此，使用销售人员就必须培养他们，满足他们的求知、求发展的需要，这样做也可使他们体会到企业的深层次关心、爱护，从而激励他们为企业创造更多的财富。有的企业对优秀的销售人员采取由公司资助攻读 MBA、送出国培训、参加高水平的学术研讨会议等培训奖励措施，可取得很好的激励效果。

（六）工作激励

行为科学理论认为，对职工起激励作用的因素分为两类：一类是与职工工作直接相关的，即从工作本身产生的激励因素，被称作是“内在激励”，如工资、奖励、职业地位等；另一类是与职工工作间接有关，但不是工作本身产生的激励因素，被称为“外在激励”，如表扬、批评、提升等。进行工作激励首先应合理的分配销售任务，尽可能使分配的任务适合职工的兴趣、专长和工作能力；其次是利用职务设计方法，如果在职务设计中充分考虑到技能的多样性，任务的完整性、工作的独立性，并阐明每项任务的意义以及设置反馈环节，就可以使员工体验到工作的重要性、所负的责任，并及时了解工作的结果，从中产生强烈的内在激励作用。工作激励的关键在于知人善任。

（七）环境激励

环境激励是指企业通过营造尊重、关心和信任销售人员的环境，创造一种良好的工作氛围，是推销人员能心情愉快地开展工作的一种激励方式。事实证明，如果对销售人员不重视，其离职率就越高，工作绩效就差；如果重视，其离职率就低，工作绩效就高。企业可以召开定期的销售会议或非正式聚会，为销售代表提供一个社交场所，给予销售人员与企业领导、同事、其他部门人员交流的机会，增进彼此间的了解和感情，增强销售人员回家的感觉和消除其孤寂感。此外，企业还应尽可能美化工作环境，为销售人员提供必要的工作条件，便于其更好地开展工作。

（八）荣誉激励

荣誉激励是指对做出优异成绩的销售人员给予表扬，颁发奖状、奖旗，授予称号等，以此来激励销售人员上进的一种激励方式。对于多数销售人员来讲，荣誉激励也是必不可少的。荣誉激励是一种较高层次的激励，通常对那些受正规教育较多的年轻销售人员更为有效。所以企业负责人应深入了解销售人员的实际需要，他们不仅有物质生活上的需要，而且还有诸如理想、成就、荣誉、尊敬、安全等方面的精神需要。尤其当物质方面的需要基本满足后，对精神方面的需要就会更强烈一些。

（九）福利激励

福利激励是企业通过为销售人员购买工伤保险、意外伤害保险，对业绩突出的人员给予放长假、公费旅游等福利，以期对销售人员进行激励的一种激励方式。销售人员常年在外工作，东奔西跑，他们希望有一个保障；他们长期紧张工作，精神高度紧张，希望辛苦工作一年后，能有时间休假、旅游，以便让疲惫的身心得以放松，未来年的工作积蓄力量。

（十）任务激励

任务激励是指企业专门交给那些自视甚高、追求挑战、能力也很强的销售人员全新或十分重大的任务，以期激励他们的一种激励方式。这类销售人员的社会责任感极强，他们最希望得到的是挑战困难的机会，做别人做不了的事情，享受成功后的快乐。

（十一）竞赛激励

竞赛激励是企业常用的激励销售人员的一种激励方式。它可采取多种形式，充分发挥销售人员的潜力，提高销售人员的士气，促进销售工作的完成。另外，开展业绩竞赛是一个充电的好方法。这种激励方式运用时要妥善掌握，否则不能收到激励效果，反而影响士气。开展竞赛激励的时候，应考虑到两方面的因素。其一是企业的需要，企业应该根据自身发展的需要，将一些比较有用的指标当做竞赛激励的方向去引导员工，比如企业当前要改善服务质量，则可以设置服务标兵的竞赛。其二则是要考虑员工的需要，设置能够吸引员工的激励因素，并且这种激励因素应该尽可能地对每一个员工都有较大的吸引力。常见的竞赛项目有：销售业绩提高奖、问题产品销售奖、开发新客户奖、新人奖、训练奖、汇款优胜奖、淡季特别奖、市场情报奖、退货最低奖、客户满意奖、最佳主管奖、最佳利润奖等。

（十二）管理体制激励

管理体制激励是指企业通过建立科学的管理体制，充分激发销售人员工作的主动性、创造性，激励他们很好地完成销售任务的一种激励方式。为此，至少应做好以下两个方面的工作：一是实行民主管理，让销售人员有更多的民主权利，并参与企业的管理；二是实行适当的授权。行为科学理论表明：人，不是纯粹的经济人而是社会人、复杂人、大多数人还是愿意多做一些事，愿意承担一些责任。企业领导者如果善于向下属授权，将责权利一起授给，尽可能明确每个被授权销售人员应负的责任，让他们承担更多的任务，并享有相应的权利，完成得好还应给予奖励，就能大大激励销售人员。

（十三）个性激励

美国盖洛普管理顾问集团将销售人员分成4个类型，即竞争性、成就型、自我欣赏性和服务型，依据销售人员不同的个性，采用相应的激励方式，就会取得较好的激励效果。

（1）竞争性的销售人员的激励。这类销售人员竞争意识和求胜欲望特别强，若对他们制定合理的业绩定额，建立公开、公正、公平、可操作性强的竞赛规则、竞赛方法，并保证兑现竞赛承诺，则能大大激发其工作热情。所以，对这类销售人员最好的激励方法是竞赛激励和目标激励。

（2）成就型的销售人员的激励。这类销售人员往往事业心很强，追求成就感，对自己要求很高，并希望自己的能力得到圈内广泛的承认和获得更高的地位与职权。他们愿意为团队的成功尽力而不计较个人的得失。这类销售人员最好的激励方法是晋升激励。

（3）自我欣赏性的销售人员的激励。他们最需要的不是奖牌和金钱，而是全新或重大的任务，他们希望感到自己对所在企业十分的重要。对于这种类型的销售人员，最好的激励方法是任务激励。

（4）服务型的销售人员的激励。他们的个性比较内向，工作主动性差，缺乏创新意识。他们往往带不来大的客户，争取不到新市场。但他们组织纪律性强，工作认真负责，能做好具体事务性的工作。这类销售人员最好的激励方法是培训激励他们。

(十四) 综合激励

由于人的心理特点和外在表现具有多样性和复杂性，所以，对销售人员进行激励时，切不可机械地用一种激励模式，而是依据销售人员具体的特点和需求，以一种激励模式为主，辅以其他激励模式，对其进行综合激励，才能取得更好的激励效果。

总之，不同的销售人员可能需要不同的方式去激励。只要激励方法得当，就能收到预期的效果。

三、销售激励的和销售经理

据美国学者最近对在450家各种规模的公司工作的近500名销售和营销经理的调查结果表明，在对公司销售队伍管理最重要作用的因素评价中，销售经理试图影响销售人员活动过程的“领导”因素被列为首要因素，销售经理激励销售人员的能力被列为第二个最重要的因素。可见，在对销售人员进行激励的过程中，销售经理的作用是非常重要的。这也就对销售经理提出了很高的要求。我们认为激励工作对销售经理有以下要求：

(一) 销售经理应做一个贴心的经理

销售经理要深入了解每一个销售人员内心的需求，如家庭、感情、健康等，掌握其目前最迫切的需要，企业有条件满足的，就应尽量去满足，不能或暂时无法满足的，应给销售人员一个清楚的说明；要知人善任，鼓励并创造条件让销售人员发挥出自己的专长，促进团队的健康发展和成长，避免下属因怀才不遇而心生怨气，影响和贻误工作；要不耻下问、兼收并蓄，多给下属参与管理的机会，要能虚心接受员工的正确看法和建议，并对此给予恰当的物质和精神奖励。

(二) 销售经理应做一个优秀的导师

销售经理要想成为一个优秀的导师，需要做好以下几个方面的工作：不断地提高自身的业务和管理能力，能给下属很好的业务指导，帮助其解决一些实际难题，提高自身业绩和能力；为下属制定一个合理可行的目标，给予下属明确的努力方向，帮助下属少走弯路；提高自身的品德修养，增强自己的人格魅力，增强团队的凝聚力。

(三) 销售经理应做一个公平的裁判

销售经理管理的不是个别的业务员，而是整个销售团队，因此，他在团队中，还担任了一个裁判的角色。既然是裁判，就一定要公平，故应注意以下几个问题：一是在给下属分配销售定额、评价业绩时，要坚持“一视同仁，客观公正、合理”的原则；二是在制度面前人人平等，要坚持“惩前毖后，治病救人”的原则；三是公平解决下属之间的冲突问题，坚持“中立客观、对事不对人”的原则。

四、引导销售人员努力工作的方法

任何一个销售团队，不论其成员的多少，都是由一些同时具有优点和缺点的人所组成。所以，团队可能会不时出现这样或那样的问题，销售经理应该密切的关注员工的动向，正确的领导他们努力工作。这里主要讨论如何激励问题销售人员，拔尖销售人员和老化销售人员的方法。

（一）引导问题销售人员的方法

企业的销售人员，虽然经过严格的招聘与筛选，但不可能每个人都是非常优秀的，总难免会有一些人员存在这样或那样的问题，如有的悲观退缩，有的缺乏干劲，有的容易自满，有的强销强售等。

对于这些销售人员，销售经理应该深入研究这些问题产生的原因，对症下药，分别加以引导。下面针对不同类型的问题成员提出一些引导方法以供参考：

（1）如何引导恐惧退缩性销售人员。其办法是：训练其产品知识与销售技巧，初期可采用陪同销售的训练方式，既要肯定他的长处，也要指出其问题所在，并提供解决办法；帮助他建立信心，战胜恐惧，突破心理障碍，使其从容行事，由易到难逐渐进入佳境。

（2）如何引导缺乏干劲型销售人员。其办法有：指出缺乏干劲的弊端；外在激励和内在激励双管齐下；陪同销售并予以辅导；更换业务销售区域；提高业务配额；以增加薪水，提供奖品作为特别挑战；给予短暂休假，调养精神状态。

（3）如何引导虎头蛇尾型销售人员。办法主要有：带动或陪同销售；要求参加销售演练或资料搜集整理；分段式考核；多做心理建设；规定各时段各作业区域的销售目标；此外，可做一些虽然不是很复杂，但需要较长时间才能完工的工作训练，以提高其工作的持久性。

（4）如何引导浪费时间型销售人员。其办法有：晓之以理，告知时间就是金钱，效率就是生命；指导和帮助他制定拜访客户的时间表及路线，分析拜访客户的次数及对客户解说的最低时间；严格要求，要求制订工作时间分配计划书。

（5）如何引导强迫推销型人员。方法有：指出强迫销售的弊端及渐进式方法的好处；加强服务观念的教育，教授更多的推销技巧；改变只记佣金的计酬方式，开展多项目多层次的竞赛。

（6）如何引导惹是生非的销售人员。办法主要有：指出谣言对个体及团体的危害；追查谣言的起源及用意，孤立造谣者，并予以教育；尽量避免无心的玩笑。

（7）如何引导骄傲自满型销售人员。主要方法有：告知山外有山，天外有天，强中更有强中手，不可学井底之蛙；同时提高销售配额，健全管理制度；肯定其成绩，多劳多得；不搞特殊化。

（8）如何引导怨愤不平的销售人员。主要方法有：给予劝导及安抚，将心比心；引导他多参加团体活动并充分发表意见；用事实说话，销售业绩上比高低，使其心悦诚服；检查公司制度有无不合理之处，有则改之；如完全是成员无理取闹，则必须予以制止，尽量化冲突为理解；若情况非常严重，到了无法容忍的地步，即给予解聘。

（二）引导拔尖销售人员的方式

拔尖销售员一般都有特长，善于处理客户关系，精通推销技巧，能取得优异的业绩。他们有共同的倾向和特性，他们通常看重自己的成绩，希望受到表扬和肯定，很注重自己的形象，并希望得到他人的认可，热衷于影响他人；他们一般有充沛的精力，会不断迎接新的挑战，去创造新的销售纪录。对他们的优点，销售经理应该给予肯定，以进一步地激发他们的工作积极性。主要的方法有：给予尊重，树立其形象，让他们感觉到一定的成就感；同时，还要给他们提出新的挑战，激发他们的活力；另外还要优化他们的工作环境，可以的话，给予一定的授权激励。

然而，拔尖销售人员有时也有自己的缺点，主要表现在对团队团结的影响。他们可能好斗和傲慢，而这对于其他的销售人员来说，有时是无法忍受的，于是在团队中，经常会出现战火不断的局面。对于他们的缺点，应该从整个销售团队的效率出发，不可只是因为他们的销售业绩不错，而对这些现象采取姑息的态度，如果撒手不管，可能会带来灾难性的后果。因为设立双重标准会让那些遵守规则的人士受挫。那么，销售团队中其他人的业绩就会下降。当然，唯一的选择是决不容许任何违规行为，解聘那些不愿或不能遵守规则的人。当一个销售业绩拔尖而行为特别恶劣的销售代表离开之后，销售团队的生产率反而提高了。“一个具有破坏性的销售人员会使其他许多人的士气受挫”。当然，如果销售经理能够通过沟通的方法，使拔尖销售人员对其建立信任感，然后向整个团队提供润滑剂，协调好团队的气氛，那就是最好的了。

总之，在引导拔尖销售人员的时候，应该客观的评价他们，肯定其优点，但同时也必须规范整个管理制度，根据制度去协调其中的一些不和谐的元素。

（三）引导老化性销售人员的方法

所谓老化性销售人员，是指销售队伍中出现的心态老化成员。他们的销售热情不足，工作懒散，拜访客户次数减少，提供业务报表、报告常常拖延，提不出有价值的东西，对新事物反应迟钝，业绩下滑等。老化问题一般是由于销售人员在同一个工作岗位长时间没有获得提升或激励所致。我国销售人员占人口的比例不高，销售人员老化的现象还不是很严重，因此，部分销售经理对销售人员老化的问题并不太重视，但我们应该未雨绸缪，加强对销售人员老化现象的防治。

1. 销售人员老化的迹象

要防止销售人员老化的现象，必须尽早发现老化现象。销售人员老化的现象主要有：常常忘记或延误提交业务报表、报告；报表、报告内容不完整或缺乏深度；业绩持平或大幅度下降；拜访客户次数减少，甚至拜访新客户的数目也在减少，如有的经理发现同一客户的名字每周都出现在拜访表上；；没有创新意识；不修边幅，客户抱怨增加；计划准备不周；经常对公司、产品、后勤、其他同事等进行抱怨，甚至对客户也有抱怨等。

2. 销售经理如何防治老化现象

任何一支销售队伍在任何时候都有可能由于某种原因而出现老化现象，关键在于注意预防和及时治理老化问题。有些销售经理对销售人员的老化现象没有任何改善措施，甚至毫无办法；而有些销售经理则一味用提高佣金或薪水的办法来激励队伍士气，虽然可收到短期的效果，但长此下去可能会带来更多的问题。那么应该怎样做呢？

首先，应该考虑给予销售人员以新的工作或任务使之具有挑战性与刺激性，创造竞争力的动力。可以允许销售人员在公司内部调换工作，激发他们新的活力。其次，给予必要的培训和精神激励，帮助他们提高销售技巧，增强他们对公司以及本人的信心，不断地给予刺激，提高他们的士气。再次，提倡团队精神，在企业的长期战略及目标上多与销售人员沟通，定期的就销售任务的分配、销售进展情况以及销售成果进行研讨，激发他们的参与感。最后，还可以有针对性地按照期望效价理论帮助老化的销售人员制定未来事业的发展规划，帮助他们根据企业目标来制定个人发展目标，注意规划要有一定的挑战性和可行性。

第五节　销售人员的业绩评估

销售人员的业绩评估是销售管理的一个重要环节，通过考评可以对员工的工作进行评价，同时考评也是给予销售人员报酬和提升的依据。销售人员的业绩评估应该从客观和主观两个方面进行，客观地评估是对销售工作进行评估，即职务评估，而主管的评估是对销售人员的职能条件进行评估。本小节内容将对业绩评估的作用和方法以及内容进行探讨。

一、业绩评估的作用

销售经理对销售人员进行管理的基本内容之一，就是对销售人员进行考评。考评是对管理计划的有效性及执行的质量进行评价，以便管理者能够及时采取必要的行动，使管理更丰富有效，保证企业销售目标的完成。考评在销售管理过程中的作用，具体来说表现在以下几个方面：

（一）考评是完成销售目标的有力保障

销售目标是销售管理过程的起点。它对销售组织、销售区域设计及销售定额的制定起着指导作用。这些工作完成之后，销售经理开始招聘、配置、培训和激励销售人员，促使他们朝着销售目标方向努力。同时，销售经理还应当定期搜集和整理有关计划执行情况的信息。这样做一方面有利于对计划的不合理的地方进行修改，另一方面则有利于发现实际情况与计划的差异，以便找出原因并寻求对策。可见，有效的考评方案如同指南针，它能有效地保证销售队伍为实现企业的销售目标而努力。

（二）考评是给予公平报酬的依据

科学考核并给予公平的报酬，对激励销售人员有着重要的影响。有效的考评方案可以对销售人员的业绩进行恰如其分的评价，并在评价的基础上给予销售人员相应的报酬或待遇，避免产生不公平，激励销售人员继续努力。

（三）考评是发现销售人才的有效手段

通过考评能够查明销售人员的实际销售能力及运用效果。如果发现他们缺乏某一方面的能力，可以对之进行培训以补充和加强这方面的能力；如果发现他们在某方面的能力没有得到充分的发挥，可以给予其更具有挑战性的任务，为他们提供展示才华的机会。另外，一个具有敏锐判断力的销售经理，通过考评手段也可能会发现具有某方面潜能的销售人才，从而采取措施发掘和培养他们。

（四）考评有利于加强对销售活动的管理

在销售管理过程中，销售经理一般每月对销售人员进行一次考评。有了每月的考评，各销售区域的业务活动量会自动增加。因为销售业务员都希望获得较好的考评成绩，同时销售活动的效率也会提高。考评能让销售经理监控销售人员的行动计划，及时发现问题，从而有足够的时间作调整。

二、业绩评估的原则

有效的考评必须遵循的三大原则是：实事求是、重点突出和奖优惩劣。

（一）实事求是

要求考评的标准、数据的记录等建立在客观实际的基础上；在考评中，考评人员对原始数据的把握必须准确，切忌主观片面。对于一些客观的标准，比如销售量、订单数、新开发客户数目等一般都是准确的。然而，对于一些主观的标准，比如对销售态度、沟通技巧等，本身就有一定的评估难度，有的很难给予准确的定义和描述。再加上销售经理的个性以及其不同的价值取向，往往难以准确地对这些标准进行评估。因此，为了避免评估的失效，将考评做到尽可能的客观公正，强调实事求是是非常重要的。

（二）重点突出

应依据80/20原则，以影响销售利润和效率的指标为主，其他指标为辅，对销售工作进行考评。有许多的标准和指标可以利用，然而，并不是每个指标都是同等重要的，如果指标过多，会使考评工作耗费大量的时间和精力，并且也容易出现众多的指标将个别重要的指标掩盖，使之无法突出，导致“只见森林，不见树木”的现象。这样就会对业绩评估起到削弱作用，甚至会出现误导现象。因此，考评的标准不宜过多，同时在这些标准中，也应该给予不同的权重。

（三）奖优罚劣

奖优罚劣是指根据考评结果给予赏罚分明的奖惩，以激励销售队伍的士气。业绩考评工作一个重要的目的就是对销售人员进行奖惩，无论是从报酬角度去看，还是从激励角度去看，考评就是给激励提供标准，如果奖惩不分明，那么一切考评就是假的，不但不会起到应有的作用，反而会使销售人员的积极性受到挫折。

三、业绩评估的标准

销售人员个人业绩评估的标准包括定量标准和定性标准。一般来说，定量考评的标准能够最有效地用于考评销售人员的业绩，定性考评标准则主要用于考评销售人员主要的工作能力。在评估定性考评标准时，应当注意把考核者的个人偏见和主观性减少到最低程度。常用的考评标准如表 9.1 所示。

表 9.1　　销售人员定量和定性考评标准表

定量标准	定性标准
（1）销售量 增长百分比 市场份额 所得定额 （2）平均每日访问次数 （3）新顾客数量 （4）毛利 产品 顾客 订单大小 （5）销售成本与销售额的比率 （6）销售订单数 日订单数 订单数与销售访问次数的比率 （7）访问费用 （8）销售目标达成率	（1）销售技巧 发现卖点 产品知识 倾听技巧 获得参与 克服异议 达成交易 （2）辖区管理 计划 利用 记录 顾客服务 信息搜集 售后跟踪 （3）个人特点 态度 沟通能力 人际关系 团队精神 外貌 动机 自我管理 自我提高

下面将介绍表 9.1 中一些比较重要的指标的作用：

（一）定量标准

定量标准主要有以下几个：

1. 订单指标

订单指标包括订单数量、订单的平均规模、取消的订单数量 3 个指标。通常可以用销售人员所获得的订单数来评估其开展销售活动的能力。销售人员不仅要选择恰当的时机与顾客接近，而且还要说服顾客购买产品。所以订单数目的多少可以反映销售成功与否。还有，订单的平均规模也很重要，如果每份订单的规模都比较少，说明销售人员可能时间管理不合理，将大量时间用于访问小顾客上，而忽视了对大主顾多下工夫。此外，取消的订单数量可用来衡量销售人员的有效性，如果一个销售人员的订单有很多被取消，则意味着他在进行销售过程中可能过多的采用了强制性的战术，使客户在事后感到后悔而取消订单。

2. 客户指标

客户指标包括现有的客户数、新客户数、流失的客户数、逾期不付款的客户数、预期的潜在客户数等。客户指标可以用来反映销售人员驾驭自己的销售区域的能力，其中，“现有的客户数目”和“新客户数目”这两个指标用得比较多。“现有客户数”反映了销售人员已控制的市场宽度；“新客户数”反映了销售人员开发新市场的力度和成效。多数企业还会要求销售人员依据“漏斗理论”来制订开发新客户的计划，并对此给予必要的支持。“流失的客户数”可以在一定程度上反映销售人员对客户的服务质量，如果客户的满意度高，一般而言，流失的客户应该会少。当然，如果因为企业的产品无法满足客户的新需要而导致客户流失则另当别论。“逾期不付款的客户数”可以反映销售人员对客户信用考察的效果，部分反映销售人员工作的细致程度和责任心的强弱。“预期的潜在客户数”可以反映销售人员对潜在客户的判断能力的高低。

3. 销售访问指标

销售访问指标包括访问次数、计划内访问数、计划外访问数等。企业在设计销售区域时，需要考虑的众多因素之一就是对各种不同等级的客户的访问次数，这也正是销售访问次数作为考评个人成绩指标的原因所在。“访问次数”从一定程度上可以反映销售人员对客户的了解和掌握的程度，“计划内访问次数”多，则意味着销售人员对其所在销售区域管理得较好；而“计划外访问次数”反映的结论正好相反。

4. 销售费用

销售工作的费用支出也是一个很重要的指标，许多企业对销售费用都有详细的记录。有的还将销售费用细分为各种类型，如交通费、住宿费、招待费等。企业既可以根据这些费用的总额来进行考评，也可以根据费用占其完成的销售额的百分比来进行考评。

5. 工作时间和时间分配

因为工作时间和时间分配这两个指标能够直接用来考评销售人员与客户联系的程度，所以在许多企业，工作的天数以及每天访问的次数，已经成为评价销售人员工作努力程度的例行指标。通过对销售人员的工作时间以及其时间上的分配，可以判断该销售人员的工作效率。比如，有多少时间花在销售访问上，有多少时间花在旅行上，有多少时间花在办公事务性的事情处理上等。

6. 一些比率指标

以上的一些考评标准有时还不能很清晰地看出销售人员的业绩情况，有时还需要对一些指标做一些比较，一般通过比率的关系进行比较。通常的比率指标有费用比率、客户开发与服务比率、访问比率等。表 9.2 归纳了考评销售人员个人业绩的常用比率指标。

表9.2　　销售人员业绩考评常用的比率指标表

1. 费用比率
（1）销售费用比率＝费用/销售额
（2）每次访问的平均费用＝费用/访问次数
2. 客户开发与服务比率
（1）客户渗透率＝购货客户数目/所有潜在客户数目
（2）新客户转化率＝新客户/客户总数
（3）流失客户比率＝未购买的老客户/客户总数
（4）订单平均规模＝销售额/订单总数
（5）订单取消比率＝被取消订单数/订单总数
（6）客户平均销售比率＝销售额/客户总数
（7）市场开拓率＝新成交的用户数/新用户访问的次数
3. 访问比率
（1）每天访问次数＝访问次数/工作天数
（2）客户评价访问次数＝访问次数/客户总数
（3）访问成交率＝业务成交次数/访问次数
4. 货款回收比率
（1）货款回收率＝已收到货款额/应收货款额
（2）货款回收效率＝已收到货款笔数/应收货款尾数
（3）现金回收率＝回收现金总额/销售总额

（二）定性标准

定性标准的考评比定量标准的考评难度大得多。这是因为，定量的指标一旦确立，很少受到个人偏好的影响，所得出的结论与实际情况也相符。而定性标准往往是无论其考评设计得多完美，仍然避免不了会受到个人偏见的影响。

具体来说，销售业绩评估的定性标准有：

（1）个人特点。比如工作态度、个人能力、个性等。

（2）业务知识。如推销技巧、产品知识、企业政策等。

（3）销售区域管理。包括销售访问计划、费用控制、销售文件记录和处理等。

（4）客户与企业关系。包括对与客户、与企业客户关系的处理等。

不同企业、不同考评目的的主观考评对以上几项内容的侧重点会有不同。比如说，在作出解雇或补偿决定时，企业会比较注重销售成果；而在作出调动或升迁决定时，业务知识和客户关系更为重要。

四、业绩评估的方法

对于销售业绩的评估方法有很多，这里介绍定性标准的评估方法和销售效率雷达图分析法。

（一）定性标准的评估方法

定性标准的评估方法常用的有评分法、图标尺度法和BARS法。

1. 评分法

评分法就是考核人员对销售人员的销售行为进行打分，分值也是百分制。表 9.3 就是某公司对其销售人员的评估。

表 9.3 某公司销售人员的考核评分情况表

评价标准	分数（百分制）
销售态度	90
产品知识	89
推销技巧	85
外表与风度	82
沟通技巧	81
进取心	80
计划能力	78
时间管理	73
竞争知识	72
判断能力	69
创造能力	61
公司政策了解程度	59
销售报告的准备和递交	59
顾客购买意愿	50
受到交易者和竞争者尊敬的程度	34
好市民	23

2. 图标尺度法

图标尺度法是指用图表尺度来衡量销售人员的销售行为。如在衡量销售人员的时间管理能力时可采用图表所示图标尺度。销售人员的其他销售行为均可采用此方法。

评分法和图标尺度法均受到考评人员主观因素的影响。而行为锚尺度系统（Behaviorally Anchored Rating Scale，BARS）法可以比较好的解决这一问题。

3. BARS 法

BARS 法是指以行为作为基础的分级法。BARS 系统以行为为评价尺度，评价尺度上的每一个判断点，都可以由与工作有关的具体实际行为来说明。

BARS 体系认为各种影响销售业绩的因素其影响力是不同的，考评的关键就是找出其主要影响因素。BARS 体系的逻辑是：首先确定那些对销售成功起关键作用的行为；然后，恰当地描述这些行为，并给予一个分值（0 ~ 10）；在此基础上再对销售业绩进行考评。整个考评过程一般应包括如下步骤：

（1）由第一组专家确定销售业绩有哪些表现形式；

（2）由第二组专家回忆以前的好与坏的典型业绩实例，并详细分析原因，确定哪些行为是决定业绩好坏的关键行为；

（3）由第三组专家（或原来的第一组专家）将各种关键行为与相应的业绩表现联系起来。并根据业绩表现的有效性大小给予评分（1 ~ 10），作为评价尺度；

（4）用这一评价尺度来评价现实行为。

BARS 考评体系也存在不足之处，最严重的缺陷在于：作为评价尺度的行为取决于工作的特殊性质，只有在评价从事相似工作的销售人员的业绩时才有效；另外，开发 BARS 体系的成本较高，如果带来的好处不能弥补成本，开发一个精确的 BARS 体系是不经济的。

总而言之，主管考评方法随着信息技术的发展、决策支持系统以及专家支持系统的开发和普及，已经越来越趋于客观化，并且公正性也在不断增强。但是，个人偏见仍然是无法完全避免的，只有对考评人员不断进行规范化训练，才能减少偏见。

以上讲的是定性标准的一些方法，下面介绍一种综合的业绩考评方法，即销售效率雷达图分析法。

（二）销售效率雷达图分析法

销售效率雷达图分析法是指利用坐标图来直观分析销售人员销售能力的一种方法。它既可以作为销售经理管理下属的工具，也可以用做销售人员自我分析与诊断的手段。这种方法的具体指标有“每日平均访问次数”、“每次访问的平均订货额”、“现金回收率”、“账款回收率”、“每次访问平均费用”、“每次访问的平均销售额”、“毛利目标达成率”“销售目标达成率”8 个指标。

2. 销售效率雷达图的绘制方法

具体绘制方法如下：

（1）销售雷达图由 5 个同心圆、8 条放射线构成。同心圆由外而内顺序表示“很好”、好、普通、不好、很不好。

（2）在 8 条射线处，写下公司的评估指标，例如销售目标达成率、现金回收率等。评估指标为前述 8 个，也可以根据公司实际采用其他指标。

（3）空白的销售效率雷达图画好后，设定各种评估目标值。这些值可以根据企业以往的经验确定，用蓝色笔在图上标出。

（4）再用红色笔标出销售人员各项指标的实际数值。

（5）通过红、蓝两色数值位置之间的差距，可看出业务员的业绩优劣。

3. 销售效率雷达分析法的程序

（1）手机销售人员的信息。销售效率雷达图分析法的数据来源于销售人员的各种相关信息，如销售月报表、销售日报表。为此，销售经理应建立销售人员信息搜集系统。从各种渠道获得销售人员的信息，其中最重要的渠道是通过销售人员提供的各种报表获取信息。销售报表包括两类：销售活动结果报告和销售行动计划表。其他渠道有个人观察、销售会议、客户的信函和投诉，消费者调查以及其他同事的谈话。在搜集销售人员的信息过程中，切记信息的失真，尤为重要的是，必须强调销售人员认真填写销售日报表和销售效率月报表。

（2）计算销售效率数据。在搜集到销售人员的原始数据以后，就可以根据上述 8 个指标，按以下计算方法来计算销售效率数据。假设某销售人员的具体销售数据已知，则可进行下列计算：

①每日平均访问次数 = 访问总数/工作日数 = 180 ÷ 24 = 7.5（次/日）

②每户平均订货额 = 订货总额/订货客户数 = 7 700 000 ÷ 43 = 179 070（元/户）

③现金回收率 =（现金总额 ÷ 销售总额）× 100% =（5 250 000 ÷ 7 700 000）× 100% = 68.2%

④账款回收率 =（账款回收额 ÷ 账款总额）× 100% =（2 450 000 ÷ 2 450 000）× 100% = 100%

⑤每次访问平均费用 = 访问总费用/访问总次数 = 103 500 ÷ 180 元 = 575（元/次）

⑥每次访问的平均销售额 = 销售总额/访问次数 = 7 700 000 ÷ 180 = 42 780（元/次）

⑦销售目标达成率 =（销售总额 ÷ 销售目标）× 100% =（2 922 500 ÷ 2 062 500）× 100% = 141.7%

⑧毛利目标达成率 =（毛利额 ÷ 毛利目标）× 100% =（7 700 500 ÷ 6 875 000）× 100% = 112%

（3）销售效率的分析

在计算出销售效率数据后，将这些数据填入销售效率雷达图中，销售经理可以对该销售员的业绩作出如下评估：销售目标达成率与毛利目标达成率相当好，现金回收、账款回收都很理想；平均每日访问次数为7.5，比团队平均值（8次/日）稍微低一点；毛利目标达成率却相当好，显示该销售员的销售有诀窍，平均每次访问费用高于团队平均值，对此销售经理要进一步了解内情。

销售经理可用一张全新的销售效率雷达图，将下属各个销售员的业绩陆续加以填写，然后相互进行比较，就可以了解每一个销售人员的优缺点，督促销售员加以改善。

章末案例或相关衔接

如何合理激励销售人员？

某电子产品企业的销售部门按行政区划将全国划分成不同的销售区域，每年年初向销售区域总经理下达其所辖销售区的年度销售计划。销售区奖金总额根据该销售区的年度销售总额的一定比例提取。每个业务人员的奖金也与其所负责区域的销售额挂钩。如果销售区完不成销售计划，无论什么原因，销售区所有人员的奖金都会受到很大影响。为了提高自己的销售量，业务人员在向批发商推销产品的时候，往往向客户承诺一些难以实现的优惠条件，比如批发商进货达到一定量时给予高额返利，向批发商或者专卖店提供进行统一形象装修的补贴等。同时，为了扩大自己的销售额，除了开拓自己负责的区域以外，许多销售区还向相邻销售区的经销商以优惠条件批发产品，以至于最后各销售区之间互相抢占对方地盘。

刚开始时，这种做法的确提高了企业的销售额，企业也因此在一些地方的市场占有率得以大幅度提高，销售区经理和业务人员的奖金收入在业内达到了中高水平。但是两三年以后，这种做法的弊端就开始暴露出来。首先是许多经销商发现该企业的业务人员不守信用，令他们蒙受了很大损失，纷纷停止从这家企业进货；另一方面，由于各销售区之间互相冲货的不良竞争愈演愈烈，严重影响了企业的整体市场策略。最后，企业的整体销售业绩开始下滑。

很明显，这家企业在销售人员的激励政策上出现了问题，它单纯地将销量与收入挂钩，当然容易产生一些销售人员的短期投机行为，这种单一方式除了有刺激销售人员的窜货、歪曲政策冲销量的弊端外，还有哪些弊端呢？比如说对新老员工积极性的调动，对新旧产品的市场推广等。虽然单一的销量激励弊端重重，但无可否认，销量仍是衡量销售人员业绩的最主要的指标，销售政策的制定不当固然是销售人员违规操作的一大诱因，然而很多时候，规避销售人员的违规，企业也可采用一些其他的举措。

（资料来源：《赢周刊》）

复习思考题

1. 销售人员的招聘标准主要有哪些？销售人员到底应具有哪些 方面的素质？

2. 招聘销售人员的数量的确定方法有哪些方面？

3. 为什么要对销售员进行训练？为什么要对销售员进行培训？培训销售员要达到的目标是什么？

4. 销售报酬应包括哪几个部分？销售报酬的作用有哪些？确定销售报酬制度应考虑的因素是什么？

5. 销售经理应怎样做一个贴心的经理？

6. 销售人员的业绩评估的作用和方法以及内容分别是什么？

第十章　销售经理的塑造

第一节　销售经理的主要职责

一、销售经理的基本素质与能力

身为销售经理，你应具有什么样的素质内涵，使你更能胜任工作？你应具有何种能力才能迎合更高的市场要求？你应具有何种涵养，来管理好部属？这些都将对你构成挑战。如果你相对的符合条件，并接受了市场的考验，就是一名合格的销售经理。

经理必须发挥领导才能，这种领导才能是各种条件的总和。下面介绍销售经理所应具备的基本素质和能力，作为管理者的销售经理应当努力在这些条件下进行强化和磨炼。

（1）统帅力。如不能完全掌握及统帅部属，其管理就没有存在的意义。

（2）责任感。销售工作是一项有风险的事业，你必须对事业具有强烈的责任感。

（3）诚实。销售工作来不得半点虚假，需要的是诚恳的态度和踏实的作风。

（4）指导力。销售经理本身即使很优秀，如不能指导、栽培部属，也不能成事。

（5）洞察力。销售经理善于洞察各类事项的本质，才能做出正确的判断，并有助于制定成功的策略。

（6）创造力。工作中能够不断提出新的想法、措施和工作方法。

（7）思维决策力。依据事实而非主观想象进行决策，能在几个方案中选择一个最佳的方案。

（8）规划力。对事物进行计划并制定实施步骤的能力，以及调研能力与组织能力。

（9）应变力。能够预测可能遇到的市场情况，并对此做出正确的判断，使公司顺利适应各种变化。

（10）交际力。销售经理作为公司形象的代言人，需要具备交流方面的技能。

（11）企划力。制定各种策略和规划战术的能力。

（12）整合力。将各种资源合理组织起来并成功运用的能力。

（13）意志力。如果意志力薄弱，是没有资格做领导者的，因为有许多事情需要销售经理亲自决定。

（14）个人吸引力。最低限度不要让他人对自己生厌，能获得不熟的人的好感或尊敬。

二、销售经理的主要职责

从管理的角度来说，销售经理是一个管理者，他（她）的职责就是对销售队伍进行规划、组织、指挥和控制。销售经理主要是通过管理销售队伍来完成销售任务的。具体来看，销售经理的工作职责主要有以下方面：

（一）正确地进行市场分析

（1）市场预测；
（2）销售效率分析；
（3）倾向变动分析；
（4）季节变动分析；
（5）相关关系分析；
（6）市场占有率调查；
（7）购买动机调查；
（8）败因分析；
（9）竞争者分析。

（二）合理地设定销售目标

（1）利益计划；
（2）产品组合；
（3）市场占有率目标；
（4）基本销售目标；
（5）销售价格政策；
（6）销售组合；
（7）季节变动对策；
（8）循环变动对策；
（9）各期销售目标；
（10）销售比例。

（三）决定销售策略

（1）商品战略；
（2）销售渠道战略；
（3）物品的流通；
（4）市场细分化策略；
（5）人员的销售促进战略；
（6）机构的销售促进战略；
（7）广告战略；
（8）支援经销商活动；
（9）地区市场战略。

（四）确定战术，采取行动

（1）战术的独创性；
（2）败因活用法；
（3）产品诉怨分析；
（4）门市广告；
（5）潜在客户整理法；
（6）诱客战术；
（7）个案处理；
（8）推销活动；
（9）推销信用；
（10）销售前及售后服务。

（五）善用推销员的能力

（1）商品知识；
（2）购买心理研究；
（3）商谈的促进方法；
（4）结束谈话法；
（5）试行成交；
（6）应付反对的说法；
（7）商谈缔结；
（8）诉怨处理法；
（9）顾客分类法；
（10）角色扮演分类法。

（六）引发推销员的斗志

（1）适当检查；
（2）适当配置；
（3）时间的管理；
（4）能力评价；
（5）业绩评价；
（6）薪金给付；
（7）上级领导协调；
（8）同行协助销售；
（9）销售术；
（10）销售竞赛。

（七）管理销售活动

（1）销售组织的适当规模；
（2）职务分配；

(3) 内部沟通;
(4) 销售人员考核与激励;
(5) 销售事务;
(6) 销售统计;
(7) 差异分析;
(8) 传票设计;
(9) 职务分析;
(10) 工作量测定。

(八) 利益计划与资金管理

(1) 目标利益的设定;
(2) 成本降低目标;
(3) 利益管理;
(4) 资金调度表;
(5) 经营分析;
(6) 预算控制;
(7) 差异分析;
(8) 信用调查;
(9) 赊账管理;
(10) 回收活动管理。

三、地区销售经理的主要职责

地区销售经理是一个地区的最高销售主管,直接接受销售经理的领导并对其负责。他在指导和管理区域内销售工作的同时,协助市场部做好区域内市场的宣传、促销活动。其具体职责如下:

(1) 负责区域内销售目标、促销目标的完成或超额完成及货款回笼。区域销售目标是公司目标的重要组成部分,实现区域销售目标是地区销售经理重要的职责。

(2) 负责管理所辖区分销渠道,按公司综测建立区域销售的分销网络,加强日常服务及资信管理。

(3) 制订并实施该地区年度、月度销售计划、费用预算和货款回笼计划,并公平制定和下达区域内各销售代表的目标,制订促销计划。

(4) 指导区域销售代表开展业务工作,促使其汇报并与之讨论确定工作计划。

(5) 选择并管理区域内分销商,定期和非定期进行客户访问、调查并督促销售代表执行销售计划与处理区域分销商的关系。

(6) 负责对区域内地区销售代表的业务能力和资信进行考核,并对区域销售代表进行指导并有调配权和辞退权。

(7) 定期协同市场专员访问重要零售商及批发客户,保证主要销售任务的完成,并讨论制订促销计划。

（8）负责向销售经理提出区域组织系统管理、发展的建议，并提供区域市场现状信息，对其作出准确的、科学的方向性决策当好参谋。

（9）负责本地区订货、出货、换货、退货信息的搜集，促进公司的产品改进、质量提高以及为确定某类产品的生产数量提供信息。

（10）负责管理并控制区域内各项预算及费用的使用，负责审查区域内销售代表、售货员、促销员的费用报销，指导其以最经济的方式运作，力争以最少的销售成本实现最大的经济利益。

（11）协助处理呆账、坏账、调价、报损等事宜。

（12）负责完成部门经理分配的其他工作。公司的职能部门是销售活动顺利进行的重要帮手，但他们工作的开展需要区域经理提供市场销售资料，区域销售经理有做好这些工作的义务。

第二节　销售经理成功的要素

一、销售经理成功的主要要素

（一）正确地把握市场

销售经理应当做到对需求预测、销售效率分析、去向变动分析、季节变动分析、相关关系分析、市场占有率分析、购买动机分析、竞争者分析等驾轻就熟。

（二）能对工作业绩提出保证

很多公司的销售经理有权利要求获得自己的薪水，尤其是美国，他们用实力去保证业绩，也用这项保证去要求获得自己的报酬。他们认为销售经理必须自己宣布自己的目标，自己对这个目标负起责任，并争取获得相应的报酬。

（三）能根据事实做判断

销售经理对员工作出判断，不应是听员工说了什么，而应是看员工做了什么。如果部下提交的报告是“大概……”之类的词语，一定要确定一下事情的究竟，绝不能让这类模棱两可、语气暧昧的报告去左右判断。

（四）有良好的人际关系

在某种程度上说，一个销售经理能否在社会上立足，不仅是看他能做什么，而更重要的是看他有多少朋友。良好的人际关系可以表现出一个人的社会活动能力。

（五）能简化各种复杂问题

一个成功的销售经理应该能够把握重点，解决疑难，却又让遇到困难的人觉得事情原来是这么简单。

（六）建立相应的工作规范

销售部的工作是一项很系统的工程，各个环节都紧密相连，所以，应该让所有的工作都标准化，以使员工有章可循，减少工作混乱。

（七）能设身处地了解员工

对部下真正的工作情况不了解的销售经理是不合格的。在制订一个工作计划时，如果对各部分工作完成的难度和所需条件不了解，则很难保证计划的实施效果。

（八）善于自我激励

许多人都有这种错觉，认为成功一定是被某种激励后所产生的一种行动。其实不然，强烈的动机往往是在行动之后才激发出来的。请记住："赢家不等待感觉，他可以用行动去创造感觉。"

（九）要赢得大家的支持

玩弄权术所造成的成功只是暂时的，一个销售经理要争取真正的支持者，如同事、上级以及更重要的部下的支持。而这些人是否真正支持你，则完全看你待人的态度。

（十）具有恒心与毅力

通往销售经理的成功之路，充满着无数坎坷和陷阱，最后的输赢往往取决于你的恒心和毅力。坚定的信心和顽强的毅力能让你不断披荆斩棘而终获全胜。然而恒心和毅力意味着不断的牺牲，这种付出能使一个平凡的人成为不平凡的人。"愚公移山"便是证明。

（十一）促进销售，创造利益

销售经理应该站在顾客的立场，把顾客的一切需要都考虑到，并提供顾客所需要的服务。换句话说，只有做到系统化营销，才可能创造更大的利润。

（十二）总结过去成功的经验，把成功的秘诀告诉部属

虽然失败的分析有时是必要的，但过分介意过去的失败会打击自己的自信心，影响目前工作的开展。销售经理不妨多分析过去的成功，并记着把总结的经验写下来，交给自己的部下。

（十三）能够正确对待失败

失败并不可怕，关键在于失败后怎么做。俗话说："失败是成功之母。"但应切记的是：失败并非一定是成功之母，两者之间并没有必然的逻辑关系。

作为销售经理，工作中不可能没有失败，关键还在于如何化失败为动力，下面有几种方法：

（1）诚恳而客观地审视周围的形势，不要事事归咎于别人，而应多反省自己；

（2）分析失败的过程和原因，拟订计划，采取必要的措施，以求改正；

（3）再重新尝试之前，试想自己圆满完成工作的情景。

（十四）具体写下今后几年的目标

一个人不懂得争取的话，成功不会凭空而来。销售经理应该将自己的目标具体化（可能的话，应该使用数字）。如在一年内、两年内、五年内所要达到的工作业绩。此

外还应清楚地列出对自己的财力、地位、知名度、交友范围以及其他有关自己所要求的目标，每年朝着那个目标全力以赴地去奋斗。

二、销售经理自我检测

如何衡量自己是否是一名合格的销售经理呢？下面列出了7组供测试的问题，你可以通过对这些问题的回答（是肯定，还是否定）来进行自我检测。

（一）第一组

（1）是否不知道自己的产品的市场占有率，而做不出需要预测呢？

（2）是否不知道自己的产品的季节变动因素，而使生产计划变得混乱？

（3）是否抓不住市场实态，而用强迫推销的方法去销售呢？

（4）是否对过去的败因分析不够，而重复着过去的失败呢？

以上4个问题若选择“是”占多数或全部选择“是”说明不能把握市场。

（二）第二组

（1）没有适当的销售目标，随意分配销售比率？

（2）对于销售目标，没有赋予销售员充分的推销动力？

（3）没有适当的利润，卖得越多越赔钱？

（4）每个月的营业额是否过分不规则？

以上4个问题若选择“是”占多数或全部选择“是”，说明销售目标有错误。

（三）第三组

（1）营业额增加很少，患了慢性营养不良症？

（2）销售促进活动虽然花了很多钱，却一点也看不出效果？

（3）销售促进的构想已经枯竭了吗？

（4）不知如何选择用量少的流通成本，去促进物品和服务流通的营销渠道吗？

（5）广告费花了很多，广告效果却一点也看不出来？

以上5个问题若选择“是”占多数或全部选择“是”说明销售战略错误。

（四）第四组

（1）对每一种商品的特性了解不够，不知如何去访问推销，以致业绩差。

（2）尚未想出应对顾客反对意见的话语。

（3）是否有太多推销能力低的销售员？

（4）对购买心理的研究是否不足？

（5）为顾客的诉怨和不满的处理而过度忙碌吗？

（6）推销员为没有商谈能力而苦恼吗？

以上6个问题若回答“是”占多数或全部选择“是”，说明销售人员的能力不足与缺乏。

（五）第五组

（1）销售部门士气低落，推销员倦怠吗？

(2) 人员的流动率过高吗?
(3) 选用的推销员适当吗?
(4) 人事配置适得其所吗?
(5) 有些推销员为人际关系而苦恼吗?

以上5个问题若大部分选择“是”占多数或全部选择“是”，说明推销员斗志不足。

(六) 第六组

(1) 销售部门与生产部门的协调是否不佳? 会议是否占有太多的时间?
(2) 是否对推销员管理不善? 是否不做日报表? 推销员一出门就把事情搞砸。
(3) 上司想要教育下属，下属又想改变上司，以致双方相互牵制，“同床异梦”?
(4) 销售业务过于复杂，以致计算困难，情报渠道不畅?
(5) 组织内部派系斗争激烈，上下左右缺乏信赖感，以致人人自危。

如果以上5个问题回答“是”占多数或全部选择“是”，说明销售活动管理有误。

(七) 第七组

(1) 货款回收困难，呆账过多吗?
(2) 赊账管理与资金管理不能一目了然。
(3) 每个推销员的销售效率没有被计算出来吗?
(4) 预定目标与实际业绩从不做比较吗?

如果以上4个问题回答“是”占多数或全部选择“是”，那么数字管理有问题。

第三节　销售经理管理部属的技巧

一、销售人员的激励

激励部属士气是衡量销售主管能力的条件之一。激励销售人员的方法多种多样，主要有目标激励、竞赛激励、荣誉激励等。该部分的具体论述可参考第九章的第四节。

二、授权

所谓授权就是指上级授给下属一定的权力，是下属在一定的监督之下，有相当的自主权和行动权。在销售工作中也经常使用授权这种方式，这可以从以下两个方面去理解授权的含义。

(一) 为何要逐级授权

对于一个销售经理来说，其能力、精力和时间都是有限度的，现代心理学研究证明：对于大多数人来说，同时思考两个以上问题时，思维效率大大降低。而销售经理的日常工作千头万绪，往往要处理大量繁杂的问题，当然这其中也有一些相对简单而且不那么重要的。在这种时候，销售经理就应该考虑授权，将一些简单的日常问题交由下属处理并授权处理这些问题所需的权利，这样可以大大地提高工作效率，让销售经理能有更多的精力和时间去处理一些更重要的问题，便于统筹整个销售全局。另一方面，优秀的员工总是强烈要求参与有挑战性的工作，不满足作为“台下观众”的角色被排斥在管理工作之外，上级的授权是对他们能力的肯定和支持，能带给他们相当的责任感和成就感。他们在这种激励下会更加努力地思考和工作，保持一种和谐的团队氛围和高昂的士气。销售经理也将因此获得下属发自内心的尊重，使整个团队在一种人性化的环境中工作。

（二）授权技巧

合理适当授权能收到上述良好的效果，但在授权过程中有些细节问题需要注意，这就要求销售经理具有熟练掌握授权的技巧和原则。首先，选定合适的授权对象。由于不同的下属在家庭背景、受教育程度、社会经历、工作经验以及天赋方面的差异，导致他们在工作能力方面的强弱不同。按照授权的谨慎性原则，销售经理必须对下属的特点、性格、能力方面进行分析，从中选择工作能力强、意志坚强并适合所授权工作的下属，对其进行授权。其次，赋予一件完整的任务并提供完整的相关训练。授权时，授权者必须向被授权者明确所授事项的任务目标及权责范围。一般来说所授的任务通常都是一件完整的任务，这样被授权者更能看清任务的全部，更好地处理任务的各个方面，不会受掣肘。同时，由于被授权者（下属）的工作与所授任务（原属于销售经理）有相异之处，为使其能更好地完成所授任务，销售经理必须对授权者进行完整的相关训练。最后，是所授权工作必须能有利于提升被授权者的专业涵养。授权具有栽培下属的功能，所以，授权的意义不仅仅是完成任务这么简单。从这个角度出发，销售经理对所授权的工作有必要做适当的选择。另外，还必须拟订一套考核方案，这是为评价和控制的需要。根据这套方案，如果被授权的下属不能承担职责时，应及时收回授权。同样，如果下属完成所授权的工作成效卓越，就应给予肯定和表扬甚至奖励，让其具有更强的自信心。

三、领导

销售事业的成败，就是能否实现既定的目标，其关键在于领导。在现代社会背景下，销售事业会受到多种因素作用的影响，销售工作与社会有着千丝万缕的关系，因此，对销售经理的领导方法也提出了更高的要求，同时也决定了销售经理的领导工作在很大程度上必须具有创造性。国际上公认的80/20法则认为销售工作是80%的科学与20%的艺术，富有创造性的领导方法就是这20%的艺术，这是建立在销售经理个人的经验、素养和洞察力的基础上的。要具备这些条件才能灵活地运用各种领导方法和技巧，提高工作的效率，率领和引导销售团队克服前进中的各种障碍，顺利实现预定的目标。那么，怎样才能成为拥有熟练领导技巧的销售经理呢？

（一）因事、因势而变

企业内外的环境时时刻都在变化着，销售团队员工的思想、心态、行为等也因此而时刻变化着。针对不同情况和不同的事情，要注意使用不同的领导方法，因为领导方法的使用随着所针对对象的不同其作用也有差异。这种随机应变的能力是销售经理掌握领导技巧的第一要素。

(二) 了解自己的下属，在工作上做他们的后盾

不了解自己下属的优缺点，不了解自己下属能力的强弱，不了解自己下属对所承担的任务能否胜任，在下属工作出了问题的时候也不能妥善地处理，这样的销售经理就不是一个好领导。要成为一个好领导首先必须了解自己的下属。此外，还要全心全意做下属在工作上的后盾，让其无后顾之忧，他们才可能努力去工作、冒险、创新。

(三) 在适当的时机邀请下属参与决策过程

一个好的领导必须愿意倾听下属的心声与建议，员工在工作中常会遇到一些需要经理帮助解决的事情以及提出许多个人对工作的看法和建议，销售经理就应及时了解这些信息，这不但可以达到检查自己工作成效的目的，而且还可以满足员工的自尊心，进而对其进行有效的领导。此外，在适当的时机还应邀请下属参与决策过程，毕竟他们工作在销售的第一线直接接触市场，对市场的敏感度比较高，对市场需求趋势比较了解，因为往往可以从中获得许多建设性的意见。

(四) 在完成任务、维系团队士气以及满足下属需求之间求得最适当的平衡

在实际工作中往往会出现这样一种情况，就是为了完成任务必须满足下属需求，而下属需求又不是合理的，但不满足其需求又影响团队的士气和任务的完成。这就要求销售经理有非凡的协调能力，在三者之间求得最适当的平衡，这也是领导方法具有艺术性的表现。

四、对销售人员业务活动的指导

业务洽谈是销售活动的重点工作之一，它的成功与否关系到销售年度计划的可实现性。一般来说，业务洽谈的人员是基层的销售人员（关系特别重大的除外），为使业务洽谈能获得成功，销售经理应对销售人员进行必要的相关指导。

实务中，销售经理通过使用“2W1H”对销售人员进行指导。所谓“2W1H”，就是Why，What，How。

Why，即明确这次业务洽谈的目的，你为什么要进行这次业务洽谈？通过这次洽谈你希望达到什么样的效果？明确了这两个问题才能决定整个业务洽谈的进程安排以及谈判底线。

What，即为了这次业务洽谈你应该了解一些什么信息。比方说客户的性格和特征，为了适应其性格，提高自身说服力所应该采用的工作方式或在交流方面做一些针对性的改变，为了了解需求环境与自身竞争优势方面的信息，要准备询问客户哪些问题等。

How，即针对出现的问题，你将采取何种方式去解决问题，有了前面的Why和What，你就得对整个业务洽谈进行预测，预测可能出现的问题与障碍，分析其原因，并为此准备一整套解决方案。

（一）对业务洽谈进程的指导

在业务洽谈中，常常会因为谈判陷入僵局或者因为该次洽谈的重要性而要求销售经理的介入。销售经理介入业务洽谈时必须明确自己介入的目的是什么？是为了重新启动陷入僵局的谈判还是为了通过谈判达成协议，或者是别的什么目的，这是必须要明确的。明确了介入目的有利于销售经理更好地完成具体角色的扮演，如监督、强化关系、优化环境、了解信息等。

（二）事后汇报会议

业务结束后，无论成功与否都要举行事后汇报会议。确保销售人员对整个洽谈情况与细节有充分而客观的认识，成功的总结经验，失败的则吸取教训。通过会议大家加强了交流，可提升销售人员的工作素质，加深了解公司对他们所从事工作的要求。

（三）对于紧急情况处理的指导

在业务洽谈的进程中常会因为某种紧急情况的出现而导致谈判陷入僵局。销售经理在这种情况下就要分析出现问题的原因，并根据具体原因对销售人员处理问题进行必要的指导。如果是产品质量方面的问题，就应立即登门拜访，了解样品使用的情况，研究解决方案；如是服务方面的问题导致谈判破裂，则由销售经理出面与客户交流，明确立即加以改善，表明公司的态度和决心，以求重建关系；如果是竞争对手的因素导致的问题，就该先了解竞争对手的行动，采用更加优惠的条件，重新吸引客户的注意与兴趣。

（四）沟通

沟通，通俗的话就是信息交流，就是指某一信息（或意思）传递给客体，以其取得客体做出相应反映的过程。完整的沟通包括注意、接受、了解、行动四个方面，缺乏任何一环都是不完整的，是无效的沟通。沟通在销售组织中非常重要，销售经理要注意以下几方面的问题：

1. 沟通的障碍

造成沟通障碍可能有很多的原因，但大体可归为人为造成的原因和非人为造成的原因。如上级在下达指标和阐述预定的目标与奖励标准时含糊不清，造成下属理解上的困难，这就要求上级要以诚待人，说话要直截了当，不要拐弯抹角，下达指示要明确；在进行授权时要给予清晰与详尽的解释。非人为原因主要是因为信息量的过大或者沟通渠道不畅所致的。

2. 沟通渠道

有了沟通渠道的畅通，有效沟通才成为可能。销售经理要建立一种良性的双向沟通渠道，并保持这种畅通性，减少非人为因素造成的沟通障碍。

3. 沟通的作用

有效的沟通可以营造出互信互赖的良好的工作气氛，上级愿意倾听员工的心声和栽培下属，在工作上给予下属支持与帮助。同样，下属也能接受上级的指导，不断提升自己的工作业绩。

章末案例或相关衔接

案例：为何管理员工比管理机器难？

身为制造部门的经理，王清源感受到工作中的许多无奈，他认为管人这件事情真的太复杂，太困难了。制造部门有员工300多人，可是大大小小的问题每天都让他很伤神，有时他告诉自己，他宁愿管理300台机器也不愿意管人。制造部门的某些员工，工作心态不是很好，他们认为是为经理、为主管而工作，他们不是为自己的前途及未来而全力以赴。在工作场所中他常感受到员工们与他保持着很远的距离，员工觉得他的存在及职责是为了监视他们的工作。清源是一个有责任心的人，他看到新的工程师在工作上的专业知识亟须加强，他很乐意给他们指导，可是他发现这些年轻工程师并不懂得如何提出问题，他们很被动，似乎已经成为机器人，如果不推动他们就会裹足不前。他告诉自己，应该把这些员工身上的发条上紧，这样他们才有行动力。

大部分的员工缺乏工作主动性。他交代过维修工程师，对于需维修的机器应尽快采取行动，可是当需要使用机器时，工程师却推诿说，不知道需要在这段时间内修好。清源觉得很挫折，为什么这些工程师不会主动关心任务的时效性呢？部门内的大部分工程师是跨出校门不久的年轻人，他们做事常常没有头绪，工作重点局限于“表面文章”，而这些员工又非常计较薪酬待遇，他们在学校中所学到的知识与工作上的要求有很大的差距。大多数的工程师需要告诉他们应该做什么他们才会做好，他们不会主动想到应该做什么，怎么做？对此，王清源觉得很累，很辛苦。

制造部门有几位工程师，他们的专业能力很强，可是不容易与他人合作，他们在独立完成特定的任务时很有能力，一旦与他人合作时就产生许多问题，有些时候客户会提出某些额外的要求，制造部门的工程师一般都会拒绝客户的请求，他们的惯用语是：“这个结果我们无法实现。”清源已经接到数次客户的投诉，他们对于员工这种直接的回应颇感为难。由于公司的工程师离职率高，人力资源部多次表示招聘是一项很具有挑战性的工作，各部门若缺人时会很难立刻补足。因此，王清源有点“畏首畏尾”，在他有意的化解下，最后大事化小，小事化无，不了了之。但是员工的自大与傲慢的态度也让他头疼不已。在评选优秀员工方面，由于公司所给予的名额有限，清源经常对评选结果并不乐观，因为就实际表现而言，部门员工达到“优秀”这个标准的，可说是寥若晨星，居然有许多没有被评上的工程师，他们私底下会抱怨：“为何没有评上我？”他们自认为自己的表现可圈可点，但是，他们忽略了公司对工作上质与量同等重要的要求。清源觉得与员工沟通充满了挑战性，部分员工只关注自己的切身利益，他们认为自己的工作已经百分之百完成了。可是从部门的角度观察，还有相当大的差距。他曾经要求部门的六个团队分别做出下一年度的预算，他特别对六位团队负责人详细说明，特别叮嘱预算必须有根有据，可是，当这六个团队汇报预算说明时，他发现他们所制定的预算既不周全又不够细化，实在过于简单。为什么编列一个团队的预算都这么困难呢？

部门的员工常常情绪冲动，有些工程师在电话里与同事或客户争吵，或者双方用电子邮件互相指责，展开充满火药味的“华山论剑”，看到这种情形清源实在不满意，他特别发出一封邮件要求公司部门人员不得使用邮件相互批评，可是，这种状况并未得到彻底的改善。

（资料来源：作者根据有关资料整理）

复习思考题

1. 销售经理的基本素质与能力有哪些？
2. 销售经理成功的主要要素包括哪些方面？
3. 怎么样才能成为拥有熟练领导技巧的销售经理呢？

参考文献

1. 李先国. 销售管理［M］. 北京：首都经济贸易大学出版社，2006.
2. 孙在国. 销售管理［M］. 重庆：重庆大学出版社，2002.
3. 孙安彬. 推销公式及其应用［M］. 北京：经济管理出版社，1990.
4. 杨洪亮. 营销管理［M］. 北京：石油工业出版社，2001.
5. 石江华. 战略管理学［M］. 成都：西南财经大学出版社，2010.
6. 王成荣. 企业文化［M］. 北京：中央广播电视大学出版社，2010.
7. 古川英夫. 营销的技巧［M］. 北京：科学出版社，2004.
8. 吕凌. 精确营销与客户忠诚计划［J］. 上海交通大学学报，2007.
9. 张建华. 经济学——入门与创新［M］. 北京：中国农业出版社，2005.
10. 何峻峰，石江华，宋剑涛. 现代物流管理［M］. 成都：西南财经大学出版社，2010.

图书在版编目(CIP)数据

销售管理/石江华主编.—成都:西南财经大学出版社,2011.12(2015.12重印)

ISBN 978-7-5504-0501-1

Ⅰ.①销… Ⅱ.①石… Ⅲ.①销售管理—高等学校—教材
Ⅳ.①F713.3

中国版本图书馆CIP数据核字(2011)第258606号

销售管理

主编:石江华 副主编:何峻峰 宋剑涛

责任编辑:汪涌波

助理编辑:江 石

封面设计:杨红鹰

责任印制:封俊川

出版发行	西南财经大学出版社(四川省成都市光华村街55号)
网 址	http://www.bookcj.com
电子邮件	bookcj@foxmail.com
邮政编码	610074
电 话	028-87353785 87352368
印 刷	四川森林印务有限责任公司
成品尺寸	185mm×260mm
印 张	16.75
字 数	385千字
版 次	2011年12月第1版
印 次	2015年12月第4次印刷
印 数	7001—10000册
书 号	ISBN 978-7-5504-0501-1
定 价	30.00元